KB092068

우리말의 의미와 쓰임

우리말의 의미와 쓰임

초판 인쇄 2022년 2월 21일
초판 발행 2022년 2월 28일

지 은 이 박종갑
펴 낸 이 박찬익

편   집 한병순
책임편집 심재진

펴 낸 곳 ㈜ **박이정**
주   소 경기도 하남시 조정대로45 미사센텀비즈 7층 F749호
전   화 02-922-1192~3 / 031-792-1193, 1195
팩   스 02-928-4683
홈페이지 www.pjbook.com
이 메 일 pijbook@naver.com
등   록 2014년 8월 22일 제2020-000029호
제   작 제삼P&B

ISBN 979-11-5848-683-9 93700

우리말의 의미와 쓰임

갈

박종갑 지음

(주)박이정

강의 준비와 수강에 편한 교재

필자는 오래 전에 『토론식 강의를 위한 국어 의미론』이란 책을 만들어 학생들에게 좀 더 주체적으로 수업에 참여하는 동기를 제공하고자 노력해 왔는데, 나름대로 괜찮은 호응이 있었다고 생각된다. 그러나 부족하고 불편한 점도 많아서, 그 동안 부분적으로 고치기도 했지만, 미봉(彌縫)을 거듭해 왔을 뿐이라는 생각을 해 왔다. 이제 정년을 하고 시간적 여유가 생겨, 좀 대폭적으로 빼고 보태고 깁는 작업을 하였다. 국어 의미론에서 다뤄야 할 내용을 골고루 갖추고, 강의 준비에 편하고 학생들이 쉽게 이해할 수 있는 교재를 만드는 것을 목표로 삼았다.

무엇보다도 학생들이 의미론에 관심을 가지고 흥미를 느낄 수 있도록 하는 데 중점을 두었다. 쉽게 가르치고 배울 수 있도록 하고, 내용을 분명하고 풍부하게 하여 수강생들의 이해도와 성취감을 높임으로써, 실제의 강의 현장에서 유용하게 쓰일 수 있도록 하였다. 유용성이 낮은 부분은 과감하게 삭제하고 필요한 부분은 충분히 보충하여, 국어 의미론 교재로서의 완성도를 높이고자 했다. 학생들의 관심과 흥미를 유발하고, 의미론이라는 학문이 이론적인 논리로만 존재하는 것이 아니고 우리의 구체적인 삶 속에 놓여 있는 것이라는 점을 더 부각시키기 위해, 구체적인 자료를 보충하고 각주로 추가적인 설명을 하였다. 그리고 강의와 수강에 어려움이 없도록, 중세국어자료나 기타 쉽게 접근하기 힘든 부분은 내용을 보충하거나 각주로 뜻풀이를 해 두었다. 이 책『우리말의 의미와 쓰임』은 그러한 작업의 결과물이다.

　이 책은 많은 학자들의 업적이 쌓여 이뤄진 것이다. 그 외에도 훌륭한 많은 연구 업적이 있는 것을 알지만 시간과 능력의 부족으로 충분히 반영하지 못한 점이 있어서 무척 아쉽다. 도움을 받은 내용은 그 출처를 철저히 밝혀 두고자 하였다. 그러나 어떤 부분은 필자의 머리 안에 들어있기는 하나 그것의 출처를 기억하지 못하는 경우도 있을 수 있고, 실수로 빠트린 부분도 있을 것이어서, 걱정이 앞선다. 혹시 그런 점이 있다면, 삼가, 관련된 여러분들의 양해를 구하며, 이 책이 국어 의미론의 교수자나 학생들에게 작지 않은 도움이 되기를 바란다. 그리고 어려운 여건임에도 불구하고 본서의 출판을 선뜻 결정하고 좋은 책으로 만들어 준 박이정의 박찬익 사장과 관계자 여러분께 감사의 뜻을 표한다.

2022. 2월

박종갑

차 례

제Ⅲ부 문장 의미론

제Ⅳ부 화용론

언어과학으로서의 의미론 일반

여기서는 무엇보다도 언어학(의미론)이 경험과학임을 강조하는 데 초점을 두었다. 기하학과의 대비를 통해, 경험과학은 구체적인 자료를 분석하여 가설을 수립하고, 그 가설을 허위검증의 방법으로 검증해 나가는 학문이며, 경험과학에서의 모든 지식은 '참'임이 증명될 수 없고, 그것으로 설명할 수 없는 자료가 발견될 때까지만, 한시적으로, 그럴 듯하다고 인정되고 있는 가설의 집합임을 인식하는 것이 중요하다.

[1] 언어학 이론의 전개 방법 및 의미론에 대한 개괄적 소개

[1] 언어학 이론의 전개 방법 및 의미론에 대한 개괄적 소개

> [1.1] 언어학 이론의 구성 단계 및 검증 방법
> [1.2] 의미론의 과제와 출발점
> [1.3] 보충 설명 : 기하학과 언어학

여기서는 첫째, 언어학 연구가 경험과학적 방법에 의해 전개된다는 점과, 의미론도 언어학의 일 하위 분야로서 마찬가지 방법에 의해 이뤄지는 것임을 밝히고, 의미론이 되기 위해 충족해야 할 조건과 의미론의 출발점에 대해 소개한다.

[1.1] 언어학 이론의 구성 단계 및 검증방법

〈1〉 들어가기

〈1-1〉 다음 (1)의 (A), (B) 두 문장이 담고 있는 명제가 참(true)임을 밝히기 위해 (2)와 같은 방법을 동원했다고 보고, 각 방법의 합리성 여부에 대해 아래 물음을 중심으로 따져 보라.

    (1) (A) 김철수의 키는 180 센티미터이다.
        (B) 삼각형의 내각의 합은 180 도이다.

(2) (a) 김철수를 불러 와 자로 키를 재어 본다.

　　(b) 종이 위에 삼각형을 그려놓고 각도기로 세 내각을 재어 합산해 본다.

[Q1] 실제로 김철수의 키를 재어보니, 키가 160㎝였다. 그러면 (A)명제는 참인가 거짓인가?

[Q2] 실제로 삼각형을 그려서 각도기로 재어본 결과(삼각형을 경험해 본 결과) 내각의 합이 180도가 되지 않는다면, (B)명제는 거짓이라고 판단해야 되는가?

〈1-2〉 다음과 같은 문법규칙이 있다고 가정하고, 아래 물음에 답해 보라.

(3) 국어의 모든 형용사는 청유형과 명령형으로 쓰이지 못한다.

[Q1] (3)과 같은 규칙이 잘못된 것임을 보이려면 어떠한 예를 발견하면 되겠는가?

[Q2] (3)의 명제는 검증방법으로 보아 (1)의 (A), (B) 두 명제 중 어느 것과 같은 것일까?

〈2〉 경험과학의 연구 방법론(이론의 구성 단계)

〈2-1〉 경험과학의 이론 구성 단계에 대해, 현대의 과학철학자 포퍼(K. R. Popper, 1902~1994)는 다음과 같이 제시했다.

(i) 1차적 자료(primary data)를 분석하여 이론체계(가설)를 설정한다.

(ii) 설정된 이론체계의 타당성을 허위검증의 방법으로 검토한다.

(iii) 설정된 이론체계가 설명할 수 없는 사실(facts)이 발견되면 폐기한다.

(iv) 그러한 사실과 양립할 수 있는 이론체계로 대체한다.

〈2-2〉 허위검증(虛僞檢證 falsification)이란 다음과 같은 의미이다. 가설의 진위를 검증하는 것이 불가능한 방법으로 진술된 체계는 경험과학이 아니다. 어떠한 이론체계라도 그것이 허위임을 입증하려는 시도에 의해 검증이 가능하며, 그것에 부합하는 사실(자료)을 아무리 많이 나열한다 하더라도 '참'임이 증명되지는 않는다. 검토해야 할 자료 자체가 무한하기 때문이다. 그러나 문제의 이론체계와 양립할 수 없는 사실을 발견함과 동시에 그것이 '허위'임이 증명된다.

〈3〉 언어학(의미론)의 이론 전개 방법

언어학은 경험과학으로서, 앞에서 소개한 이론 전개 방식에 의거하여 이론체계를 구성한다. 언어학의 하위 분야인 의미론도 마찬가지다.

국어 사동문의 의미 문제에 대해 탐구한다고 보자. 언어에서 가능한 문장의 수는 무한하다고 했다. 그러므로 연구자는 모든 자료를 분석대상으로 삼을 수는 없고, 그 일부(1차적 자료)를 분석하여 가설을 수립한다. 예를 들어 보자.

(4) (a) 어머니가 아이에게 옷을 입혔다.[1]

---

1 단형사동문 또는 어휘적 사동문의 예이다.

(b) 어머니가 아이에게 옷을 입게 했다.[2]

(4)는 사동문인데, 단형과 장형으로 구분된다. 지금 두 유형의 사동문의 의미를 밝히고차 한다고 가정한다. 문장의 수가 무한하다면, 국어의 사동문을 전부 분석하는 것은 불가능한 일이므로, 우선 (4)와 같은 일차적 자료를 분석한 결과 다음과 같은 가설을 수립했다고 보자.

가설(i) : 두 유형의 의미는 다르다.
　　(a) 단형사동문 : 직접사동(사역자가 피사역자에게 문제의 행위를 직접 수행함)의 의미이다.
　　(b) 장형사동문 : 간접사동(사역자가 피사역자에게 문제의 행위를하도록 함))의 의미이다.

즉, (a)에서는 어머니가 아이에게 직접 옷을 입혀 주었고, (b)에서는 어머니가 아이가 스스로 옷을 입도록 했다는 것이다. 그러면 위의 가설을 새로운 자료에 적용해 보자.

(5) (a) 외부 손님을 먼저 태웁시다.
　　(b) 외부 손님을 먼저 타게 합시다.

(5)의 두 문장이 승강기 앞에 붙어 있다고 가정해 보면, 두 문장의 의미는 모두 외부에서 오신 손님들이 먼저 승강기를 탈 수 있도록 양보하자는 뜻이다. (a)와 같은 문장의 의미를 외부 손님을 억지로

---

2 장형사동문 또는 통사적 사동문의 예이다.

승강기 안으로 밀어 넣자는 뜻(직접사동)으로는 볼 수 없다.

그렇다면, (5)의 예는 가설(ⅰ)에 대한 반례(反例 counter example)가 되며, 가설(ⅰ)은 폐기될 수밖에 없다. 이런 점에서, 국어 사동문의 두 유형의 관계를, 직접사동이나 간접사동 등과 같이, 사역(시킴)의 방식 문제로 보지 말고, 단형사동문은 사역의 '직접적 표현 방식'이고, 장형사동문은 사역의 '간접적 표현 방식'이라고 하여, 표현방식의 문제로 보아야 한다는 주장을 할 수 있다. 다음 (6), (7)의 예를 보면, 앞의 예문 (4)의 의미도 이와 같은 방식으로 이해되기도 한다.

(6) (a) 우리나라는 고등학생들에게 다시 교복을 입혔다.

(b) 우리나라는 고등학생들에게 다시 교복을 입게 했다.

(7) (a) 저 집은 아이들에게 해마다 보약을 먹였다.

(b) 저 집은 아이들에게 해마다 보약을 먹게 했다.

위의 자료들을 보면, 두 유형의 사동문에서 언급되는 행위의 내용은 동일한데, 그것을 표현하는 방식이 다르다는 주장이 설득력 있어 보인다. 앞의 가설을 다음과 같은 새로운 가설로 대체해 보자.

가설(ⅱ) : 두 유형의 의미는 동일하나 표현방식이 다르다.

(a) 단형사동문은 사역의 직접적 표현 방식이다.

(b) 장형사동문은 사역의 간접적 표현 방식이다.

그러면 가설(ⅱ)에 대한 반례는 없는가? 경험과학에서의 이론은 경험적으로 타당한 가설일 뿐이다. 그것은 그 가설에 의해 설명할 수 없는 현상이 발견될 때까지 타당한 가설이라는 뜻이다. 이러한 가설은 그것과 부합되는 자료들을 아무리 많이 수집한다고 하더라도, '참'임을 증명할 수는 없다. 검토해야 할 자료가 무한하기 때문이다. 그러나 문제의 가설이 '거짓(false)'임을 증명하는 것은 가능하다. 이와 같이 언어학(의미론)은 '구체적인 언어 자료의 분석'을 통하여, '경험적으로 타당한 가설을 수립·발전시켜 가는 학문'이다.

언어학이 경험과학이고 의미론은 언어학의 하위분야이므로, 의미론도 허위검증이 가능한 형식으로 진술되어야 함은 당연하다. 그러기 위해서는 이론체계의 바탕 위에서 의미론이 구성되어야 한다. 가설의 수립·검토·폐기·새로운 가설의 수립 등의 과정이 끝없이 반복되고, 그 결과 언어학은 그 학문적 목표에 무한히 근접하게 될 것이다.

[1.2] 의미론의 과제와 출발점

〈1〉 들어가기

〈1-1〉 다음에서 (1)의 두 문장은 그것을 구성하는 단어들이 모두 동일하고, (2)의 두 문장은 그렇지 않다.

(1) (a) 고양이#가#쥐#를#잡았다.
    (b) 쥐#가#고양이#를#잡았다.
(2) (a) 고양이#가#쥐#를#잡았다.
    (b) 쥐#가#고양이#에게#잡혔다.

[Q1] (1)의 두 문장은 동일한 단어로 구성되어 있음에도 의미가 다르다.

두 문장의 어떠한 차이점이 의미의 다름을 가져오는지에 대해 생각
해 보라.

[Q2] (2)의 두 문장은 서로 다른 단어들이 있음에도 의미가 같다. 그러한
이유에 대해 생각해 보라.

⟨1-2⟩ 다음은 단어 '손'이 여러 가지 의미로 쓰이고 있음을 보여
주는 예이다.

(3) (a) 아이는 '손'을 흔들며 친구에게 작별 인사를 했다.

(b) 혜인이는 '손'에 반지를 꼈다.

(c) 농번기에는 '손'이 부족하다.

(d) 나는 할머니의 '손'에서 자랐다.

(e) 그 일은 결국 선배의 '손'에 떨어졌다.

(f) 장사꾼의 '손'에 놀아나면 안 된다.

[Q1] 위에서 확인되는 '손'의 의미는 ①[사람의 팔목 끝에 달린 부분],
②[사람의 수완이나 꾀], ③[어떤 사람의 영향력이나 권한이 미치는
범위], ④[일을 하는 사람], ⑤[어떤 일을 하는 데 드는 사람의 힘이
나 노력, 기술], ⑥[손가락] 중의 하나가 된다고 보고, 관계되는 예문
과 연결시켜 보라.

[Q2] 위 예문 중 '손' 또는 '손'을 포함한 표현을 다른 단어 또는 표현으로
교체하기 힘든 것은 어느 것인가?

[Q3] 단어 '손'의 대표적인 의미가 있다면 그것은 무엇이며, 그것을 보여주
는 예문은 어느 것이라고 생각되는가?

〈1-3〉 다음과 같은 쓰임에서 '갖고 오다'의 의미를 따져 보라.

(4) (a) 너 만년필 갖고 왔니?

(b) 너 자동차 갖고 왔니?[3]

[Q1] 두 경우에서 '갖고 오다'의 구체적인 실제 행위는 어떻게 다른가?

[Q2] 그러한 다름이 발생하는 것은 만년필과 자동차의 무엇이 다르기 때문일까?

〈2〉 의미해석에 필요한 정보

문장의 의미해석에는 문장을 구성하는 단어들의 어휘적 의미뿐만 아니라 다양한 종류의 정보가 필요하다. 동사의 형태가 능동형인지 수동형인지, 조사와 같은 문법형태소의 기능이 무엇인지 등을 알 수 있는 형태론적 정보가 있어야 한다. 단어들이 문장 속에서 차지하는 구성성분으로서의 직능이 무엇인지, 문장의 구조가 능동문인지 수동 문인지 등과 같은 통사론적 정보도 필요하다. 물론 의미론적 정보도 있어야 한다. 구성성분으로서의 직능이 같아도 의미역(theta-role)이 다를 수 있다. 문장(명제 propposition) 안에서 서술어에 의해 기술되는 행위나 사태의 성립에 명사구(논항 argument)가 수행하는 의미적 역할(semantic role)을 의미역이라고 한다. 의미역에는 필수적인 것과 수의적인 것이 있는데, 행동주(agent), 피동주/수동자(patient), 도구 (instrument), 수혜자(benefactive) 등은 필수적 의미역의 예이고, 이유,

---

3 술자리 모임에서 친구에게 술을 권하며 물어보는 말이라고 가정함.

목적, 장소 등은 수의적 의미역의 예이다.

(5) (a) 경찰이(행동주) 도둑을(피동주) PC방에서(장소) 잡았다.

(b) 도둑이(피동주) 경찰한테(행동주) 잡혔다.

(c) 태풍이(도구) 나무를(피동주) 쓰러뜨렸다.

(d) 나는(행동주) 공을(피동주) 진수한테(수혜자) 주었다.

위 자료에서 '경찰이'와 '도둑이' 그리고 '태풍이' 등은 문장성분으로서의 직능은 동일하게 주어이지만 의미역은 다른데, 각각 행동주, 피동주, 그리고 도구이다. '경찰한테', '진수한테'도 같은 부사어이지만 전자는 행동주이고 후자는 수혜자이다. 행동주는 어떤 행위의 주체가 되는 역할인데, 대개 유정물이며 고의성이나 의도성을 가진다. 피동주는 어떤 상황에서 벌어지는 일을 당하는 역할이다. 그리고 도구는 행위의 수단과 같은 역할이다.

한 단어의 내부를 들여야 보면, 단어에 따라 의미의 가지 수가 큰 차이가 있다. 보통 의미가 한 가지인 경우와 여러 가지인 경우로 구분하는데, 앞의 경우를 단의어(monosemy)라 하고 뒤의 경우를 다의어(polysemant)라 한다. 어떤 언어든지 간에 단어들은 대부분 다의어이다. 삼라만상(森羅萬象) 자체도 복잡하거니와 우리의 세계가 점차 복잡하고 다양해지므로 언어로 표현해야 할 내용(의미)은 무한하다고 해야 할 것이다. 그러나 그것에 따라 형식(명칭)을 무한히 늘리면 사람의 기억이 감당할 수 없으므로, 다의어가 많이 생길 수밖에 없다. 다의어는 중심의미(central meaning)로부터 주변의미(marginal meaning)가 파생되어 단어의 의미가 확대된 것인데, 그러한 과정에 은유나 환유 같은 비유법이 이용된다.

우리가 말로 의사소통을 할 때는 단어, 구, 문장 등 다양한 언어형식을 구체적인 맥락(脈絡 context) 속에서 쓴다. 간략하게 문장의 단위로 한정하여 말하면, 사람들은 문장을 구체적인 맥락 속에서 말함으로써 상호간에 의사소통을 하는 것이다. 말을 한다는 것은 맥락을 전제한다. 맥락을 배제하고 언어형식만을 연구한다면 의사소통이라는 언어의 본질적 기능에 접근할 수가 없다. 이렇게 문장과 맥락이 결합된 것을 발화(發話 utterance)라고 하는데, 말을 하는 것은 발화를 생산하고 수용(이해)하는 것이다. 맥락은 선행발화와 후행발화 등과 같은 언어적 요소도 있고, 발화의 생산자(화자)와 수용자(청자) 및 그들과 관련된 온갖 정보(나이, 사회적 계층, 성별, 생각이나 지식, 화자와 청자의 관계, 친밀도 등등), 발화가 이뤄지는 장면(situation) 등과 같은 비언어적 요소들도 있다. 예를 들어 발화의 생산과 수용에는 화·청자가 실세계에 대해 가지고 있는 백과사전적 지식이 중요한 역할을 한다.

〈3〉 의미론의 과제 : 의미론이 갖추어야 할 조건

Kempson(1977:9)은 언어학 이론의 의미 부문이 갖추어야 할 조건을 다음의 세 가지로 제시하고 있다.

첫째, 자연 언어의 단어 의미와 문장 의미의 본질과, 그 둘 사이의 관계의 본질에 대하여 설명할 수 있어야 한다.

둘째, 중의성(重義性 ambiguity), 동의성(同義性 synonymy), 함의(含意 entailment)[4], 모순(矛盾 contradiction), 논리적 포섭(論理的 包

---

4 '의미, 중의, 동의, 함의' 등에 있는 '의'의 한자 표기가 '義'와 '意' 두 글자 사이에서

攝 logical inclusion) 등에 대하여 설명해야 하고, 주어진 어떠한 언어에 대해서도 그와 같은 의미 관계에 대하여 올바르게 예측할 수 있어야 한다.

셋째, 이와 같은 특성은, 무한한 문장에 내재되어 있는 규칙성을 포착하는 유한집합의 규칙 형태로 기술(記述)되어야 한다.

이상의 내용은 의미론의 핵심적 연구 과제 또는 영역과 같은 맥락으로 쓰인 것인데, 좀 더 설명을 보태면 다음과 같다.

첫째, 단어 의미가 언어의 모든 의미 현상의 기초가 된다고 볼 수 있으므로, 의미론에서는 우선 단어 의미의 본질을 파악해야 한다. 언어 사용면에서 볼 때는 문장이 언어의 기본적 단위가 되므로, 문장 의미의 본질 탐구 또한 의미론의 중심 과제가 된다. 뿐만 아니라, 문장은 단어로 구성되므로, 문장의 의미 형성에 그것을 구성하고 있는 단어들이 어떠한 작용을 하는가의 문제와, 단어의 의미해석에 그것이 포함된 문장의 의미가 어떠한 작용을 하는가의 문제 등은 의미론의 주요 과제이다.

둘째, 단어 또는 문장은 그 하나하나가 고립적으로 존재하지 않고, 의미적인 측면에서 어떤 관계를 형성하고 있다. 앞에서 예시한 함의,

---

혼란스러운 면이 있다. 『표준국어대사전』에서도 '의미'는 意味로, '중의'는 重義로, '동의'는 同義와 同意 둘 다로, 그리고 '함의'는 含意로 표기하고 있다. 의미론은 의미를 연구하는 학문이고, 의미론의 연구대상인 '의미'는 meaning에 대응되는 것이며, 구체적으로는 '개념적 의미'이다. '의미, 중의, 동의, 함의' 등의 단어의 내용은 모두 이러한 개념적 의미로서의 meaning에 대한 것이다. 그러므로 의미론에서의 의미에 대한 용어는 이 두 글자의 자학(字學)적 논의와는 무관하게 한 가지로 통일하는 것이 필요하다. 이는 학문적 도구를 정교화하는 의의도 있다. 이 책에서는 특별한 경우가 아닌 한 '意' 자로 통일하여 적는다.

모순, 동의성 등등은 그와 같은 관계적 특성을 일컫는 것이다. 언어를 구성하는 모든 요소들이 고립적으로 존재하지 않고 어떤 관계를 형성하고 있다는 것은 언어의 본질적 특성에 속하는 것이라고 보므로, 그와 같은 관계의 하나인 의미관계는 의미론의 주요 과제가 된다.

셋째, 언어는 무한한 수의 문장으로 구성되지만, 그 속에 내재되어 있는 규칙성은 유한한 형태로 기술되어야 한다. 언어의 규칙이 무한한 것이라면, 언어의 습득 자체가 불가능할 것이다.

〈4〉 의미론 연구의 세 가지 출발점

단어가 모여 문장을 구성한다고 해도, 단어 의미의 총합이 그대로 문장의 의미가 되지는 않는다. 문장의 의미 또한 그것이 쓰이는 맥락에 따라 다른 의미를 전달하기도 한다. 그러나 단어 의미, 문장 의미, 화자의 의도적 의미 등에는 일정한 상관관계를 가정할 수 있다. 이러한 점에서 자연언어(natural language)의 의미를 체계화하는 데는 다음과 같은 세 가지 방안을 가정할 수 있다.

첫째, 단어 의미의 본질을 탐구하여, 문장 의미나 의사소통과정을 탐구하는 방안.

둘째, 문장 의미의 본질을 탐구하여, 단어 의미나 의사소통과정을 탐구하는 방안.

셋째, 의사소통과정의 본질을 탐구하여, 단어 의미나 문장 의미의 본질을 탐구하는 방안.

첫째 방법은 단어 의미를 문장 의미와 의사소통 과정을 설명할 수 있는 기본 요소로 간주한다. 둘째 방법은 문장 의미가 기본적인 것으로 간주되고, 단어 의미는 그것들이 문장 의미에 대하여 어떠한 기여를 하였는가를 살펴봄으로써 밝힐 수 있다고 보는 태도이다. 셋째 방법은 의사소통 과정을 기본으로 보고, 단어 의미와 문장 의미는 그것들이 의사소통 과정에 사용되는 방법에 의하여 설명하려는 것이다(염선모, 1987:19-20).

[1.3] 보충 설명 : 기하학과 언어학

　삼각형의 내각의 합이 180도라는 명제의 증명은 기원 전 3세기 경 유클리드(Euclid) 기하학에서 이뤄진 것이다. 세 내각의 합이 하나의 선분이 됨을 각종 기하학적 공리(公理 axiom, 검증 없이 '참'이라고 인정하는 가정적 원리)를 이용하여 논리적 방법으로 증명하는데, 이러한 이론전개 방식을 내성적 방법론(內省的 方法論 introspective method)이라 한다. 기하학에서 말하는 선분, 점 등의 개념은 경험의 대상이 아니다. 기하학에서의 점은 크기가 없고 위치만 표시하는 것이고, 선분은 길이만 있고, 폭(넓이)은 없는 것이니, 실세계에서 존재할 수 있는 것이 아니다. 마찬가지 이유로 기하학에서의 삼각형도 실세계에서 경험할 수 있는 대상이 아니다. 종이 위에 그린 삼각형은 기하학에서의 삼각형을 흉내 낸 것으로서 실세계의 존재이고, 기하학에서의 삼각형은 이론적(가상적) 세계의 존재여서 서로 다른 세계의 존재이다. 종이 위에 그린 하나의 선분과 삼각형 안에는 무수히 많은 선분과 삼각형이 존재할 수 있다는 점을 생각하면, 두 유형의 삼각형의 차이를 이해할 수 있다. 실세계의 삼각형은 경험(조사·분석) 가능한 것이지만, 그러한 경험은 이론적 전개와는 무관하다.

국어의 모든 형용사는 청유형과 명령형으로 쓰이지 못한다는 식의 명제를 검증하기 위해서는 국어의 구체적인 형용사 자료를 조사·분석해 보아야 하므로, 이는 경험적 방법론(empirical method)의 연구 대상이다. 국어의 형용사는 우리가 하는 말의 일부이므로 우리의 귀로 확인 가능한 실세계의 존재이다. 즉 우리가 실세계에서 경험할 수 있는 실체이다. 언어학은 구체적인 언어자료를 조사하고 분석하는 경험적 과정을 통해서 이뤄진다.

어휘 의미론

여기서는 언어의 세계와, 우리가 살아가는 실세계, 그리고 우리 머릿속에 들어 있는 심리세계를 구분하여 생각하는 것이 중요하다. 이 세 가지는 다르면서 같은 것이다. '자동차'라는 말이 의미를 가지는 것은 일차적으로 이 세상에 자동차라는 물건이 존재하기 때문인데, 이는 언어와 실세계의 교섭이다. 다음은 언어와 심리세계의 교섭인데, 호모 사피엔스가 이뤄온 찬란한 문화와 문명은 바로 이 언어를 통한 무한한 상상 덕분이다. 그리하여 우리는 보통 이들을 구별하지 않지만, 언어와 실세계 그리고 심리세계를 구분하는 것은 의미론적 사고의 정밀성을 위해 꼭 필요하다.

[2] 의미의 본질과 유형

언어학은 '언어를 과학적으로 연구하는 학문'이라는 명백한 듯한 정의에서도 '언어'가 무엇이냐는 점은 명확하게 밝혀지지 않는다. 마찬가지로 '언어표현(expressions)의 의미를 과학적으로 연구하는 학문'이라는 의미론의 정의에서도, '의미'가 무엇이냐는 점이 의미론 연구의 시작을 어렵게 만든다. 의미가 무엇이냐는 문제는 오랫동안 철학자들과 언어학자들의 주요 관심사였지만, 모든 언어표현의 의미를 포괄하여 다룰 수 있는 개념 규정은 불가능한 것처럼 보이기도 한다.

그러나 언어학이 경험과학인 이상 그것에 속해 있는 의미론 역시 허위검증이 가능한 형식으로 기술되어야 하고, 그러기 위해서는 이론체계 안에서 의미론을 전개해야 함은 당연하다. 어떠한 이론체계이건 그것이 과학이 되기 위해서는 그 대상을 명확히 정의하여 한정하지 않으면 안 된다. 이러한 정의는 이론을 세우기 위한 개념적 조작이며 일종의 약속이다. 의미론의 이론체계에서도 마찬가지로 의미에 대한 명확한 정의가 필요하고, 그것은 여러 가지 관점에서 시도되었다. 의미를 어떻게 정의하느냐에 따라 의미론의 영역이 달라진다.

전통적으로 의미를 정의하는 데는 의미를 다른 무엇과 동일시함으로써 "의미란 무엇인가?"라는 물음에 답하는 방식(동일성론 identity theory)이 이용되었다. 형태론의 형태소나 통사론의 통사구조와는 달리, 의미론의 의미는 사람의 감각기관으로 확인할 수 없는 성질이라는 점 때문에 의미에 대한 분석이 쉽지 않았다. 그런데 의미와 동일시되는 그 무엇이 분명히 인식될 수 있는 성질의 것일 경우, 우리는 보다 분명하게 의미의 문제에 접근할 수 있으리라는 기대를 가지게 된다.

역사적으로 의미론에서는 의미와 동일시되는 대상, 즉, 언어표현의 의미적 대응물을 무엇으로 잡느냐에 따라, 서로 다른 의미의 정의를 세우고, 또 서로 다른 이론체계를 만들어 왔다. 의미적 대응물을 '지시대상/지시체(referent)'로 보는 '지시적 의미론(referential semantics)', '심리영상(mental image)'으로 보는 '심리주의 의미론(mentalistic/psy-chological semantics)', 그리고 '감각적 자극 및 행동적 반응'으로 보는 '행동주의 의미론(behavioristic semantics)' 등이 그것이다.

언어표현의 의미라고 하는 것은 그 성질이 워낙 다양하고 미묘하여, 각각의 이론체계에서 제시하고 있는 의미에 대한 정의는 어느 것도 그와 같은 성질의 의미를 전부 포괄하고 있지는 않다. 여기서는 지시적 의미론과 심리주의 의미론에 대해서만 간략히 소개한다.

[2.1] 지시적 의미론과 심리주의 의미론

[2.1.1] 지시적 의미론의 이론체계와 한계

〈1〉 들어가기

〈1-1〉 '자동차'라는 단어의 의미는 무엇인가? /자동차/라는 형식(음성)이 담고 있는 [내용(의미)]은 무엇인가라는 문제와 관련하여 물음에 답해보라.

> \# 사전의 단어 뜻풀이
> 가솔린, 경유 따위를 연료로 하는 원동기를 장치하여 그 동력으로 바퀴를 돌려 도로 위를 달리게 만든 차.
> \# 자동차의 특징
> (a) 자동차는 속도가 빨라 위험하다.
> (b) 자동차는 사람이 안락하게 이동할 수 있어 편리하다.

[Q1] 실물로서의 자동차는 실세계 속에 존재하는 것이고 단어로서의 자동차는 언어세계 속에 존재하는 것이라고 한다면, 위험하거나 편리한 것은 전자인가 후자인가?

[Q2] 실물로서의 자동차에 대해 모르면, 단어로서의 자동차의 의미를 알수 있을까?

[Q3] 만일 실물로서의 자동차에 대한 지식을 이용하여 단어로서의 자동차의 의미를 기술한다면, 이와 같은 방법론은 언어의 의미 탐구를 언어세계 내부에서 해결하려는 것인가? 아니면, 언어와 외부세계와의

관련 속에서, 외부세계를 조사하여 언어의 의미를 탐구하려는 것인가?

〈1-2〉 다음 각 문장의 의미해석과 관련하여 물음에 답해 보라.

(1) 우리 집 둘째 놈은 요즘 자꾸 '연상의 여자'와 결혼하겠다고 우기고 있어 큰일이네.

[Q1] 어떤 특정한 연상의 여자를 염두에 두고 있는 경우인가?
[Q2] 결혼 상대를 연상의 여자 가운데서 고르겠다는 뜻인가?
[Q3] 아니면, 두 가지 해석 모두 가능한가?

〈1-3〉 밤늦은 시간에, 손수레로 바나나 행상을 하는 사람은 대개 바나나를 낱개로 분리한 다음 몇 개씩 모아두는 방식으로 여러 묶음을 만들어 놓고, 다음과 같이 외치고 다니는 것이 보통이다[바나나가 매우 귀하고 비싸던 시절의 이야기임].

(2) 자! 떠리미 떠리미[1]! 바나나가 오백원씩 오백원씩! 싸게 팝니다.

[Q1] 이 경우는 ①바나나 한 묶음이 오백 원이란 해석도 되고, ②낱개 하나가 그렇다는 해석도 된다.[2] 행상인은 구매자가 어떤 해석을 하

---

1 표준어 '떨이'의 경상도 지역 말이다.
2 그 손수레 위의 모든 바나나가 '500원씩에 파는' 대상이 되므로, 여기서의 '바나나'는 총칭적 지시표현임을 알 수 있다. 총칭적 지시표현은 이 장 〈3.1〉에서 다시 언급한다.

도록 유도하고 있는가?

[Q2] 행상인은 실제로 팔 때는 어떤 해석으로 팔려고 할까?

〈1-4〉 언어가 실세계를 살아가고 있는 우리에게 의사소통 수단이 될 수 있는 것은, 그것이 실세계에서의 의미적 대응물을 가리킬 수 있는 '지시적 기능'을 갖고 있기 때문이다. 앞에서 단어로서의 '자동차'의 의미를 그것의 실세계에서의 대응물인 실물로서의 '자동차'와 동일시하여 의미를 규정하는 것도 이와 같은 언어의 본질적 특성에 바탕을 두고 있다.

[Q1] 모든 단어는 그것의 지시대상이 실세계에 존재하는가? 지시대상이 없는 단어는 없을까?

[Q2] 실세계에 지시대상이 없는 단어가 있다면, 그런 단어들의 지시대상은 실세계가 아닌 어떤 세계에 있다고 상상할 수 있을까?

〈2〉 지시대상과 의미의 동일시

단어와 그 단어가 가리키는 지시대상을 구분하는 것이 필요하다. "이 일을 하는 데는 '여자'가 필요하다."라는 말에서의 '여자'는 실세계의 지시대상(실세계에 존재하는 여자)을 가리킨다. 그런데 "'사람'보다는 '여자'가 의미영역이 더 좁다."라는 말에서의 '여자'는 언어세계의 단어를 가리킨다.

지시적 의미론에서는 언어표현(예를 들면, 단어나 문장)의 의미를 그 표현이 지시(refer to)하는 실세계(actual world)에서의 대응물(object) 즉 지시대상(referent)과 동일시한다.[3] 예를 들어 '사과'라는 표현의 의미는 그것이 가리킬 수 있는, 이 세계에서의 대응물인 사과 전부다. 이러한 관계는 다음 그림과 같이 나타낼 수 있다.

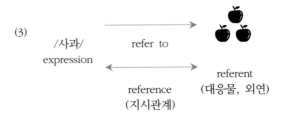

(3)

/사과/
expression

refer to

reference
(지시관계)

referent
(대응물, 외연)

'사과'와 같이 보통명사에 속하는 표현은 개체의 집합을, 고유명사는 고유한 개체를, 그리고 동사는 행위를 가리키고, 형용사는 개체가 가진 속성(屬性 property)을, 부사는 행위의 속성을 가리킨다. 따라서 그와 같은 구체적 또는 추상적 대상[4] 자체가 곧 해당 언어표현의 의미가 된다.

---

3 언어와 지시대상이 동일시되는 인식의 과정은 명확히 설명하기 어려운 문제이지만, 갓 태어난 아이에게 이름을 지어주는 과정에서 그 편린(片鱗)을 엿볼 수 있다. 아이의 엄마 아빠는 아주 괜찮은(?) 이름이라도 처음에는 시큰둥한 반응을 보이다가 한 몇 달 지나면 마음에 무척 들어 한다. 언어(이름)와 지시대상(아이)의 동일시가 성숙 단계로 접어들었기 때문이다. 일단 동일시가 성숙해지면 주어진 이름이 다 마음에 들게 되어 있다. 자신들의 금쪽같은 아이와 동일시되는 이름인데, 어찌 그렇지 않을 수 있겠는가.

4 '평화, 행복, 근심 등등'과 같은 단어의 지시대상은 우리의 감각기관으로 확인하기 어려운 것이라는 점에서 추상적이라고 해야 할 것이다. 이런 예는 지시적 의미론의 지시대상이라는 것이 존재하기는 하지만 어떤 것인지 분명하지 않은 경우다. '전쟁'이란 단어의 지시대상은 어떤가를 생각해 보면, 좀 구체적으로 형상화할 수 있을 것 같기도 하다. 그렇다면 '평화'의 그것도 구체적으로 형상화할 수 있지 않을까라는 생각이 든다. 따뜻한 봄날 공원의 잔디밭에서 어린 자녀들과 엄마 아빠가 즐겁게 장난치며 노는 모습을 보면 '평화롭다'는 단어를 떠올리게 된다. 좀 구차해 보이기는 하지만, 딸을 시집보내거나 아들을 군대에 보내는 어머니의 표정을 '근심'의 지시대상이라고 할 수도 있을 것이다.

앞에서 '의미'는 사람의 감각기관으로 확인할 수 있는 성질이 아니어서 체계적인 접근이 어렵다고 했다. 의미론이 언어학의 하위 분야 중 발전이 늦은 이유도 그 점에서 찾을 수 있다. 특히 행동주의 심리학의 영향 아래 있었던 20세기 미국의 구조주의 학자들은 직접 관찰할 수 없고 오직 내성적(內省的 introspective) 분석에 의해서만 다룰 수 있는 애매한 심리적 실재물(psychological entity)로서의 의미는 언어학의 연구 대상이 될 수 없다고 생각했다.

지시적 의미론은 문제의 지시대상이 분명한 경우에는, 애매하고 감각적으로 확인 불가능한 것으로 인식되어 온 '의미'를 명확하고 확인 가능하며 분석 가능한 실체로 인식하게 하는 방편이 된다. '빨리 걷는다'는 표현에서 '빨리'의 의미를 '걷는 행위'가 갖는 속성으로 보면, 우리는 언어표현 '빨리'의 의미를 눈으로 확인할 수 있게 되는 셈이다.

지시적 의미론은 언어표현의 의미를 언어 이외의 세계 속에서 찾고 있다는 점이 특징이다. 이 이론은 언어와 실세계가 직접적인 관계를 형성한다고 보고, 언어표현의 의미를 그것과 실세계와의 대응관계 속에서 파악하려고 하는 이론이다. 이러한 점에 기인하여 이 이론은 문장 의미론에서 다루게 되는 진리조건 의미론의 기초가 된다.

⟨3⟩ 지시적 표현의 유형과 해석[5]

(4)

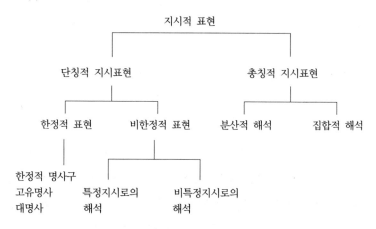

지시적 표현

단칭적 지시표현   총칭적 지시표현

한정적 표현   비한정적 표현   분산적 해석   집합적 해석

한정적 명사구
고유명사   특정지시로의   비특정지시로의
대명사   해석   해석

⟨3.1⟩ 단칭적 지시표현과 총칭적 지시표현의 구분

(5) (a) 넌 '고래'를 잡아라. 난 상어를 잡을게.

    (b) '고래'는 물고기가 아니다.

---

5 ⟨3⟩,⟨4⟩,⟨5⟩의 기술에는 이익환(1985)을 크게 참고하였다. 그리고 이 부분에서의
용어를 모으면 다음과 같다.

지시적 표현 : referring expression
단칭적 지시표현 : singular referring expression
총칭적 지시표현 : general referring expression
한정적 표현 : definite expression
비한정적 표현 : indefinite expression
분산적/배분적 해석 : distributive interpretation
집합적 해석 : collective interpretation
특정지시로의 해석 : specific reference reading
비특정지시로의 해석 : non-specific reference reading

(a)는 큰 수족관에 고래 한 마리와 상어 한 마리가 있는 상황에서 한 말이고, (b)는 생물 교과서에서 동물의 종을 언급하면서 한 말이라고 보자. (a)의 '고래'는 단 하나의 개체를 가리키므로 단칭적 지시표현이고, (b)의 '고래'는 모든 고래를 가리키므로 총칭적 지시표현이다.

〈3.2〉 한정적 표현과 비한정적 표현의 구분

단칭적 지시표현은 한정적 표현과 비한정적 표현으로 나뉜다. 한정적 표현은 지시대상이 특정(特定)한 개체인 경우인데, 한정적 명사구, 고유명사, 그리고 대명사 등에 의해 구성된다. 비한정적 표현은 지시대상이 특정되어 있지 않은 경우이다.

(가) 한정적 표현

(6) (a) '저 언덕 위에 서 있는 소녀'가 내 동생이다.

　　(b) '철수'가 온다.

　　(c) '그녀'는 나의 애인이다.

'저 언덕 위에 서 있는 소녀(한정적 명사구)', '철수(고유명사)', 그리고 '그녀(대명사)'는 모두 해당 표현 그 자체만으로 지시대상을 특별히 지정하는 기능을 갖는다. '저 언덕 위에 서 있는 소녀'와 같은 한정적 명사구는 표현 그 자체로 특별히 한 사람을 정하여 지시하는 것이기 때문에, 아무나 그것의 지시대상이 될 수 없다. '철수'라는 고유명사도 마찬가지다. 동명이인의 존재는 문제가 되지 않는다. 화자는 이 말을 할 때, 특정한 한 사람의 '철수'를 가리키고 있는 것이다. 고유명사가 쓰이면, 고유명사라는 표현 그 자체로 특정한 하나의 개체가 지정된다. 그리고 대명사 '그녀'도 화자가 특정한 한 사람을 가리키면서 쓴 것이어서 마찬가지의 원리로 이해할 수 있다.

(나) 비한정적 표현

비한정적 표현은 표현 그 자체만으로는 특정한 대상을 지시할 수 없다. 담화상황에 따라 특정한 하나의 대상을 가리키는 것으로 이해되기도 하고, 불특정한 하나의 대상을 가리키는 것으로 이해되기도 한다. 앞의 것은 특정지시로의 해석이고 뒤의 것은 비특정지시로의 해석이다.

(7) '왜가리 한 마리'가 저녁마다 날아온다.
　(a) 그러한 왜가리가 동일한 개체로 해석되는 경우
　　- 특정지시로의 해석
　(b) 하여간 한 마리의 왜가리라는 뜻으로만 해석되는 경우
　　- 비특정지시로의 해석
(8) 모든 소년들이 '어떤 소녀'를 사랑한다.
　(a) 모든 소년이 동일한 하나의 소녀를 사랑한다는 뜻일 경우
　　- 특정지시로의 해석
　(b) 소년마다 사랑하는 소녀가 하나 있다는 뜻일 경우
　　- 비특정지시로의 해석

'왜가리 한 마리', '어떤 소녀' 등과 같은 표현은 표현 그 자체만 보면 화자가 특정한 하나의 개체를 지정하여 말하는 것인지 그렇지 않은 것인지 알 수 없다. 매일 저녁마다 한 마리의 같은 왜가리가 날아오는 것으로 해석되는 경우, 그리고 모든 소년이 동일한 한 소녀를 사랑한다는

뜻일 경우는 특정지시로의 해석이 된다. 그러나 저녁마다 날아오는 왜가리가 같은 왜가리인지 다른 왜가리인지는 도외시하고 하여간 한 마리의 왜가리라는 뜻으로만 해석되는 경우, 그리고 모든 소년들이 같은 소녀인지 서로 다른 소녀인지는 도외시하고 하여간 사랑하는 소녀가 하나씩 있다는 뜻일 경우는 비특정지시로의 해석이 된다.

한정적 표현은 표현 그 자체만으로 특정한 개체를 지시하는 힘을 가진 표현이다. "나는 머리가 긴 저 소녀와 사귀고 싶다."와 같은 문장에서 '머리가 긴 저 소녀'는 특정한 개체를 지시하므로 한정적 표현이다. 그런데 "나는 머리가 긴 소녀와 사귀고 싶다."에서의 '머리가 긴 소녀'는 비한정적 표현이다. 이것은 표현 그 자체만으로는 특정한 개체를 지시하는 힘이 없고, 담화상황에 따라 달라진다. 남녀 학생의 미팅 자리이고, 참석한 여학생이 셋인데, 두 사람은 머리가 짧고 한 사람은 머리가 길다고 하자. 참석한 남학생 중의 한 사람이 위와 같이 말한다면, 이 때의 '머리가 긴 소녀'는 특정한 개체를 가리키므로 특정지시로의 해석이다. 그런데 친구들끼리 평소에 머리가 긴 여성을 매력적이라고 생각해 왔는지, 머리가 짧은 여성을 매력적이라고 생각해 왔는지에 대해 묻고 답하는 상황이라면 '머리가 긴 소녀'는 특정한 개체를 지시하지 않으므로 비특정지시로의 해석이다. 이는 머리가 긴 특정한 소녀와 사귀고 싶다는 뜻이 아니고, 머리가 짧은 소녀보다는 머리가 긴 소녀와 사귀고 싶다는 뜻이다. 직시소[6] {이/그/저}가 들어있는 명사구는 한정적 표현의 예이다.[7]

---

6 자세한 것은 제 [12]장을 참고하라.
7 'the girl with long hair'는 한정적 표현이고, 'a girl with long hair'는 비한정적 표현이다.

⟨3.3⟩ 분산적 해석과 집합적 해석의 구분

총칭적 지시표현은 분산적 해석과 집합적 해석으로 나뉜다. 분산적 해석에서는 서술어의 언명이 지시대상 하나하나에 각각 적용된다. 집합적 해석에서는 지시대상 전체를 하나의 단위로 보고 서술어의 언명이 이러한 단위 전체에 적용된다. 분산적 해석이 집합적 해석을 함의(imply)하는 경우도 있고 그렇지 않은 경우도 있다.

(가) 분산적 해석이 집합적 해석을 함의하는 경우

(9) 'The students' have the right to smoke in lectures.
   (a) 학생 각자에게 그러한 권리가 있다는 뜻 – 분산적 해석
   (b) 학생 모두에게 그러한 권리가 있다는 뜻 – 집합적 해석

(나) 분산적 해석이 집합적 해석을 함의하지 않는 경우

(10) 'Those pencils'[8] cost $ 1.
   (a) 연필 한 자루에 1$이라는 뜻 – 분산적 해석
   (b) 연필 한 묶음에 1$이라는 뜻 – 집합적 해석

분산적 해석이 집합적 해석을 함의한다는 것은 전자가 참인 경우 후자가 반드시 참이 된다는 뜻이다. 이럴 경우에는 우리의 일상생활에

---

8 1달러의 가격이라는 서술 내용은 한 자루가 그러하든 묶음 전체가 그러하든 거기에 있는 연필 모두와 관련되므로 총칭적 표현이다.

서 아무 문제가 없다. 분산적 해석이 집합적 해석을 함의하지 않는 경우에는 말을 주의 깊게 이해해야 한다. 앞의 〈들어가기〉 문제 (〈1-3〉)에서 소개한 바나나 행상은 이러한 해석의 차이를 교묘하게 이용하고 있는 예이다.

〈4〉 지시적 의미론의 한계(1)

지시대상이 실세계에 존재하지 않는 언어표현의 의미는 지시적 의미론에서는 포착되지 않는다.

> (11)   (a) 진시황은 '불로초'를 얻기 위해 많은 투자를 했다.
>
>   (b) '달을 정복한 최초의 여인'이 여기 있다.

'불로초'나 '달을 정복한 최초의 여인'과 같은 표현은 지시대상이 존재하지 않는다. '용'이나 '귀신', '도깨비' 등도 마찬가지인데, 지시적 의미론에서는 이들 표현은 '의미'가 없는 표현이 된다. 그러나 우리는 이 표현들이 무의미하다고 생각하지는 않을 것이므로, 이 이론에서의 설명을 그대로 받아들일 수는 없다. and, but, whether, not 등과 같은 단어도 그것의 지시대상이 없지만 의미가 없다고 보는 것은 합당하지 않다.

지시대상이 분명히 존재하는 경우에도 문제는 있다.

> (12) (a) the victor at Jena
>
>   (b) the loser at Waterloo

위 두 표현은 모두 나폴레옹(Bonaparte Napoleon)이란 동일한 지시대상을 가지므로, 지시적 의미론의 입장에서는 의미가 같다고 말할 수밖에 없다. 그러나 누구나 두 표현의 의미는 다르다고 받아들이는데, 이 이론에서는 이러한 차이를 파악하지 못한다.

고유명사의 경우 지시대상은 존재하지만, 그 의미를 따지는 것은 무의미하다. 예를 들어, "'강감찬'이란 표현이 지시하는 대상은 누구인가?"라는 물음은 가능하지만, "'강감찬'이란 표현의 의미가 무엇인가?"라는 물음은 무의미하다.[9] 즉, 고유명사의 지시대상은 존재해도 그것의 의미는 존재하지 않는다고 한다면, 의미와 지시대상은 다른 것이라고 볼 수밖에 없다.

〈5〉 지시적 의미론의 한계(2)

한정적 명사구가 지시적 기능이 아닌 서술적(predicative) 기능으로 쓰일 수 있다. 서술적 기능으로 쓰인 경우에는 지시대상이 없다고 본다는 뜻이다.

(13) Ronald Reagon is 'the President of the U.S.A'.

위 예가 '미국의 대통령 중에는 어떤 정신 이상자에 의해 권총 세례를 받고 살아난 대통령이 있다'는 맥락에서 '로날드 레이건이 바로 그

---

9 고려의 강감찬(姜邯贊) 장군(948~1031)을 가리킨다고 보자. '강감찬'이란 말(고유명사)을 사용하는 사람은 그것이 지시하는 인물이 누군지 어떤 사람인지가 사용 동기다. '강감찬'이란 고유명사의 '의미'와 '邯贊'이란 한자(漢字)의 뜻을 동일시한다면 그것은 너무 궁색하고 옹졸해 보인다. 고유명사의 의미가 무엇인지를 따지는 것은 도로(徒勞, 헛된 노력)가 될 가능성이 크다.

대통령이다'라는 식으로 쓰인 것이라면 'the President of the U.S.A'라는 한정적 명사구는 지시적 기능을 수행한다. 그러나 '로날드 레이건은 배우 출신이고, 두 번 결혼 했고, 권총으로 저격을 당한 바 있으며, … 그리고 미국의 대통령이다'와 같은 맥락에서 쓰인 것이라면, 로날드 레이건이라는 사람이 가지고 있는 여러 가지 속성 중에 또 한 가지를 첨가하는 기능을 하고 있을 뿐이다. 이 때는 특정한 개체를 지시하지 않고 서술적 기능을 수행하는데, 이와 같은 현상을 지시적 불투명 현상(referential opacity)이라고 한다.

한정적 명사구가 아니더라도 이와 동일한 현상이 생길 수 있다. 다음의 두 예문 중, (a)는 쉬는 시간이 끝난 다음에 교실에서 복도 쪽으로 내다본 학생이 한 말이고, (b)는 어떤 사람을 소개할 때 한 말이라고 보자.

  (14) (a) '선생님' 오신다.

      (b) 저 분은 '선생님'이다.

(a)의 '선생님'은 어떤 대상을 가리키므로 지시적 기능을 수행하지만, (b)의 '선생님'은 '저 분이 학생들을 가르치는 일을 하는 분이다'는 뜻이어서 지시적 기능을 수행하지 않고 서술적 기능을 수행한다.

[2.1.2] 심리주의 의미론의 이론체계와 한계

〈1〉 들어가기

〈1.1〉 '용'이나 '귀신'과 같은 단어는 그것의 지시대상이 실세계에 존재하지 않는다.

[Q1] 그러면 이와 같은 단어의 지시대상은 어떠한 세계 속에 존재하는 것이라고 상상할 수 있겠는가?
[Q2] 그와 같은 대상은 말을 하는 사람들에 따라 서로 다른 모습으로 상상될 가능성은 없을까?

⟨1.2⟩ 어린 아이가 길에서 혼자 놀다가 교통사고를 당하여 목숨을 잃은 사건이 있었다. 이 때 아이를 잘 보호하지 못했다는 죄책감에 사로잡힌 아이의 어머니는 다음과 같은 두 가지 유형의 말을 할 수 있을 것이다.

(15) (a) 우리 아인 내가 죽였어!
     (b) 우리 아인 내가 죽게 했어!

[Q1] 위의 두 문장은 통사구조가 다르다. 이러한 차이는 그것이 가리키는 실세계에서의 사건 자체가 다르기 때문인가? 즉, 사건 그 자체의 차이를 반영한 것인가?
[Q2] 만일 두 문장의 그러한 차이가 사건 자체의 차이 때문에 생긴 것이 아니라면, 무엇 때문에 생긴 것일까?

⟨2⟩ 심리영상과 의미의 동일시

심리주의 의미론(유심론적(唯心論的) 의미론, 개념론적 의미론)에서는 언어표현의 의미를 그 표현을 알고 있는 사람이 마음속에서 그것

에 대해 가질 수 있는 심리영상(mental image/picture)[10]이나 관념
(idea), 또는 개념(thought)과 동일시한다. 예를 들어 '고양이'라고 하
면, 우리는 어떤 영상이나 생각을 떠올리게 되는데, 그러한 영상이나
생각이 곧 '고양이'의 의미라는 것이다.

지시적 의미론은 언어표현과, 그것이 가리키는 실세계에서의 대응
물이 직접 연결되는 것으로 본다. 심리주의 의미론은 언어표현과 실세
계의 대응물은 직접적으로 연결될 수는 없으며, 반드시 그것과 관련된
관념이나 개념 또는 영상 등의 심리적 대응물(매개체)을 통해야 한다
고 보고, 그러한 심리적 대응물[11]을 의미와 동일시하는 관점을 취한다.
소쉬르(Saussure)[12], 오그덴과 리차드(Ogden & Richards)[13]가 이러한
견해를 가진 사람 중 대표적인 인물이다. 오그덴과 리차드는 단어나
문장은 그것과 관련되어 있는 심리적 개체(mental item)를 통해서만
의미를 가지게 된다고 했다. 오그덴과 리차드가 제시한, '의미의 삼각
형'이라고 불리는 다음과 같은 그림은 이와 같은 견해를 단적으로 표현
하는 것이다. 기호와 대응물 사이의 점선은 양자가 직접 연결될 수
없음을 뜻한다. 여기서의 기호와 개념은 각각 소쉬르의 시니피앙
(signifiant)과 시니피에(signifié)에 대응된다.[14]

---

10 'image' 또는 'picture'라고 하여 시각적 정보만을 가진 것으로 보아서는 안 되고,
    다양한 유형의 정보를 포괄하고 있는 복합체로 보는 것이 합리적이다.
11 이러한 심리적 대응물(실재물)은 학자에 따라 image, thought, idea, conception,
    expectation 등의 다양한 용어가 사용된다(이익환, 1985:32).
12 소쉬르(F.de. Saussure)는 근대언어학의 아버지라고 불린다. 그의 사후에 제자들이
    스승의 강의노트를 편집하여 출간한 책이 유명한 *Cours de Linguistique Generale*
    이다. 이 책은 오원교(역)(1975), 김현권(역)(2012) 등의 번역서가 있으며, 김방한
    (1998), 장병기 · 김현권(1998), 김성도(2021) 등의 해설서가 있다.
13 오그덴과 리차드(Ogden, C. K. & I. A .Richards)가 공저한 책이 *The Meaning
    of Meaning*이다. 이 책의 번역서로 김봉주(역)(1986)이 있다.

(16)

개념
thought

기호(표현)   대응물
symbol   referent

〈3〉 심리주의 의미론의 설명력

의미를 이와 같이 보면, 앞의 지시적 의미론에서 포기할 수밖에 없었던 몇 가지 표현의 의미 문제를 포용할 수 있게 된다. 실세계에서의 대응물은 존재하지 않으나, 실제의 의사소통에서는 전혀 의미적 결함 없이 쓰이는 '불로초, 달을 정복한 최초의 여인, 도깨비, 용, 귀신' 등과 같은 표현들의 의미를 따질 수 있는 근거가 마련되는 셈이다. 이러한 예의 존재는 언어표현과 실세계의 관계를 간접적인 것으로 보는 데 단서로 이용되기도 한다.

어떤 하나의 표현에 대해 가질 수 있는 영상이 사람에 따라 다를 수 있다는 점에서, 의미의 영상 이론은 '의미'의 문제를 오히려 불명확한 것으로 만들 가능성이 있다. 가령, '삼각형'이라는 표현에 대해 사람들이 가지는 심리영상이 제각각일 수 있다고 본다면, '삼각형'의 의미가 그것에 따라 달라진다고 보는 결과가 되기 때문이다.

그러나 소쉬르가 구분한 빠롤(parole)과 랑그(langue)를 놓고 보면,

---

14 소쉬르는 '개념(signifié)과 청각영상(signifiant)의 결합을 기호(signe)라고 부르는데, 일반 관용에서는 기호라는 용어를 대개 청각영상만을 가리키는 것으로 쓴다'고 하였다(오원교(역), 1975:91).

빠롤의 차원에서는 어떤 표현에 대해 상황에 따라 서로 다른 영상을 가지게 된다고 하더라도, 랑그의 차원에서는 공통적인 특질로서의 영상을 가지는 것으로 볼 수 있다. 언어를 음성과 의미의 결합체라고 볼 때, 말소리 또한 빠롤의 차원에서는 조금씩은 다를 수밖에 없다. /사랑/이라는 말의 소리를 엄밀하게 물리적 관점에서 따지면, 사람마다, 같은 사람이라도 말할 때마다 천차만별일 것이다. 심리영상도 실연한 사람의 영상과 깊은 사랑에 빠져 있는 사람의 영상이 같을 수는 없다. 그러나 우리가 큰 불편 없이 언어를 통한 의사소통을 할 수 있는 것은 랑그의 차원에서는 어떤 공통적인 소리(청각영상)와 공통적인 심리영상을 보유하고 있기 때문이며, 그것이 곧 시니피앙과 시니피에이다.

〈4〉 심리주의 의미론의 한계

그렇다고 해서 심리주의 의미론에서의 의미에 대한 정의가 명확해지는 것은 아니다. 언어표현의 의미와 동일시되는 영상을 그 표현이 불러일으킬 수 있는 다양한 심리영상들을 모두 포괄할 수 있는 어떤 공통된 특질들의 집합이라고 하고, 그것을 '개념'[15]이라는 용어로 바꾸어 나타낸다고 하더라도, '의미'의 문제를 '개념'의 문제로 바꾼 것에 지나지 않는다. 개념이라는 것도 의미 못지않게 명확하게 인식되지 않기 때문이다. 그리고 이 이론에서도 여전히 and, if, then, or, is,

---

15 이러한 의미의 개념은 어떤 표현이 지칭하는 대상의 공통적 성질에 의해 이들 대상을 통합시킨 관념이다. 즉 우리의 지각과 인지과정에 나타난 개체적인 표상에서 공통적 속성을 뽑아 결합시켜 만든 생각의 통일체이다(이성범, 1999:21).

for, whereas 등과 같이 영상을 불러일으키지 못하는 것으로 보이는 단어들의 의미는 다룰 수가 없다.

하나의 언어표현을 이해하기 위해서는 우리의 정신세계 속에서 올바른 영상을 갖는 것이 필수적이라면, 그와 같은 영상화 작업에 능숙하지 못한 사람은 이해력이 상대적으로 낮을 것으로 볼 수밖에 없다. 그러나 이에 대한 확실한 증거는 없다.

[2.2] 종합적 의미론

⟨1⟩ 들어가기

'샛별'과 '개밥바라기'는 모두 '금성'을 가리키는 표현이라고 한다. 다음 문장에 대해 물음에 답하라.

(1) (a) 샛별은 샛별이다.
    (b) 샛별은 개밥바라기이다.

[Q1] 우리에게 새로운 정보(지식)를 주는 것은 어느 것인가?
[Q2] 지시적 의미론에서는 '샛별'이라는 단어와 '개밥바라기'라는 단어는 지시대상이 동일하므로 의미도 동일한 것이 된다. 그렇지만 뭔가 차이가 있어 보이는데, '그러한 차이는 무엇일까'에 대해 생각나는 대로 말해 보라.

⟨2⟩ 라이프니츠 법칙

⟨2.1⟩ 라이프니츠 법칙의 정의

라이프니츠[16] 법칙(Lebniz law)은 주어진 한 명제가 참(true)일 경우 그 명제 안에 있는 지시적 표현을 그것과 같은 대상을 지시하는 다른 지시적 표현으로 대치한 결과의 명제도 역시 참이 된다는 것이다. 다음의 예문을 보면 그러한 법칙이 지켜진다.

> (2) (a) 철수는 2021년 '부산'에서 태어났다.
>
> (b) 철수는 2021년 '한국에서 두 번째로 인구가 많은 도시'에서 태어났다.

⟨2.2⟩ 라이프니츠 법칙이 적용되지 않는 경우(1)

'the Morning Star'와 'the Evening Star'의 지시대상은 동일하다. 그러므로 라이프니츠 법칙에 의하면 다음 (3)의 (a)가 참일 경우 (b)도 반드시 참이 되어야 하는데, 그렇지 않다.

> (3) (a) Necessarily, <u>the Morning Star is 'the Morning Star'</u>.
>
> (b) Necessarily, <u>the Morning Star is 'the Evening Star'</u>.
>
> (4) (a) [Necessarily Φ]
>
> (b) [Necessarily Ψ][17]

---

16 Gottfried Wilhelm Leibniz(1646~1716), 독일의 철학자, 정치가, 외교관.

(3)에서 (a)의 경우, 밑줄 친 부분을 Φ라고 하면, 그 논리적 형태는 [Necessarily Φ]와 같다. 그런데 Φ는 [a=a]와 같은 형식을 취하고 있으므로 논리적으로 참이다. 즉, 어떠한 가능세계에서도 참이 된다. Φ가 논리적으로 참이므로 [Necessarily Φ]도 참이다. 그러므로 (a)의 진리치는 참이 된다. 만약 라이프니츠 법칙이 지켜진다면, (a)가 참일 경우 (b)도 반드시 참이어야 한다. (b)의 경우, 밑줄 친 부분을 Ψ라고 하면, 그 논리적 형태는 [Necessarily Ψ]와 같다. 그런데 Ψ는 [a=a]와 같은 형식이 아니므로 논리적으로 참이지는 않다. 즉, 어떠한 가능세계에서도 반드시 참이 되는 것은 아니다. [Necessarily Ψ]가 참이 되기 위해서는 Ψ가 논리적으로 참이 되어야 한다. Ψ는 우리가 살고 있는 세계에서 우연히 그렇다고 인식하고 있기 때문에 참이 되는 것일 뿐, 모든 가능세계에서도 필연적으로 참이 될 수는 없다. 프레게(Frege)[18]는 (3)의 (a)가 참이더라도 (b)가 반드시 참이 되는 것은 아니라고 했다.

⟨2.3⟩ 라이프니츠 법칙이 적용되지 않는 경우(2)

다음과 같은 믿음 문장(belief sentence)의 경우도 마찬가지다.

(5) (a) Mr. Kim believes that the Morning Star is 'the Morning Star'.

(b) Mr. Kim believes that the Morning Star is 'the Evening Star'.

(6) (a) [Believe Φ]

(b) [Believe Ψ]

---

17 그리스 문자 Φ와 Ψ는 '씨타(Theta)'와 '싸이(Psi)'로 읽는다.

18 Friedrich Ludwig Gottlob Frege(1848~1925), 독일의 수학자, 논리학자.

(5)의 예에서 김씨가 'the Morning Star = the Evening Star'인 줄
아는 경우에는 (a)가 참일 경우 반드시 (b)도 참이 된다. 김씨가 'the
Morning Star = the Evening Star'인 줄 모르는 경우에는 (a)가 참이더라
도 (b)가 반드시 참이 되지는 않는다.

〈3〉 지시대상과 의의의 구분

어떤 지시적 표현이 지시대상을 갖지 못하는 속성적(서술적) 기능으
로 쓰일 수 있다는 것은 지시적 의미론의 한계가 분명히 존재함을
증명한다. 라이프니츠 법칙이 지켜지지 않는 경우도 한 표현의 의미를
그 지시대상과 동일시하는 지시적 의미론의 뚜렷한 한계다.

프레게는 한 표현의 의미를 지시대상과 의의(sense)로 구분하여 분
석할 것을 제안했다(Frege, 1892). 서로 다른 두 표현이 동일한 지시대
상을 가지나 그것의 의미가 같다고 하기에는 자연스럽지 않은 경우를
보자.

    (7) (a) the victor at Jena

        (b) the loser at Waterloo

    (8) (a) the Morning Star is the Morning Star.

        (b) the Morning Star is the Evening Star.

(7)의 두 표현은 모두 나폴레옹(B. Napoleon)을 가리키나 (a)에서는
승자의 의미가, (b)에서는 패자의 의미가 부각된다. 그리고 (8)의 (a)는
항진명제(恒眞命題 tautology)로 아무런 새로운 지식을 제공하지 못하
지만, (b)는 그렇지 않다. 이러한 경우 '지시대상은 동일하나 의의가

다른 표현'이라고 하면, 앞에서 예든 각각의 짝이 되는 표현들이 동일한 지시대상을 가지는데도 불구하고 동일한 의미라고 말하기가 어려운 이유를 설명할 수 있다.

지시적 외연(denotation)[19]은 의의가 구현(具顯, realization)된(구체적으로 실현된) 것이라고 하고, 한 표현이 지시적 외연은 갖지 못하더라도 의의는 가질 수 있다고 하면, '불로초, 달을 정복한 최초의 여인, 용, 귀신, 도깨비', 'and, but, whether, not' 등과 같은 단어도 지시대상은 없지만, 그것이 가진 의의 때문에 쓰이고 있다고 말할 수 있다.

〈4〉 라이프니츠 법칙의 강화

두 개 이상의 표현이 동일한 지시물을 가리키는 것이라도 각각의 의의는 다를 수 있다는 가설을 받아들이고, 라이프니츠 법칙을 다음과 같이 강화하면, 앞에서 제기했던 여러 문제들을 해결할 수 있다.

> (9) 주어진 한 명제가 참일 경우, 그 명제 안에 있는 지시적 표현을 그것과 동일한 의의를 가진 다른 표현으로 대치한 결과의 명제도 역시 참이다.

이렇게 되면, 앞에서 소개한 바 있는 [Necessarily Φ]와 [Necessarily Ψ], [Believe Φ]와 [Believe Ψ]의 진리치가 다르게 된 것은 지시대상은 같지만 의의가 다른 표현으로 대치되었기 때문이라고 설명할 수 있다. 단어의 의미적 대응물을 지시대상과 의의의 복합체로 보는 이러한 이론을 종합적 의미론(綜合的 意味論 synthetic semantics)이라고 한다. 그러

---

19 지시대상, 지시체, 지시물 등의 용어와 같은 뜻이다.

나 이 경우도 '의의'가 무엇이냐는 데는 명확한 대답을 하기가 힘들다 (추가적인 내용은 보충 설명 [2.4]를 보라).

[2.3] 의미의 유형

⟨1⟩ 들어가기

⟨1-1⟩ 화려하게 치장을 한 어떤 중년부인이 어떤 남자와 함께 다방에 들어와 커피를 주문했다. 다방 아가씨가 커피를 쏟아 부인의 밍크코트를 엉망으로 만들고 말았다.

> 부인 : 이 집 주인 누구야? 빨리 오라고 해!
>
> 주인 : 죄송합니다.
>
> 부인 : 죄송하다면 다야? 이거 500만 원 짜린데 어떡할거야?
>
> 주인 : 물수건으로 일단 닦아 봅시다.
>
> 부인 : 뭐 물수건으로 닦는다고? 당신 눈에 지금 뵈는 게 없어?
>
> 주인 : 그런데 이 아줌마가 어디다 자꾸 반말이야?
>
> 부인 : 뭐! 방금 뭐라고 했어? 아줌마라고?
>
> 주인 : 그럼 아줌마지. 처녀야?

[Q1] '아줌마'는 일상적 쓰임에서 '처녀'의 반대말로 이해된다.[20] 부인은

---

20 일상적 언어생활에서는 "왜 처녀보고 아줌마라고 하니?"와 같은 말에서 보듯이 '아줌마'를 '처녀'의 반대말로 쓰는 경우가 잦다. 사전(『표준국어대사전』)의 기술에

'나는 아줌마가 아니다'와 같은 생각을 하고 있는 것처럼 보이는데, 그러면 자신이 처녀라는 말인가?

[Q2] 주인과 부인이 '아줌마'라는 말을 두고 옥신각신하는 이유는 어떤 것일까?

〈1-2〉 다음은 미국의 조지 더블유 부시 대통령이 김대중 대통령과 노무현 대통령, 그리고 북한의 김정일 국방위원장을 지칭하는 데 이용한 말이다.

(a) 김대중 대통령 — This man[21]

(b) 노무현 대통령 — an easy man

(c) 김정일 위원장 — Mr. Kim Jongil

[Q1] ① 위의 각 표현에 대해 우리가 가지게 되는 느낌에 대해 말해 보라.

[Q2] (b)의 an easy man은 an easy man to talk to(대화하기에 편안한 상대)[22]라고 한 것의 일부만 인용한 것이다. 이 두 가지 표현을

는 이런 뜻이 없다.

21 This man이란 표현은 2001년 3월 백악관에서 한미정상회담을 한 후 공동기자회견을 할 때, 부시 대통령(아버지와 아들이 모두 대통령이었기에 이들을 구분하기 위해, 통상 '아들 부시'라고 함)이 기자들에게 김 대통령을 소개하면서 한 말이다. 당시의 우리나라 언론에서 동맹국의 노(老) 대통령에 대한 지칭으로는 좀 무례한 표현이라는 점과, this man보다는 this people이 낫고, this friendly president가 격조 있고 정중한 표현이라는 등의 내용을 다루면서 설왕설래가 있었다.

22 이 표현은 2003년 5월 백악관에서 한미정상회담을 한 후 공동기자회견을 할 때, 기자들에게 노무현 대통령을 소개하면서 한 말인데, '대화하기에 편안한 사람' 정도의 뜻이라고 한다. 그런데 당시의 통역이 '대화하기에 쉬운 상대'라고 하였고, 그러면 '만만한 상대'라는 뜻으로 한 말이 아니냐는 등의 논란이 있었다. 여기서도 'man'이란 말이 좀 무례한 표현이라는 지적이 있었다.

비교하면 어떤 느낌의 차이가 있는가?

〈1-3〉 '착한 학생'이라고 할 때의 '착한'과 식당 이름 '착한 낙지'에서
의 '착한은 다른 의미로 해석될 가능성이 크다. 의미의 차이가 발생하
는 이유가 무엇일까?

〈1-4〉 다음 시는 2005년 미당(서정주)상 수상작이다(/: 행 구분, ¶:
연 구분). 문태준이란 젊은 시인(경북 김천 출신)의 작품으로 '향토적
시풍'이 소월을 닮았다는 평가를 받고 있다. ①다음 시의 몇몇 시어들
(잘그랑거리다, 외따롭다, 머츰하다, 겨울빛)의 사전적 의미를 추정한
다음 실제 사전의 의미와 비교해 보라. ②이런 시어들이 주는 느낌이나
분위기에 대해 말해 보라.

〈누가 울고 간다〉

밤새 잘그랑거리다/눈이 그쳤다. ¶
나는 외따롭고/생각은 머츰하다. ¶
넝쿨에/작은 새/가슴이 붉은 새
와서 운다./와서 울고 간다. ¶
이름도 못 불러 본 사이/
울고/갈 것은 무엇인가. ¶
울음은/빛처럼/문풍지로 들어온/
겨울 빛처럼/여리고 여려 ¶
누가/내 귀에서/그 소릴 꺼내 펴나. ¶
저렇게/울고/떠난 사람이 있었다. ¶

가슴 속으로/붉게/번지고 스며

이제는/누구도 끄집어 낼 수 없는.

〈1-5〉 친구 집을 방문했을 때 친구의 어머니를 '어머니'라고 쉽게 부르는 사람도 있고, 그것을 어려워하는 사람도 있다. 후자의 경우는 왜 그럴까에 대해 생각해 보라.

〈2〉 의미의 7가지 유형[23]

의미에 대한 이론체계가 반드시 의미의 명확한 정의로부터 시작되어야 한다는 주장은 타당하다. 그런데 지금까지의 논의에서 보았듯이, 어떠한 이론체계에서의 정의도 모든 언어표현의 의미를 포괄할 수 없을 정도로 언어의 의미는 본질적으로 다양하다. 그렇다면 의미의 본질에 대한 탐구 그 자체가 의미론이 지속적으로 수행해야 할 하나의 과제가 된다고 보지 않을 수 없다. 그것은 곧, 의미의 본질에 대한 탐구 노력을 지속하는 한편, 불완전하지만 나름대로의 정의를 세우고 그것에 따라 의미 이론을 수립하여 구체적인 의미 문제들을 탐구해 가는 작업을 계속해야 한다는 뜻이다.

의미라는 용어로 지칭될 수 있는 내용이 매우 다양하고, 의미 이론을 세우기 위해서는 그 대상이 한정될 수밖에 없다면, 우선 우리가 의미라는 용어로 가리킬 수 있는 다양한 대상을 몇 가지로 유형화해 보는 작업이 필요하다. 사람이 언어를 통하여 의미를 표현한다고 할 때,

---

23 이 부분은 정정덕(1989), 심재기 · 이기용 · 이정민(1984)의 내용을 참조하여 필자가 보태고 기운 것이다.

그렇게 해서 표현되는 의미에는 어떤 성질의 유형들이 있을 수 있는가
하는 점이다.

리취(Leech, 1974)는 다음과 같은 7 가지 유형의 의미를 제시하고
있다.

(1)

(i) 개념적(槪念的) 의미(conceptual meaning)①

(ii) 연상적(聯想的) 의미(associative meaning)

  (a) 내포적(內包的) 의미(connotative meaning)②

  (b) 사회적(社會的) 의미(social meaning)③

  (c) 감정적(感情的) 의미(affective meaning)④

  (d) 반사적(反射的) 의미(reflected meaning)⑤

  (e) 배열적(配列的) 의미(collocative meaning)⑥

(iii) 주제적(主題的) 의미(thematic meaning)⑦

〈2.1〉 개념적 의미

개념적 의미는 어떤 표현이 맥락과 무관하게 일정하게 지니는 의미
로서, 의사소통의 과정에서 핵심적 요소이며 언어의 본질적 기능을
수행하는 데 필수적이다.

개념적 의미는 외연적 의미이기도 하다. 예를 들어 '부인(婦人)'이라
는 단어의 개념적 의미는 그것의 모든 지시대상이 공통적으로 가지고
있는 속성의 집합으로 한정할 수 있기 때문이다. '부인'에 대한 그와
같은 공통적 속성을 추상적인 기호로 나타내면 [HUMAN]·[MARRIED]
·[FEMALE] 등으로 표현할 수 있는데,[24] 이와 같이 추상적인 기호로

표시된 속성을 그 표현의 의미자질(semantic features)이라고 한다. 따라서 한 단어의 개념적 의미는 그 단어의 모든 지시대상들이 공통적으로 가지는 추상적인 의미자질의 집합이라고 정리할 수 있다. '부인'에 대한 이와 같은 의미자질은 '부인'이라는 표현을 사용할 수 있기 위해서 반드시 습득(인지)해야 하는 내용이기 때문에 개념적 의미를 인지적(認知的) 의미(cognitive meaning)라고도 한다.

이와 같은 의미자질은 누구에게나 받아들여지는 관습화된 것이기 때문에 필수적(본질적) 자질(essential features)이고, 일상의 의사소통에서 핵심적이고 필수적인 역할을 하는 것이다.

〈2.2〉 내포적 의미

내포적 의미는 함축적(含蓄的) 의미라고도 한다. 화자나 청자의 마음속에서 일어나는 각자의 개성적인 체험과 관련된 느낌이나 생각, 또는 정서적 연상에 기초를 둔 의미를 말한다. 내포적 의미도 개념적 의미 못지않게 인간의 삶에서 중요한 역할을 한다. 부인(婦人)이란 말을 예로 들어보면, 일상적 언어생활에서는 개념적 의미([HUMAN]·[MARRIED]·[FEMALE])로만 한정하여 쓰지는 않는다. 다음의 예를 보자.

(2) 저런 여자를 어떻게 '부인'이라고 할 수 있겠니?

---

24 부인(婦人)은 결혼한 여자란 말이고, 부인(夫人)은 남의 아내를 높여 이르는 말이다(『표준국어대사전』).

(2)는 맥락에 따라 다양한 의도를 전할 수가 있을 것인데, 다음과 같은 몇 가지 맥락을 가정해 보자.

(3) (a) 요리나 바느질 또는 육아 실력이 형편없는 여자를 두고 한 말인 경우

(b) 품행이 방정하지 못한 여자를 두고 한 말인 경우

(c) 남편에게 공손하지 않은 여자를 두고 한 말인 경우

(2)가 (3)과 같은 맥락에서 자연스럽게 쓰일 수 있다는 데서, 이 말의 화자는 '부인'이란 단어에는, 개념적 의미 외에, 다음과 같은 의미가 더 들어 있다고 여기고 있음을 알 수 있다.

(4) (a)[요리나 바느질 또는 육아의 능숙함]

(b)[품행의 방정함]

(c)[남편에게 공손함]

그런데 (4)의 의미는 개방적이고, 쓰이는 맥락에 따라 달라질 수 있는 특징을 갖고 있다. 성차별적인 인식이 들어있는 쓰임인데, 신세대에서는 이런 의미로의 쓰임을 인지하지 못하는 사람들도 많을 것이다. 따라서 이 의미는 '부인'의 개념적 의미는 아니다. '부인'이라는 단어에서 (4)와 같은 내용을 연상할 경우 그러한 속성들이 그 언어사회의 모든 구성원들이 공통적으로 느낄 수 있는 거의 고정적인 인식의 집합이 아니면 내포적 의미라고 보게 된다. 내포적 의미는 개인적 경험[25],

---

25 필자의 어머니가 평소 필자에게 못 쓰게 한 말 중에 '마지막'과 '무겁다(어린

문화배경[26], 연령의 차이[27]에 따라 다를 수 있다.

개인의 주관적 체험과 상상을 형상화시키는 문학에서는 개념적 의미보다는 내포적 의미가 더 큰 비중을 차지한다. 특히 시에서는 내포적 의미가 중심을 이루는데, 개인의 주관적 체험을 가장 함축적으로 담는 문학의 형태이기 때문이다. 흔히 일컫는 문학에서의 창조성을 '의미의 창조'라고 본다면, 그것은 기존의 관습적인 의미의 초월이요, 새로운 내포적 의미의 창조이다.

〈달개비 꽃〉(박명숙)

초가을이 던져놓은
미끼 같은 작은 꽃

아이를 안아보면서 하는 말일 경우)'가 있었다. 필자의 어머니는 이런 말에 대해 매우 부정적인 의미를 연상하고 있었으나 필자는 그렇지 않았는데, 이러한 차이는 개인적인 경험의 차이에서 비롯된 것이다(예를 들면, 6.25와 같은 참혹한 전쟁, 천연두와 같은 무서운 전염병 등으로 많은 죽음을 경험한 사람과 그렇지 않은 사람의 차이).

26 예를 들어 "저 사람은 참 정치적이다."와 같은 말을 놓고 보면, '정치적'이란 말이 좀 부정적인 의미로 들릴 수 있다. 그러나 여야 간에 양보하고 타협하여 정국을 원만하게 이끌어 가는 능력을 가진 사람과 관련하여 쓰인 것일 때는 긍정적인 의미로 들릴 수도 있다. 이와 같은 차이는 정치와 관련된 문화적 배경이 다른 데서 오는 것이라고 볼 수 있을 것이다.

27 서로 친밀하지 않은 성인 남녀 사이에서 '아줌마, 아저씨'라는 말을 쓰면 좀 불쾌할 수 있다. 얼마 전(2021년)에 어떤 유명한 야당 측 남자 정치인이 유명한 어떤 여자 정치인이자 장관을 '아줌마'라고 지칭한 적이 있었는데, 여당 측 국회의원들이 몇 선(選) 국회의원이자 당 대표까지 한 현직 장관을 '아줌마'라고 했다고 항의하는 소동이 있었다. 그러나 꼬마들이 지나가는 어른들에게 '아줌마, 아저씨라고 부르면 오히려 반갑고 귀엽다.

귓바퀴가 새파랗다.

어느 바람에 물렸을까.

길섶에 내려앉으며

모가지를 가누는 꽃

달개비는 흔히 길가나 풀밭, 냇가의 습지에서 자란다고 한다. 시인은 달개비 꽃의 파란 귓바퀴 부분을 보고 바람이 물어서 그렇다고 했다. 햇빛과 물, 공기, 바람 등 천지조화가 생명체를 탄생시키고 키운다는 게 우리들의 생각이니, 시인의 생각은 좀 엉뚱하다. 길가에 핀 보잘 것 없어 보이는 꽃이 바람에 흔들린다. 시인이 느끼는 연민의 정이 꽃과 바람을 그렇게 본 것일까? 달개비 꽃에 대한 바람의 행위는 학대일 수도, 불인(不仁)한 천지자연 속에서의 단련일 수도, 그리고 우리가 미처 생각해 내지 못한 또 다른 무엇일 수도 있을 것이다. 시인의 감수성과 상상력은 '바람'이라는 단어에 새로운 의미를 부여한 것이니, 기존의 관습적인 의미의 초월이요, 새로운 내포적 의미의 창조이다.

〈2.3〉 사회적 의미

사회적 의미는 언어 사용의 사회적 환경(social environment)의 차이를 인식하는 데서 나타나는 의미로서, 문체적(文體的) 의미(stylistic meaning)라고도 한다. 화자와 청자 간에 사회적 차원(분야 dimension)과 층위(level)가 다를 때, 이 양자 사이에는 언어 사용상의 간격이 생기는데, 이러한 간격을 문체적 의미의 차이로 이해할 수 있다. 화자나 청자가 어떤 표현을 말하거나 들을 때 연상될 수 있는 사회적 상황에서 비롯되는 의미이다. 예를 들어, [부끄러움]의 의미를 '쪽팔리다'로 나타낼 수도 있고 '수치(羞恥)스럽다'로 나타낼 수도 있다. 이 둘의 개념적 의미는 같지만, 전자는 [하류계층, 상스러움]의 의미가, 후자는 [상류계층, 교양있음]의 의미가 드러난다고 보면, 이러한 의미의 차이가 사회적 의미의 차이이다.

언어의 사회적 상황을 나타내는 요소로는 개인의 연령과 성별의 차이, 개인의 직업과 사회적 지위에 따른 차이, 시대적·지역적 차이, 종교적 차이 등을 들 수 있다. 예를 들어 이문열의 소설 〈미로일지〉의 한 부분을 보면, 대화에 참여하고 있는 두 사람(사장과 부하직원)의 사회적 상황에서의 여러 요소를 쉽게 짐작할 수 있다. 그런 것들에서 얻을 수 있는 연상적 의미(정보)가 해당 언어표현의 사회적 의미이다.

(5)

　　"니 요새 느그 처형집에 얹히 산다며?"

　　"예, 어쩌다 보이 … "

　　"우예된 기고?"[28]

　　"마누라가 … "

　　"느거 마누라가 계 하다가 꼴아박은 거는 안다. 무라리할 끼 얼매로?"[29]

　　"천만원은 더 되는 갑십디더."

　　"뭐라? 천만원? 예라이 빙신이 같은 노무 새끼, x차고 앉아 지랄하고 자빠졌드나, 뭐했노? 뭐한다꼬 마누라 하나 단속도 못하고 … 그래 쫓기

---

28 어떻게 된 거야/거니?
29 물어줘야 할 게 얼마야/얼마니?

난 기가?"

"예"

"살림은 우예됐노?"

"숟가락 몽딩이 하나 몬 건졌심더."

"예라이, 빙신이 같은 누묵 새끼. 그래서 기집 자슥 주렁주렁 달고 처형집에 가 자빠졌나?"

"그라이 우얍니꺼? 이불 보따리라도 하나 들고 나올라 카다 보믄 빚쟁이 한테 빼당구도 몬 추릴 낀데 … "30

이러한 뜻에서 사회적 의미를 문체적 의미라고도 한다. 존대말, 은어, 비어, 속어 등과 같은 말씨는 그것을 사용하는 사람의 사회적 상황(직업이나 사회적 지위)을 나타내 준다. 또 지역 방언이 주는 독특한 느낌도 사회적 의미로 볼 수 있다.31

사회적 의미는 단어와 문장의 개념적 의미에 아무런 변화도 입히지 않는다. 따라서 동일한 개념적 의미를 지닌 단어들을, 그 문체적 의미의 차이 때문에 서로 다른 문체에 동시에 자연스럽게 쓰일 수 없다고 하여, 동의관계로 보지 않는 지나친 엄격성은 배제되어야 할 것이다.

---

30 이문열 작가는 서울에서 태어났다. 유년기와 청소년기, 그리고 청년시절의 일부를 영남지역에서 보냈는데, 경북 북부지역(영양, 안동 등)에서 생활한 것은 유년기 때였다. 사장의 말에는 대부분의 영남지역 말과는 다른 경북 북부지역 방언에서만 쓰이는 종결어미가 나온다. 그것을 찾아보면 재미있을 것 같다. 어려울 수도 있겠다. 의문형 종결어미다.

31 프로야구 롯데 자이언츠 팀의 응원 열기는 참 대단하기로 소문이 나 있다. 부산 사직구장에서 관중석으로 날아온 홈런 공을 어른이 주웠을 경우, 수만 명의 관중이 동시에 "아~ 조오라"라고 외친다. 만일에 이를 표준어 "애 줘"라고 한다면 그 결과는 참담할 것이다. 동일 방언에서 오는 동류 의식에서 거절할 수 없는 설득력이 생기는 것으로 본다면 이는 사회적 의미의 힘이다.

〈2.4〉 감정적 의미

연상적 의미 중, 감정적 의미는 화자의 감정이나 청자에 대한 정신적 태도 등에 의해 발생하는 의미이다. '사랑하다'라는 단어는 화자의 청자에 대한 어떤 특정한 정신적 태도를 개념적 의미로 표현하는 예이다.

그러나 연상적 의미로서의 감정적 의미는 개념적 의미에 얹혀서 표현된다. 감정적 의미도 연상적 의미에 포함되는 것인 만큼, 화자든 청자든 각 개인에 따라 달라질 수 있는 성질의 의미이다. 예컨대, "기분이 참 좋다"에서 '참'을 정상적인 길이보다 더 길게 발음하면, 그만큼 감정적 의미가 분명히 드러난다. 다음의 시에서 〈 〉한 표현에서 느낄 수 있는 의미가 그 예다. '아이구!, 저런!, 제기랄!' 등과 같은 감탄사를 사용하여 감정적 의미를 표현할 수 있다. 문자언어로 쓰일 때는 문장부호 등이 이러한 감정적 의미를 시각화하여 나타낸다. 이 의미는 환정적(喚情的) 의미라고도 한다.

(6) 〈瓦斯燈(와사등)〉(김광균)[32]

〈차단-한(차디찬)〉 등불이 하나 〈비인〉 하늘에 걸려 있다.
내 〈호올로〉 어딜 가라는 슬픈 信號(신호)냐

〈긴-〉 여름해 황망히 나래를 접고
늘어선 高層(고층) 창백한 墓石(묘석)같이 황혼에 젖어
찬란한 夜景(야경) 무성한 잡초인 양 헝크러진 채

---

32 와사등은 석탄 가스를 도관(導管)에 흐르게 하여 불을 켜는 등이다.

思念(사념) 벙어리 되어 입을 다물다.

…… 하략 ……

이와 같은 감정적 의미는 시의 분위기(뉘앙스)를 다르게 하고 사람에 따라 다르게 이해될 수 있으므로 애매성을 높이는 기능을 수행하게 된다. 시의 세계에서는 논리적·개념적 의미보다 감정적 또는 정서적 의미가 더 중요한 역할을 수행할 수도 있을 것이다.

사람의 감정을 표현하는 의미가 곧 감정적 의미가 되는 것은 아니다. '화나다, 뿔나다, 열나다, 뚜껑 열리다' 등의 표현들은 모두 [ANGRY]라고 나타낼 수 있는 '원초적 감정'을 드러내는 것이지만, 이들 표현의 의미는 개념적 의미이지 감정적 의미가 아니다. 이런 단어들은 [ANGRY]라는 원초적 감정이 각각 '[불(火)], [각(角)], [열(熱)], [폭발(爆發)]' 등의 개념으로 실현되고 어휘화한 것이다.[33] 그냥 '열나네'라고 하면 개념적 의미지만 '여~ㄹ 나네'처럼 길게 발음하면 개념적 의미 위에 감정적 의미가 얹혀 실현된다.

감정적 의미는 화자의 정서(emotion)를 표현해 줄 뿐이므로 의미론에서는 비본질적 범주에 소속시켜 논의하지 않는 것이 보통이다.

〈2.5〉 반사적 의미

둘 이상의 개념적 의미(의미1, 의미2 등등)를 가진 어떤 표현이 있

---

33 이와 같은 감정표현들에 대해서는 임지룡(2006)을 참고했다. 이 책에선 다양한 감정표현들의 인지적 의미를 고찰하고 있다.

다고 보자. 화자는 의미1로 이 표현을 썼지만, 청자는 의미2의 간섭을 받아(의미2의 내용이 반사되어 들어와), 두 의미의 내용이 섞인 제3의 의미를 연상할 수 있다. 이러한 연상적 의미를 반사적 의미 또는 반영적(反映的) 의미라고 한다. 예를 들어 '신(神)'이라고 하면 ① [절대자] ②[토속신앙적 귀신] 등의 개념적 의미를 가진다.[34] 기독교에서 제3위의 하느님을 가리키는 '성신(聖神)'이라고 할 때의 '신'은 물론 ①의 의미로 쓰인 것이겠지만 ②의 의미도 아울러 생각하게 되면, '성신'에서 [거룩한 귀신]이란 반사적 의미가 연상된다. 또 교회에서는 '아버지'라는 표현을 [하느님]의 뜻으로 쓰는데, 신자가 아닌 사람이 그 말을 들으면 자신의 [육친으로서의 아버지]의 의미도 아울러 생각하게 될 것이므로, [육친으로서의 하느님]과 같은 반사적 의미가 생길 수 있다.[35]

만일 시와 같은 문학작품이라면 독자가 다양한 반사적 의미를 연상할 수 있는데, 이는 작가가 의도한 것일 수도 있겠다. 반사적 의미가 시의 애매성을 증가시키는 데 일조함은 물론이다.

〈이 곳에 없는 파리〉[36]

---

34 『표준국어대사전』의 '신(神)'에 대한 뜻풀이는 다음과 같다.
　① 종교의 대상으로 초인간적, 초자연적 위력을 가지고 인간에게 화복을 내린다고 믿어지는 존재.
　② 사람이 죽은 뒤에 남는다는 넋. =귀신.
　③ 『기독교』 '하느님'을 개신교에서 이르는 말. =하나님.
　④ 『민속』 아기를 점지하고 산모와 산아(産兒)를 돌보는 세 신령. =삼신.
　⑤ 『철학』 세계의 근원, 원인이라고 생각하는 실체.
35 입교한 지 얼마 되지 않은 초보 신자는 예수님 상 앞에서 기도할 때 '아버지'라는 말이 입에서 잘 안 나올 수 있는데, 이는 '육친으로서의 아버지'가 생각나기 때문일 것이다.

〈파리〉를 보고 싶다
파리는 어디 있는가
파리는 날개가 있어 어디로
날아갔는가
아니면 작아서 보이지 않는가
파리에는 세느강이 흐른다는데
파리의 눈에는
무슨 강이 흘러 그렇게
반짝반짝 물결치는가

　이 시는 고유명사 '파리(Paris)'와 보통명사 '파리(Fly)'를 주요 제재로
삼고 있다. 이 둘은 동음관계여서 서로 다른 단어이다. 그러나 하나의
형식(명칭 name)에 두 개의 의미(의의 sense)가 달려 있어, 앞의 예들
과 같은 이치로 반사적 의미가 생길 수 있다. 독자는 이 시를 감상할
때, [Paris]와 [Fly]를 아울러 떠올릴 수밖에 없다. [Fly]의 이미지가 끼어
들어 있는 [Paris]의 이미지, [Paris]의 이미지가 끼어들어 있는 [Fly]의
이미지가 반사적 의미다. 독자는 그것이 어떤 것인지 쉽게 알 수가
없다. 시의 애매성이 제고되며, 경험하지 못했던 새로운 이미지가 시적
긴장을 강화한다. 독자는 긴장감과 함께 온갖 상상력을 동원하여 이에
대해 그려 본다. 이런 점들이 작가의 의도일 것이다.

---

36 필자는 오래 전부터 이 시를 강의에 이용해 왔는데, 어떤 저술에서 따온 것인지
　기억이 나지 않아 지은이가 누군지 확인을 못하고 있다. 지은이께 무척 송구한
　일이다.

〈2.6〉 배열적 의미

배열적 의미는 한 표현이 그것의 언어적 환경(문맥)에 나타나 있는 다른 표현의 의미에 영향을 받아 가지게 되는 의미로서, 연어적(連語的) 의미라고도 한다. 예를 들어 보자.

(7) (a) 아무 말 하지 않았다.

　　(b) 그리고, <u>아무 말 하지 않았다</u>.

위 예에서 (a)와, 그것에 '그리고'라는 표현을 앞세운 (b)를 비교해 보면, (b)는 많은 의미를 함축하고 있는 듯이 보인다. (b)의 밑줄 친 부분이 (a)와 다르게 가지고 있는 것으로 보이는 의미는 '그리고'와 연결되는 특정한 언어적 환경에 기대어 발생된 배열적 의미이다.

다음 예에서 동일한 단어가 (A)계열과 (B)계열에 따라 그 의미가 좀 다르다고 느껴진다면 그것도 배열적 의미의 차이로 볼 수 있다.

(8)

(A) 번잡한 '도시'	(B) 귀여운 '도시'
치밀한 '계획'	축축한 '계획'
날씬한 '자동차'	힘든 '자동차'

아래의 예도 마찬가지다. (A)에서의 '아름다운'과 '착한'은 개념적 의미로 해석된다고 보는 것이 자연스럽다. 그러나 (B)에서의 그것은 개념적 의미로 해석될 가능성이 별로 없어 보인다.[37]

(9)

(A) '아름다운' 여자 　　　(B) '아름다운' 남자

　　'착한' 학생 　　　　　　　'착한' 낙지

시에서는 이와 같은 배열적 의미의 생성이 시의 함축적 의미[38]를 확대하고 애매성을 증가시키는 역할을 한다. 시인은 단어 하나하나에 대하여 어떤 단어를 선택하여 어떤 단어와 함께 배열할 것인가에 대하여 고심하게 된다. '죽어도 아니 눈물 흘리우리다'에서와 같이 어순이 가져오는 또 다른 의미[39]도 배열적 의미로 볼 수 있다.

〈2.7〉 주제적 의미

주제적 의미에서는 대개 의도적 의미(intended meaning)와 초점적 의미(focus)를 언급한다.

의도적 의미는 화자가 발화 당시에 특정한 표현을 통해서 꼭 전달하고자 하는 의미로서, 그러한 특정 상황에서만 잠정적으로 나타나는 의미이다. 그러나 의도적 의미가 개념적 의미와 전혀 무관한 것이 될 수는 없다. 다음 시에서 '간(肝)'이란 표현을 통하여 전달하고자 한 의미는 '의도적 의미'라고 할 수 있을 것이다. 그것이 특정

---

37 '아름다운'이란 단어의 의미가 (A)에서는 개념적 의미로 해석되는 것이 자연스럽고 (B)에서는 그렇지 않다는 생각에는 성차별적 인식이 드러나 보인다는 어떤 학생의 반론이 있었다. '착한 낙지'는 식당 이름이다.

38 이와 같은 배열적 의미는 함축적(내포적) 의미라고도 볼 수 있겠다. 예를 들어 '아름다운 남자'에서 '아름다운'의 의미를 어떻게 볼 것인가는 독자나 청자의 고유한 경험에 따라 달라질 것이기 때문이다.

39 이런 경우는 초점적 의미라고도 볼 수 있겠다.

맥락에서만 의도된 것이기 때문에 애매성을 제고하게 된다.

(10) 〈肝(간)〉[40](윤동주)

바닷가 햇빛 바른 바위 위에

습한 肝(간)을 펴서 말리우자

코카서스 山中(산중)[41]에서 도망해 온 토끼처럼

둘러리[42]를 빙빙 돌며 肝을 지키자.

내가 오래 기르던 여윈 독수리야 !

와서 뜯어 먹어라, 시름없이

너는 살지고

나는 여위어야지. 그러나,

거북이야 !

다시는 龍宮(용궁)의 誘惑(유혹)에 안 떨어진다.

프로메테우스 불쌍한 프로메테우스

---

40 이 작품에는 간(肝)을 소재로 하는 두 개의 이야기인 전통설화 '구토지설(龜兎之說)' 과 그리스 신화인 '프로메테우스의 신화'가 함께 녹아들어가 있다.
41 프로메테우스(Prometheus) 신은 인류에게 불을 전해 준 죄로 제우스(Zeus)에 의해 코카사쓰(Caucasus) 산의 꼭대기에 묶인 채 매일 독수리에게 간을 뜯어 먹히는 형벌을 받고 있었는데, 제우스의 아들 헤라클레스(Heracles)가 활로 독수리 를 쏘아 죽이고 구해 주었다고 한다.
42 '둘레'와 같은 말인 것 같다.

불 도적한 죄로 목에 맷돌을 달고

끝없이 沈澱(침전)하는 프로메테우스

화자가 하나의 문장 속에서 특별히 어떤 단어를 강조하고자 할 때에
는 그 단어는 초점적 의미를 갖는다. 즉, 표현하고자 하는 내용을 어떤
순서로 어디에 초점을 두어 강조하느냐와 같은 문장 구성법에 따라,
보다 구체적으로 드러나는 의미이다.

    (11) (a) 예술은 길고 인생은 짧다.

        (b) 인생은 짧고 예술은 길다.

    (12) (a) 너였구나, 매일 아침 화단에 물을 준 사람은.

        (b) 매일 아침 화단에 물을 준 사람은 너였구나.

    (13) (a) 나는 서울에서 제일 큰 호텔을 경영한다.

        (b) 서울에서 제일 큰 호텔은 내 것이다.

    (11)에서는 선행절과 후행절 중 어디에 초점이 있는지 명확하지 않
다. 그러나 (12)에서는 그것이 확실히 드러난다. (13)에서도 문장 구성
의 차이가 초점적 의미를 다르게 제시한다고 보겠다.

    (14) 〈아지랑이〉(이영도)

어루만지듯

당신

숨결

이마에 다사하면

내 사랑은 아지랑이
春三月(춘삼월) 아지랑이

장다리
노오란 터밭에

　　나비
　나비
　　나비
　나비

위 시의 하단 부분에서 '나비'라는 표현을 그렇게 배열(배치)하고
있는 것은 어떤 의미에 초점을 두고자 한 의도로 볼 수 있을 것이다.

〈3〉 마무리

이상으로 리취가 분류하여 설명한 의미의 7가지 유형을 살펴보았다.
이런 유형의 의미는 사실상 따로 따로 별개의 것으로 존재한다기보다
는 하나의 표현에 그와 같은 여러 유형의 의미가 미분화된 상태로
복잡하게 얽혀 있다고 보아야 할 것이다. 다만 언어표현의 상황이나
목적 등에 따라 특정한 유형의 의미가 더 중점적인 역할을 수행하게
되는 차이는 있을 수 있다. 그렇다고 하더라도 항상 다른 유형의 의미
가 부수적으로 또는 기저적으로 깔려 있다고 보지 않을 수 없다. 보통
의 일상적 언어생활에서는 개념적 의미를 중심으로 명확하게 통용되
는 것이 이상적이겠으나, 시의 세계에서는 오히려 그와 같은 여러 유형

의 의미가 얽혀 존재한다는 의미의 본질적 특성을 애매성을 형성하는 데 이용한다고 볼 수 있다.

어휘 의미에 대한 구조적 접근에서는 개념적 의미만이 고려 대상이 된다. 그러나 어휘는 세월의 흐름에 따라, 의미가 확대 또는 축소될 수도 있고, 위상적인 변화를 입을 수도 있으며, 사어(死語)가 되기도 하는데, 이러한 과정에서 해당 어휘의 연상적 의미가 중요한 역할을 하기도 한다. '광부'를 '광원'으로, '청소부'를 '미화원'으로, '때밀이'를 '욕실원'으로 바꾼 이유는 바꾸기 전의 어휘가 가지고 있는 연상적 의미 때문이다. 광부, 청소부, 때밀이 등의 어휘는, 행정기관의 공식적 용어의 차원에서 보면 사어가 된 셈이다.

연상적 의미 특히 내포적 의미는 토박이 화자들이 자신들이 살아온 시·공간적 맥락에서, 해당 어휘와 관련된 직·간접적 경험을 통하여 가지게 된 느낌이 축적되어 형성된 것으로 볼 수 있다. '광대'라는 단어를 예로 들어 보자. 일일이 지적할 수는 없지만, 우리가 '광대'라는 단어와 관련하여 가지게 된 경험은 결코 밝지만은 않다. 이럴 때, '배우'라는 새로운 단어를 쓰게 되면, 그러한 부정적인 연상적 의미를 어느 정도 차단하는 효과를 얻을 수 있다. 화자들이 그것과 관련된 경험을 가지고 있지 않기 때문이다. 그러나 새로운 단어도 세월이 흐름에 따라 어떤 연상적 의미를 갖게 됨은 물론이다.

우리는 일상적 대화에서 쉽게 끝나지 않는 논쟁을 계속하는 경험을 가지게 되기도 한다. 이 때 대화의 당사자가 서로 다른 의미체계에 바탕을 두고 끝까지 자기가 옳다고 주장한다면, 그와 같은 다른 의미체계를 조정하지 않고는 대화가 불가능하다. 1980년대에 들어 우리 사회에는 (A)"교사는 노동자이다"라는 명제와 (B)"교직은 성직이다. 교사는 결코 노동자일 수 없다"와 같은 서로 모순관계에 있는 듯한 명제를 놓고 크게 다툰 바 있다. (A)명제를 주장하는 사람은 개념적 의미에 바탕을 두고 있고, (B)명제를 주장하는 사람은 연상적 의미에 바탕을 두고 있어서, 서로 기초하고 있는 의미체계가 다르다. 만일 논리적인 진리치를 따진다면 '노동자'라는 단어의 외연적 의미만을 고려해야 함은 당연하고, 외연적 의미는 곧 개념적 의미가 되므로, (A)의 명제만이 논리적 추론의 대상이 된다. 사람마다 달라질 수 있는 연상적 의미에 기초하여 논리적 진리치를 따질 수는 없다.

서로 바탕을 두고 있는 의미체계의 차이로 인하여 생기는 오해의 한 예를 더 든다(이정민(역)(1977)에서 인용).

(15)

유명한 흑인 사회학자 한 사람이 자기 사춘기 때의 경험을 이야기했다. 그는 고향을 멀리 떠나 흑인들이 좀처럼 보이지 않는 지역으로 자동차를 얻어 타며 여행하였는데, 아주 친절한 백인 부부와 친하게 되어, 이 부부는 먹여주고 자기 집에 잠자리를 마련해 주었다. 그런데 이 백인 부부는 줄곧 그를 '작은 검둥이 little nigger'라고 불렀다. 그는 부부의 친절에 감사하면서도 참을 수 없이 감정이 상했다. 마침내 용기를 내어 백인 남자에게 자기를 그 '모욕적인 말'로 부르지 말라고 하였다.

"누가 모욕을 해, 이 사람아" 백인의 말이었다.

"아저씨가요 - 절 부를 때마다 쓰는 그 이름 말예요."

"무슨 이름?"

"어! 아시면서요?"

"아무 이름도 안 불렀는데"

"'검둥이'라고 부르시는 것 말예요"

"아니, 그게 어디가 모욕적인가? 자넨 검둥이잖아!?"

[2.4] 보충 설명 : 의의(意義)의 정의

〈1〉 추상적 대응물로서의 의의

추상적 대응물(abstract object)은 플라톤의 實在論(Platonist real-ism)에 바탕을 둔 것이다. 플라톤의 실재론은 관념이나 사유를 초월하여 존재하는 '實在'를 인정한다.

이와 대비되는 名目論(nominalism)에서는 우주는 스스로 존재할 수 없으며 우주는 개체적 대응물이나 대응물의 집합을 지칭하는 어휘(terms)나 기호(signs)로 구성되어 있다고 본다. 예를 들면 table은 'table'이란 이름(name)으로 불리기 때문에 table이 된다고 주장한다. 'table'이라고 부르기 전에는 table이라는 개체적 대응물은 존재하지 않는다는 것이다. 다음의 詩(김춘수의 〈꽃〉)와 노자(老子) 도덕경(道德經) 제1장의 몇 구절[43]을 음미해 보라.

(1)
내가 그의 이름을 불러 주기 전에는
그는 다만
하나의 몸짓에 지나지 않았다.

내가 그의 이름을 불러 주었을 때
그는 나에게로 와서
꽃이 되었다.

---

43 원문과 번역문 모두 김용옥(1989)에서 인용했다.

내가 그의 이름을 불러 준 것처럼

나의 이 빛깔과 香氣에 알맞는

누가 나의 이름을 불러다오.

그에게로 가서 나도

그의 꽃이 되고 싶다.

우리들은 모두

무엇이 되고 싶다.

너는 나에게 나는 너에게

잊혀지지 않는 하나의 눈짓이 되고 싶다.

(2)

道可道 非常道(도가도 비상도)

길을 길이라고 말하면 늘 그러한 길이 아니다.

名可名 非常名(명가명 비상명)

이름을 이름지우면 늘 그러한 이름이 아니다.

無名 天地之始(무명 천지지시)

이름이 없는 것을 하늘과 땅의 처음이라 하고

有名 萬物之母(유명 만물지모)

이름이 있는 것을 온갖 것의 어미라 한다.

실재론에서는 table이라는 물체는 'table'이라는 단어 내지는 기호와
는 상관없이 존재한다고 주장한다. 플라톤은 우리의 감각적 기관으로
인식할 수 있는, 실제로 나타나고 있는 것은 거짓 현상에 지나지 않으
며, 순간적이고 개별적인 것이라 하고, 그러한 현상의 밑바닥에 참으로

존재하는 이데아(idea)가 있다고 했다. 예를 들어 우리의 눈으로 볼 수 있는 고양이란 동물은 개별적이고 순간적인 거짓 존재이며, 이것은 이데아의 그림자와 같은 것에 지나지 않는다고 하였다. 고양이의 이데아는 눈앞에서 볼 수 있는 한 마리 한 마리의 고양이가 생겨난다고 해서 생겨나는 것도 아니며, 그것들이 죽는다고 해서 없어지는 것도 아닌, 참으로 존재하는 것으로서, 공간이나 시간 속에 그 자리를 가지지 않고서 영원한 것이라고 했다.

플라톤의 실재론을 의미론적 입장에서 보면, 의미적 대응물은 그것을 나타내는 언어표현과는 관계없이 독립하여 존재한다는 입장이 된다. 추상적 대응물은 시·공간적 좌표를 뛰어 넘어서 존재하는 것이므로 변함이 없고 논리적으로 분리할 수 없는 기본적 속성을 지니고 있는 것이기 때문이다.

〈2〉 추상화 과정과 과학

과학이 일반성을 추구하는 것이라면 추상화 과정(작업)은 필수적이다. 과학이 무질서한 것처럼 보이는 표면적 현상 뒤에서 그것들을 지배하는 일반적 원리를 찾는 것이라면 추상화된 단계의 설정은 매우 중요한 개념적 작업이다.

변형문법에서의 심층구조의 설정은 추상화 단계의 좋은 예이다. 표면적인 단계에서보다 추상적인 심층구조의 단계에서 보편성(일반성)을 더욱 쉽게 포착할 수 있다. 여기서 다루고 있는 '의의'를 플라톤의 이데아에 상응하는 추상적 대응물로 보는 것도 이러한 '추상화'의 문제로 볼 수 있다.

〈3〉 의의와 지시체의 구분[44]

프레게가 고유명사의 의미를 해석하는 문제에 대해 관심을 갖게 된 것은 진리함수성(truth-functionality)의 원리에 따라 진리치가 결정될 수 없는 일상언어의 몇 가지 유형의 문장들 — '간접화법의 문장(say that)', '믿음문장(believe that)', '인식문장(know that)' — 때문이었다. 프레게는 진리함수성의 원리를 고수하더라도 이러한 문장들의 진리값이 결정될 수 있는 방안을 모색하면서, 고유명사의 의미를 해석할 수 있는 새로운 방안을 제시한다. 그는 먼저 다음과 같은 동일성(identity) 명제들에 관하여 분석했다.

(3) (a) 샛별(the morning star)은 샛별(the morning star)이다.

(b) 샛별(the morning star)은 개밥바라기(the evening star)이다.

(4) (a) 철수는 [샛별이 샛별이라고] 믿는다.

(b) 철수는 [샛별이 개밥바라기라고] 믿는다.

(3a)는 문장 구조 자체에 의해 항상(어떠한 세계에서도) 참이지만, (3b)는 그렇지 않다. 그런데 '샛별'과 '개밥바라기'가 언어표현의 의미는 다르지만 동일한 지시대상을 가리키고 있다는 점에서 서로 대치될 수 있으므로, (3b)는 (3a)와 같은 특성을 지니고 있다(그럼에도 불구하고 (4a)는 (4b)를 함의하지 않는다). 그러면 (3a)와 (3b)의 차이는 무엇인가?

---

44 이 부분은 박영태(1994)의 내용을 요약하여 옮긴 것이다. 이에 대한 자세한 철학적 배경에 대해서는 강의 소주제 [7.3]을 참고하라.

(3a)는 존재세계에 대하여 아무런 정보를 제공해주지 않지만, (3b)는 '샛별'과 '개밥바라기'가 동일한 대상을 지시하고 있다는 사실적 정보를 제공하고 있다. 프레게는 이러한 차이를 설명하기 위하여 '의의(sense: Sinn)'와 '지시체(지시대상 reference: Bedeutung)'를 구분했다(물론 명사 중에는 의의는 있으나 지시체가 없는 것이 있을 수 있다). (3a)와 (3b)의 차이는 이와 같은 의의와 지시체에 의해 쉽게 설명된다. (3a)에서는 의의와 지시체가 동일한 명사가 나타난 반면에 (3b)에서는 의의가 다르면서 지시체가 동일한 명사가 나타난 것이다. 서로 다른 표현의 지시체가 동일하다는 것은 존재세계에 대한 경험적인 사실을 제공하는 것과 같다. 프레게는 지시체는 '달'로, 의의는 그 달이 망원경에 비친 '상'으로, '관념(idea)'은 그와 같은 '상을 해석하는 것'으로 비유했다.

[3] 어휘 의미론의 연구 방법

어휘 의미론은 한 언어의 어휘구조(lexical structure, 어휘의 의미구조)를 밝히는 것인데, 이에 이용되어 온 주요 방법론은 (a)낱말밭(lexical field) 이론과 (b)성분분석(componential analysis) 이론이다. 두 방법은 상호 보완적인 성격으로서, 낱말밭 이론이 성분분석의 바탕이 되며, 또 성분분석을 이용하여 하나의 밭(field)에 속하는 구성요소들의 의미관계를 밝히기도 한다.

[3.1] 낱말밭 이론[1]

---

[1] 낱말밭은 어휘장이라고도 한다. 낱말밭은 개념적(의미적) 공통성이나 유사성을 보유하고 있는 일련의 낱말들이 형성하고 있는 것이므로, '의미장'이라고도 일컬을 수 있다. 따라서 여기서는 낱말밭, 어휘장, 의미장 등을 동일한 뜻으로 쓰고, 특별히 하나의 밭을 구성하고 있는 낱말들의 내적 관계를 가리킬 필요가 있을 때는 '개념적 장'이란 용어를 쓴다. 여기서 소개하는 낱말밭 이론은 주로 트리어(J.

〈1〉 들어가기

〈1.1〉 다음은 중세국어 이후의 의미변화의 예이다.

(a) '어리다'가 [愚]의 의미에서 오늘날처럼 [稚]의 의미로 변화하였다.

(b) '젊다'는 갓난아기에서부터 청·장년층을 대상으로 쓰이다가, 청·장 년층만을 대상으로 하는 말로 그 영역이 축소되었다. 중세국어에서 '젊다'가 갓난애의 경우에도 쓰이고 있었음은 다음 용례에서 확인된다.

(1) 太子ㅣ 져머 겨시니 뉘 기르ᅀᆞᄫᆞ려뇨[2](석보상절 3:3)

[Q1] 갓난애도 집현전의 젊은 선비들도 모두 젊은 사람이라고 일컬어지는 언어문화와, 오늘날처럼 한 살만 많아도 형이나 누나, 오빠라고 하는 언어문화를 비교하여, 순기능과 역기능에 대해 생각해 보라.

[Q2] 집현전의 젊은 선비들은 이와 관련하여 당시의 우리말에 어떤 점이 부족하다고 생각했을까?

〈1-2〉 다음은 자료에 들어있는 색채어들의 쓰임에 대해 영어의 경우 와 비교하여[3] 아래 물음에 답해 보라.

Trier), 코세리우(E. Coseriu) 등의 이론으로, 허발(1979), 정시호(1984), 장영천 (역)(1988) 등의 관련 내용을 요약·정리한 것이다. 그리고 이 책에서는 'word'에 대응하는 용어로 '단어'라는 말을 써 왔는데, 여기[3.1]서는 '낱말밭'이라는 용어와의 일관성을 위해 '단어' 대신 '낱말'이라는 말을 쓴다.

2 태자가 어리니(젊어 계시니) 누가 기르겠는가?(석가모니가 태어나고 일주일 만에 그의 어머니 마야왕비가 죽음.)

3 중국어에서는 blue는 '남(藍)'으로, green은 '녹(綠)'으로 구분한다고 한다.

(2) 우리들 마음에 빛이 있다면 여름엔 여름엔 <u>파랄</u> 거예요. 산도 들고 나무도 <u>파란</u> 속에서 <u>파란</u> 하늘 보며 자라니까요.

(3) (a) <u>푸른</u> 하늘 은하수 하얀 쪽배에 …

(b) 저 <u>푸른</u> 초원 위에 그림 같은 집을 짓고 …

(4) (a) <u>청산(靑山)</u>도 절로 절로 <u>녹수(綠水)</u>도 절로 절로

(b) <u>청천(靑天)</u> 하늘에 잔별도 많고, 이 내 가슴엔 수심도 많다.

(c) 심훈의 <u>상록수(常綠樹)</u>

[Q1] '산, 들, 나무' 등의 색깔을 나타내는 낱말로 올바른 경우는?

(가) (a) '파랗다'가 맞다.

(b) '푸르다'가 맞다.

(c) 둘 다 쓸 수 있다.

(나) (a) 'green'이 맞다.

(b) 'blue'가 맞다.

(c) 둘 다 쓸 수 있다.

[Q2] '하늘'의 색깔을 나타내는 낱말로 올바른 경우는?

(가) (a) '파랗다'가 맞다.

(b) '푸르다'가 맞다.

(c) 둘 다 쓸 수 있다.

(나) (a) 'green'이 맞다.

(b) 'blue'가 맞다.

(c) 둘 다 쓸 수 있다.

〈1-3〉 다음은 착용동사의 쓰임과 관련된 문제이다.

[Q] 괄호 속의 낱말 중 적절한 것을 고르라.

　(5) (a) 철수는 모자를 머리에 {쓰고, 신고, 입고, 끼고} 있다.

　　　(b) 철수는 왼손에 장갑을 {쓰고, 신고, 입고, 끼고} 있다.

　　　(c) 철수는 모자를 왼발에 {쓰고, 신고, 입고, 끼고} 있다.

　　　(d) 철수는 팬티를 {쓰고, 신고, 입고, 끼고} 있다.

　　　(e) 철수는 스타킹을 {쓰고, 신고, 입고, 끼고} 있다.

　　　(f) 철수는 팬티스타킹을 {쓰고, 신고, 입고, 끼고} 있다.

〈2〉 낱말밭의 개념

낱말밭 이론의 창시자는 트리어(J. Trier)⁴이며, 그것을 언어학적으로 발전시키는 데 가장 큰 공을 세운 이는 바이스게르버(L. Weisgerber)⁵라고 한다. 트리어는 낱말밭이란 것은 내용상으로 봐서 인접하고 있고, 상호적으로 의존해서 상호간에 그 기능을 규정하는 한 무리의 낱말들이라고 했다. 아울러, 한 낱말의 통용 가치는 그것에 인접하고 또 대립되는 낱말들의 통용 가치에 의해서 한정될 때에 비로소 잘 이해된다고 했다. 전체의 한 부분이라는 점에서만 그 낱말은 의미를 지닌다고 하고, 그것은 오직 밭 안에 있을 때에만 의미한다는 것이 존재하기 때문이라고 했다.

트리어는 낱말밭 안에서의 개개의 낱말은 모자이크처럼 분할·획정

---

4 Jost Trier(1894~1970). 독일의 언어학자, 문헌학자.
5 Leo Weisgerber(1899~1985). 훔볼트(Karl Wilhelm Von Humboldt)의 언어관을 발전시킨 독일의 언어철학자.

되어 이웃 낱말들과 개념적(의미적) 친족관계를 구성하며, 그것들과 더불어 빈틈없는 구성과 뚜렷한 윤곽으로써 분절된 전체, 즉, 개념 연합체 또는 개념 영역을 구성한다고 보고, 성적 평가어를 그 예로 제시했다. 우리나라 학교에서 사용하는 용어를 옛날 방식과 요즘 방식을 비교하여 보이면 다음과 같다.

(6) 성적평가어의 낱말밭

수	우	미	양	가

평가되는 성적의 분절(1)
평가되는 성적의 분절(2)

매우 잘함	잘함	보통임	노력요함

예를 들어, 위의 두 가지 낱말밭의 낱말들은 모두 성적 평가에 관계되는 것이므로, 각각 내용상으로 인접하고 있고, 그것들이 모여 평가되는 성적의 전체 영역(개념 연합체)을 표시하며, 전체가 각각의 하위 영역으로 명확히 분절되어 있으므로 분절된 전체이다. 그리고 상호간의 대립에 의하지 않고 하나하나를 고립된 것으로 보아서는 아무런 의미도 찾을 수 없는 것[6]이라는 점에서, 트리어가 가정한 낱말밭의 한 전형이라고 하겠다.[7]

---

6 秀(빼어날 수), 優(넉넉할/뛰어날 우), 美(아름다울 미), 良(어질/좋을 양), 可(옳을 가) 등의 성적 평가어로서의 등급적 가치와 각 글자들의 뜻 사이에는 일정한 관계가 없다.

7 성적 평가어, 요일 명칭(월, 화, 수, 목, 금, 토, 일), 병사 계급(이병, 일병, 상병, 병장) 등과 같은 낱말밭은 인위적 낱말밭이어서, 분절구조에 빈틈도 없고 중복도 없다. 그러나 자연언어 낱말밭의 분절구조는 빈틈과 중복이 있을 수 있다.

일찍이 소쉬르(Saussure)는 언어는 하나의 체계이며, 그 체계 내에
서는 모든 구성요소들이 연계되어 있고, 한 요소의 가치는 다른 요소들
이 동시에 함께 있을 때, 비로소 생겨난다.고 하여, 낱말밭 학설의 토대
에 속한다고 간주할 수 있는 사상들을 그러한 용어를 사용하지 않은
채 간결하게 표현한 바 있다. 트리어는 최초로 체계로서의 언어라는
개념을 받아 들여 어휘 연구에 일관성 있게 적용했다는 평가를 받아
왔다.

트리어는 훔볼트[8]의 언어관을 계승하여, 언어를 철저히 '분절된 전
체'로 보았다. 분절구조는 모든 언어의 본질을 나타내는 가장 일반적이
고 가장 심원한 특징이라고 했다. 따라서 그는 낱말밭의 구조도 이러한
분절된 하나의 조직으로 보고, 낱말들은 밭 안에서 분절되어 병존하고
있다고 했다. 그리고 낱말들은 어휘 전체에서 직접적으로 분절되어
있지 않고, 바로 상위의 비교적 작은 부분적 전체에서 분절되고, 이
부분적 전체는 보다 더 큰 전체에서 분절되어, 최종적으로는 어휘 전체
를 포괄하는 계층적인 분절구조를 이루게 된다는 것이다.

〈3〉 낱말밭과 의미변화

낱말밭 이론의 첫 번째 응용은 밭의 구조를 역사적인 관점에서 연구
하는 데서 이뤄졌다. 그것은 어느 하나의 밭의 내부구조가 시간의 흐름
에 따라 어떻게 바뀌어 가는가, 즉, 밭의 분절구조가 어떻게 변화해
가는가에 대한 연구이다. 트리어는 이와 같은 밭의 분절구조 변화에

---

8 Karl Wilhelm Von Humboldt(1767~1835), 독일의 휴머니즘 사상가, 언어학자,
정치가.

큰 연구적 비중을 두었다고 한다.

이는 트리어가 역사적 연구와 기술적 연구를 엄격히 구분하여 각각을 별개의 과학으로 간주하고, 역사적 연구를 개개의 언어 사실의 변천을 추구하는 부문이라고 보는, 소쉬르의 방법론적인 이원론을 극복하려 했기 때문이다. 그는 언어가 체계·구조를 이루는 전체적인 것이라면, 기술적인 연구뿐만이 아니라 역사적인 연구도 전체로서의 언어를 추구하는 것이어야 한다고 하고, 이러한 방법론적 요청에 따라, 낱말밭에 대한 기술적 연구의 성과를 역사적 연구에 도입하게 된 것이다.

〈3.1〉 독일어 '지성'의 낱말밭

트리어는 위와 같은 입장에서, 중세 고지(高地) 독일어에서의 [지성(知性, Verstand)]의 의미장에 대한 연구를 집중적으로 했다. 1200년대의 궁정문학 시대 및 1300년대의 마이스트 에크하르트(Meister Eckehart)[9] 시대의 [지성]의 밭의 구조를 조사해서(기술적 연구), 양자를 비교하고 100년 동안에 일어난 밭의 내부적인 변화를 밝히려 한 것(역사적 연구)이다. 두 밭을 그림으로 비교하면 다음과 같다.

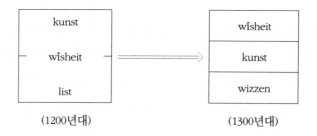

9 중세독일의 유명한 신학 및 철학자

1200년경에는 [지성]의 의미장이 kunst, list, wîsheit의 세 낱말에 의해 분절되어 이뤄져 있었다. kunst는 상류의 또는 궁정적(宮廷的) 범위의 지식으로 사회적 행위를 포함한다. list는 상대적으로 하층의, 더 기술적인 범위의 지식과 기능을 뜻하는 것으로, 궁정적 고귀성은 없다. 그것은 마술적이고 사기적인 의미도 가질 수 있었다. 그리고 wîsheit는 대부분의 쓰임에서 앞의 두 낱말의 대용어일 뿐만 아니라, 사람을 하나의 전체로 보고, 지적(知的)·윤리적·궁정적·미학적·종교적 요소를 불가해(不可解)의 전체로 통합하는 기능을 가진 낱말이다. 여기서는 kunst와 list로 나타나고 있는 '귀족성 대(對) 평민성'의 대립과 wîsheit가 드러내는 보편성 등의 특색을 지적할 수 있다.

그 뒤 1300년경에는, list가 그것이 가진 마술적이고 사기적인 면에 기인된 불유쾌한 연상의 결과로 의미가 축소되어 [지성]의 의미장에서 탈락되었다. 그리고 wizzen이 새롭게 밭으로 편입되면서 밭의 내적 구조가 완전히 달라졌다. 봉건주의적 구분인 '귀족성 대 평민성'의 대립도 없어지고, wîsheit가 지혜 또는 지식의 전 영역을 나타내던 보편성도 사라졌다. 이 때는 wîsheit는 더 이상 지식 및 기술의 의미를 갖지 않으며, 지식 및 기술의 의미는 wizzen이 담당한다. 결과적으로 wîsheit는 '종교적·신비주의적 체험'을, wizzen은 '일상적 지식과 기술'을, 그리고 kunst는 '예술적인 지식'을 뜻하게 되었다(남성우(역), 1979:178-79).

이와 같은 밭 이론은 여러 측면에서 심한 비판을 받기도 했다. 낱말들이 서로를 제한하고 어떤 간극이나 중복도 없이, 일종의 모자이크처럼 분절되어 있다는 것은 일반성이 충분하지 않다. 군대 계급 용어와 같은 특수화되고 엄격히 정의된 체계들을 제외하고는 언어가 가진 중의성이나 동의성 그리고 모호성 및 그와 유사한 요인들 때문에 틈과 중복도 없이 분절된 낱말밭의 실제적 예는 흔치 않다는 것이다. 그러나 밭 이론이 의미 연구의 발전에 기여한 점 또한 무시할 수 없다.

첫째, 구조주의적 연구 방법을 언어학의 한 분야에 도입한 공로를 지적할 수 있다.

둘째, 밭 이론이 아니었으면 주목하지 못하고 지나쳤을 가능성이 큰 문제들을 공식화할 수 있었다. 낱말밭 이론이 없었더라도 개개의 낱말의 의미변화에 대한 세밀한 연구는 가능했겠지만, 독일어 [지성]의 의미장에 대한 연구와 같이 그러한 변화에 깔려있는 구조적인 원리에 대해 주목하는 것은 어려웠을 것이다.

셋째, 언어가 인간의 사고(思考)에 미치는 영향에 대해 접근할 수 있는 귀중한 방법론을 제공했다. 사람이 세계를 인식하는 데 모어가 어떠한 작용을 할 수 있는가를 연구하는 데 필요한 단서를 그 언어 안에 존재하는 낱말밭들의 구조로부터 얻을 수 있을 것으로 생각되기 때문이다(남성우(역), 1987:342-43).

〈3.2〉 국어에의 응용(예)[10]

라이온즈(John Lyons)는 동일한 개념적 장(conceptual field)을 포괄하는, 시기적으로 서로 다른 두 개의 낱말밭을 비교하여, 그 변화의 모습을 다음과 같은 다섯 가지 유형으로 정리한 바 있다.

(i) 장을 구성하는 낱말 집단(set of lexemes)이나 그것들의 의의 관계 (sense-relations)에 아무런 변화가 없는 경우.

---

10 〈3.2〉와 〈3.3〉의 내용은 박종갑(1992)를 재구성하여 제시한 것이다.

(ii) 개념적 장의 내적 구조에는 변화가 없으나, 낱말 집단 중의 한 요소가 새로운 요소로 대치된 경우.

(iii) 장의 낱말 집단에는 변화가 없으나, 개념적 장의 내적 구조에 변화가 생긴 경우.

(iv) 장의 낱말 집단 중 하나 또는 그 이상의 낱말이 새로운 낱말로 대치되고, 개념적 장의 내적 구조에 변화가 생긴 경우.

(v) 장의 낱말 집단에 하나 또는 그 이상의 낱말이 첨가되거나 탈락됨으로써, 개념적 장의 내적 구조에 변화가 생긴 경우.

여기서는 이와 같은 낱말밭 이론의 분석틀을 이용하여 우리말 어휘의 구조적인 의미변화의 한 모습을 밝혀 보려는 것이다. 아무 변화가 없는 첫 번째 경우는 제외하고, 나머지 네 가지 경우를 차례대로 언급한다.

(A)형

개념적 장의 내적 구조에는 변화가 없으나, 낱말 집단 중의 한 낱말이 새로운 낱말로 대치된 경우다. 다음과 같은 그림으로 나타낼 수 있다.

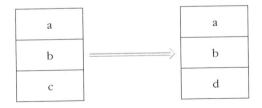

'강'과 '호수'의 차이를, 전자는 [흐름]이라는 변별적 자질을, 후자는 [고임]이라는 변별적 자질을 가진 것으로 구분한다면, 현대국어에서

[고임]의 변별적 자질을 가진 낱말 집단은 '웅덩이, 못, 호수'가 될 것이다. 이들은 각 지시대상의 상대적인 크기에 따라 차례대로 달라진다.

후기 중세국어에서 이들 낱말에 대응되는 것은 '웅덩이, 못, ᄀ름'이다. '웅덩이'와 '못'은 현대국어에까지 그대로 계승된 것으로, 형태 및 의미에서 별다른 변화를 입지 않았다.

(7) 웅덩이 오:洿, 웅덩이 황:潢, 웅덩이 뎌:瀦, 웅덩이 피:陂(훈몽 上 25)

(8) (a) 몯 디:池(훈몽 中 8)

(b) 呪ᄒ야 ᄒ 모슬 지스니(석보 6:31)

(c) 楊枝ㅅ믈 호려 ᄒ시니[11] 녜 업던 모슬 帝釋天[12]이 일워내니(월곡 105)

그런데 'ᄀ름'은 [江]의 의미 외에 [湖]의 의미도 가진 다의어였다. 다음은 [湖]의 의미로 쓰인 예다.

(9) (a) 민햇 亭ㅣ ᄀ름 므레 갓가오니[13]:野亭逼湖水(두해 21:4)

(b) 새려 ᄀ름 ᄀ쉬[14] 지블 지스니:新作湖邊宅(두해 15:24)

(c) ᄀ름 우희 수프렛[15] ᄇᄅ미:湖上林風(두해 15:49)

---

11 양치질하려 하시니
12 수미산 정상에 있는 하늘인 도리천의 주인으로서, 수미산 중턱의 사천왕을 거느리고 불법과 불제자를 보호하는 불교의 수호신이다.
13 들판의 정자가 호수의 물에 가까우니
14 새로 호숫가에
15 호수 위의 숲에는

'ᄀᆞ름'의 중심의미는 [江]이고 [湖]는 주변의미인데, [江]으로서의 'ᄀᆞ름'이 한자어 '강'으로 대치되면서, [湖]의 'ᄀᆞ름'도 한자어 '호수'로 대치되었다. 따라서 후기중세국어와 현대국어의 [고여 있는 물]의 의미장을 비교하면, 다음 그림과 같이, 개념적 장의 내적 구조에는 아무런 변화가 없고 하나의 낱말만 새로운 낱말로 대치되었음을 알 수 있다.

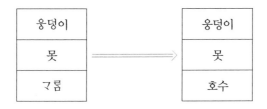

그런데 이상과 같은 변화가 일어나게 된 원인을 [흐르는 물]이란 의미장과의 관계 속에서 찾을 수 있다. 다음 자료를 보면, 이 장의 낱말 집단인 후기 중세국어에서의 'ᄀᆡ쳔(渠)', '내(川)', 'ᄀᆞ름(江)' 등도 이와 유사한 구조의 낱말밭을 형성한다고 볼 수 있다.

(10) ᄀᆡ쳔 거: 渠(石千 32)

(11) (a) 내히 이러 바ᄅᆞ래 가ᄂᆞ니[16] : 流斯爲川于海必達(龍歌 2장)

　　 (b) 훤ᄒᆞ야 ᄆᆞᆯᄀᆞ 내흘 當ᄒᆞ얫도다[17] : 敞豁當淸川(두해 6:36)

　　 (c) 내콰 묏고ᄅᆡ 피 빗기 흐르고[18] : 川谷血橫流(두해 22:32)

(12) (a) ᄀᆞᄅᆞ매 빈 업거늘[19] : 河無舟矣(용가 20장)

　　 (b) ᄃᆞ리 즈믄 ᄀᆞᄅᆞ매 비취요미 ᄀᆞᆮᄒᆞ니라[20](월석 1:1)

---

16 내(시내)가 이뤄져(되어) 바다로 가나니
17 훤하여(앞이 탁 트여) 맑은 내(시내)를 마주하고 있도다.
18 내(시내)와 골짜기에는 피가 비스듬히(넘쳐) 흐르고
19 강에 배가 없거늘

(c) ㄱ룸과 우뭀 므리 다 넘디고[21](월석 2:48)

두 개의 낱말밭을 차례대로 [f]a, [f]b라 칭하면, [f]a, [f]b는 하나의
더 큰 낱말밭을 형성한다고 가정할 수 있다. 두 밭의 개념적 유사성이
확연하고, [江]의 'ㄱ룸'에 [湖]의 의미가 새로 생긴다는 사실에서 그
개연성을 짐작할 수 있다.

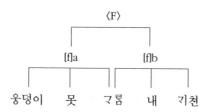

따라서 'ㄱ룸'은 두 개의 의미장에 걸쳐있는 다의어가 됨으로써, 결
과적으로, 다음 그림과 같은 두 개의 낱말밭에서 동시에 동의경쟁 관계
에 놓이게 된다. 결국, 한자어 '강'과 '호수'가 활발히 쓰이게 됨으로써
경쟁에서 탈락하여 사어(死語)가 된다.

(13)

[江]	
강	ㄱ룸

[湖]	
ㄱ룸	호수

(B)형

장의 낱말 집단에는 변화가 없으나, 개념적 장의 내적 구조에 변화가

---

20 달이 천 개의 강에 비치는 것과 같으니라.
21 강과 우물의 물이 다 넘치고

생긴 경우이다. 의미의 특수화 등이 주로 이 경우에 해당되는데, 그림
으로 나타내면 다음과 같다.

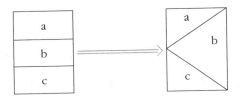

후기 중세국어에서 '늙다'는 [老]와 [暮]의 의미를 가진 다의어였다.
다음 자료는 차례대로 [老]와 [暮]의 용례이다.

(14) (a) 나는 늘거 흐마[22] 無想天[23]으로 가리니 法化를 몯미처 보ᅀᆞᆸ릴

    씨[24] 우노이다(석보 3:2)

   (b) 늘근 션ᄫᅵ를 보시고 : 接見老儒(용가 82장)

(15) 江湖앤 보미 늘거[25] 가ᄂᆞ니 : 江湖春慾暮(두해 15:49)

'늙다(暮)'는 '져믈다(暮)'와 동의경쟁 관계에 있었음을 알 수 있다.
'늙다'는 인간과 자연 현상 모두에 쓰이고, '져믈다'는 자연 현상의 경우
에만 쓰여, '늙다'에는 [+인간]과 같은 변별적 자질이 존재하고 '져믈다'
에는 존재하지 않는다. 다음은 '져믈다(暮)'의 용례다.

---

22 곧, 장차
23 모든 마음의 작용을 소멸시킨 무상정(無想定)의 경지에 이른 사람은 다음 생(生)에
    무상천(無想天)이란 하늘의 세계에서 태어난다고 함.
24 법화(부처님의 세상)를 미처 못 볼 것이므로
25 저물어

(16) (a) 하늘히 칩고 프른 스매 열우니[26] 히 져믈어늘 긴 대롤 지여 셋도
다[27] : 天寒翠袖薄日暮倚脩竹(두해 8:66)

(b) 져믈 모 : 暮(훈몽 상 1)

'져믈다'와의 동의경쟁 결과, '늙다'는 [暮]의 의미는 뺏기고 [老]의
의미만 가지게 되었다(의미의 특수화). [暮]의 의미장을 [f]a, [老]의 의
미장을 [f]b라고 하고, 두 개의 장이 하나의 더 큰 낱말밭 〈F〉를 구성하
다고 하면, 다음 그림에서 보는 바와 같이, 낱말 집단에는 변화가 없으
나 개념적 장의 내적 구조에는 변화가 있었음을 알 수 있다.

(17)

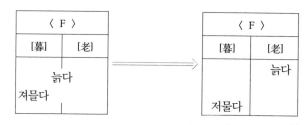

(C)형

장을 구성하는 낱말 집단 중, 하나 또는 그 이상의 낱말이 새로운
낱말로 대치되고, 개념적 장의 내적 구조에도 변화가 생긴 경우이다.
다음 그림과 같이 나타낼 수 있다.

---

26 하늘(날씨)이 춥고 푸른 소매가 엷으니(얇으니)
27 해 저물거늘 긴 대(대나무)에 의지하여 서 있도다.

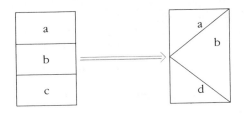

후기 중세국어에서 [형상(形狀)]의 의미장을 구성하는 낱말들로 우선 '양ᅐ, 즛, 얼굴' 등을 들 수 있다. 이 중, '양ᅐ, 즛'은 주로 [유동적인 모습]을, '얼굴'은 [고정적인 모습]을 표현하는 데 쓰였다고 한다(남성우, 1986:32-33). '양ᅐ'의 경우, [유동적인 모습] 또는 [고정적인 모습]에 두루 쓰인 것 같다. 현대어로 옮긴다면, 다음 예의 (b)에서는 '표정' 또는 '모습'이, (c)에서는 '형상' 또는 '생김새'가, 그리고 (d)에서는 '모습'이 적절할 것이다.

(18) (a) 양ᄌ ᅐ : 姿, 양ᄌ 태 : 態(훈몽 下 26)

   (b) 悽愴ᄋᆫ 슬허ᄒᆞᄂᆞᆫ 양지라[28](월석 序 16)

   (c) 山이 양지 티와ᄃᆞᆫ ᄃᆞᆺᄒᆞ고[29] : 山勢聳(법음집 9)

   (d) 주리며 치우믄 奴僕이 賤ᄒᆞᆫᄃᆞᆺ고 ᄎᆞ 양ᅐᄂᆞᆫ 늘근 한아비 ᄃᆞ외옛도다[30] : 飢寒奴僕賤 顔狀老翁爲(두해 21:31)

다음 자료를 보면, '즛'은 '표정'이나 '용모', '(변할 수 있는) 모습·모양, 자태' 등을 나타내는 데 쓰임이 뚜렷이 드러난다. 〈훈몽자해〉의

---

28 悽愴(처창)은 슬퍼하는 표정/모습이라.
29 치받은 듯하고
30 굶주리며 추워하는 것은 종들의 천한 모습과 같고, 얼굴의 모습/모양은 늙은 할아비가 되었도다.

훈(訓)에서도 짐작할 수 있다.

    (19) (a) 즛 모 : 貌, 즛 용 : 容(훈몽 上 24)

        (b) 쏘 제 자바 머리와 발와 흔딕 모도 잡더니[31] 그 즈싀 一萬 가지라

            오래 몯 보리러니(월석 21:24)

        (c) 구룸 자최와 鶴이 즈세 가줄벼도 ᄀᆞ호미 어렵도다[32] : 雲蹤鶴態喻

            難薺(금삼 3:35)

다음 자료에서 보듯이, '얼굴'은 [고정적인 모습]을 표현하는 데 쓰임이 뚜렷하다. 「훈몽자해」에서의 訓이 특히 그렇다.

    (20) (a) 얼굴 형 : 型, 얼굴 모 : 模(훈몽 下 16)

        (b) 이 얼굴와 얼굴 아니왜며[33] : 是形非形(능해 2:83)

        (c) 다 능히 얼구를 밧 사ᄆᆞ며[34] : 皆能外形骸(법화 6:144)

따라서 후기 중세국어에서는 '양ᄌᆞ, 즛, 얼굴'이 [형상]이란 공통적 의미영역을 가진 하나의 낱말밭을 이루고 있었다고 볼 수 있다: (22a).[35]

그런데 후기중세국어의 'ᄂᆞᆾ'은 현대국어에서의 의미인 [안면(顔面)]

---

31 또 스스로 잡아 머리와 발을 함께 모두 잡더니
32 구름의 자취와 학의 자태에 비교해도 같음이(똑 같이 비유하기가) 어렵도다.
33 아니며
34 무시하며
35 이 세 낱말의 구체적인 의미에 대해서는 이광호(1990)에서 매우 상세히 고찰하고 있다.

을 포함한 [안면부(顔面部)] 자체를 의미할 수 있는 보다 넓은 뜻을 가지고 있었다. 즉, 당시의 '눛'을 현대어로 옮길 경우 '낯'보다는 '얼굴'이 더 적절한 경우가 적지 않다. 다음 자료는 그 예다.

(21) (a) 城 우희 닐흔 살 쏘샤 닐흐늬 ㄴ치 맛거늘[36] 凱歌로 도라오시니
: 維城之上 矢七十射 中七十面 凱歌以復(용가 40장)

(b) 모미 늙고 時節이 바두리온저긔 ㄴ출 맛보고져 스랑ㅎ노니[37] :
身老時危思會面(두해 21:7)

(c) 각시 쇠노라 눛 고비 밧여 드라 末利花鬘을 몸애 미ㅅ봇나[38](월곡 49)

'…화살이 얼굴에 명중하거늘…', '…얼굴을 만나보고자…', '…얼굴을 곱게 꾸며…'등이 '…화살이 낯에 명중하거늘…', '…낯을 만나보고자…', '…낯을 곱게 꾸며…'등보다 자연스러움은 분명하다. 따라서 후기 중세어 '눛'은 현대어 '낯'과 '얼굴'의 의미를 포괄하는 것이었으며, 그 의미는 [안면부]로 나타낼 수 있다고 본다. 따라서 (22b)와 같은 의미장을 가정할 수 있다.

---

36 성 위에서 일흔 개의 화살을 쏘니 일흔 명의 얼굴이 (화살에) 맞거늘
37 몸이 늙고 시절이 위태로운 때에 얼굴을 만나보고자 생각하노라
38 각시가 (태자를) 꾀려고 얼굴을 곱게 꾸미어 들어와 말리화만(말리나무의 꽃으로 만든 몸 장식품)을 (태자의) 몸에 매나(태자의 아버지 정반왕이 태자의 출가를 막으려고 예쁜 궁녀들에게 태자의 시중을 들게 했다. 그 중 한 궁녀가 이렇게 아양을 떨어보았지만, 태자는 워낙 훌륭한 덕(德)을 갖춘 사람이라 동요하지 않고 눈을 똑 바로 뜨고 그 궁녀를 쏘아보았고, 그러자 그 궁녀는 스스로 말리화만을 태자의 목에서 끌러 창밖으로 내던져 버렸다고 한다).

(22a)   (22b)

   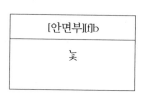

그런데 사람이나 동물의 '형상'을 대표하는 것이 '안면부'라고 보는 심리적 경향이 있다. 오늘날에도 '얼굴'을 '어떤 사물을 대표하는 부분'으로 보아, "신문의 얼굴은 1면이다", "서울은 나라의 얼굴이라 할 수 있다" 등의 표현을 하므로, [형상]이라는 의미와 [안면부]라는 의미 사이에 연상이 일어나는 것은 그 개연성이 충분한 것으로 보인다. 따라서 [형상]의 낱말들과 [안면부]의 낱말들은 하나의 더 큰 낱말밭을 이루고 있었다고 가정한다: (24a).

한편, 후기중세국어에서는 [형상]의 의미를 가진 것으로 한자어 '모양'이 있었다.

(23) (a) 金色 모야히 ᄃᆞ님 光이러시니[39](월석 2:51)

(b) 모양애 엄공홈[40]을 싱각ᄒ며 : 貌思恭(소언 3:5)

(c) 君子의 모양은 ᄌᆞᆨᄌᆞᆨᄒ니[41](소언 3:11)

그런데 이 '모양'은 15세기 문헌에서는 잘 보이지 않는 것으로 보아, 당시에는 활발하게 쓰이지 않다가 차츰 그 쓰임이 증가하여 [f]a의 '즛,

---

39 금색 모습/모양이 달님 빛이더시니
40 모습./모양의 엄하고 공손함
41 군자의 모습/모양은 자늑자늑하니(동작이 조용하며 진득하게 부드럽고 가벼우니.)

양즈, 얼굴'과 동의경쟁을 벌이게 된 것으로 보인다. [f]a에 '모양'이 뛰어듦으로써, 결과적으로, '즛, 양즈'는 탈락하여 사어가 되고, '얼굴'은 [f]b로 밀려나 [안면부]의 의미를 차지하면서 '늧'을 [안면]의 의미로 축소시키게 되었다: (24b).

(24a)

⟨ F ⟩	
[f]a	[f]b
즛 얼굴 양즈	늧

(24b)

⟨ F ⟩	
[f]a	[f]b
모양	얼굴 늧

'얼굴'의 의미가 완전히 변화된 시기가 18세기로 추정되므로, 위 그림은 한 개념적 장의 15세기 및 18세기의 모습인 셈인데, 장을 구성하는 낱말 집단 중의 두 낱말이 하나의 새로운 낱말로 대치되고 장의 내적 구조에 변화가 있었음을 보여 준다.

(D)형

장의 낱말 집단에 하나 또는 그 이상의 낱말이 첨가되거나 탈락됨으로써, 개념적 장의 내적 구조에 변화가 생긴 경우이다. 첨가에 의한 경우를 그림으로 나타내면 다음과 같다.

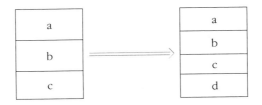

후기중세국어에서 '졈다[少]'와 '늙다[老]'는 반의어로서 하나의 낱말
밭을 구성하고 있었다고 볼 수 있다. '늙다'는, [老]의 의미만 고려할
경우, 현대국어의 그것과 비교하여 별다른 의미 차이가 없다. 그런데
'졈다'는 [稚]의 의미도 가지고 있었다. 다음은 그 예다.

(25) (a) 太子ㅣ 져머 겨시니 뉘 기르ᅀᆞᄫᆞ려뇨[42](석보 3:3)

　　(b) 져믈 유: 幼, 져믈 티: 稚(훈몽 上 32)

　　(c) ᄆᆡ양 주렛ᄂᆞᆫ 져믄 아ᄃᆞᄅᆞᆯ ᄂᆞᆺ비치 서의ᄒᆞ도다[43] : 恒飢稚子色凄凉

　　　 (두해 10:9)

특히 (25a)에서의 태자(석가모니)는 출생한 지 얼마 되지 않은 젖먹
이 때이다. 현대국어의 '젊다'의 의미를 [壯]이라고 하면, 중세국어의
'졈다'는 [壯]과 [稚]의 의미를 포괄하는 의미로서의 [少]의 의미임을 알
수 있다. 중세국어 [老少]의 의미장은 다음 그림 (26a)와 같다.

(26a)　　　　　　　　　　　　　　(26b)

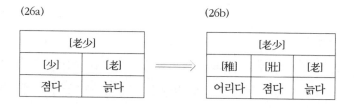

그런데 원래 [愚]의 의미인 '어리다'가 [稚]의 의미로 바뀌게 된다.
전재호(1987:64-68)는 [稚]의 의미로 쓰인 '어리다'가 1617년의 문헌인 〈동

---

42 태자가 어리니(젊어 계시니) 누가 기르겠는가?
43 늘 굶주려 있는 어린 아들은 얼굴빛이 처량하도다.

국신속삼강행실도(東國新續三綱行實圖)〉에서 8개, 1636년의 〈왜어유해(倭語類解)〉에서 1개, 그리고 1779년의 〈한한청문감(韓漢淸文鑑)〉에서 1개, 또, 1867년 이전의 문헌으로 생각되는 〈교린수지(交隣須知)〉에서도 1개가 발견된다고 하고, '어리다'가 [稚]의 의미로 완전히 굳어진 것은 20세기에 들어와서의 일이라고 보고 있다. 그와 같은 요인에 의해 밭의 구조는 위의 (26b)와 같이 된다. 이것은 곧 장을 구성하는 낱말 집단에 하나의 새로운 낱말이 첨가되어 개념적 장의 내적 구조에 변화가 생긴 유형의 한 예라고 볼 수 있겠다.

이와 같은 점에서, [少]의 의미가, 의미를 명확히 표현하려는 욕구에 의해, [稚]와 [幼]으로 분화되어 '졂다'가 [幼]의 의미로만 쓰이고, [稚]를 표현하기 위해 '어리다'가 흡인되어 들어와 [稚]의 영역을 메꾸게 되며, [愚]의 공백은 '어리석다'[44]라는 새로운 낱말이 채우게 되는 변화가 근대 국어에서 현대국어에 이르는 과정에서 일어났다는 가설을 세울 수 있다.

이상과 같은 점은 [老少]의 낱말밭과 [慧愚]의 낱말밭이 하나의 더 큰 낱말밭을 형성한다는 가설을 세우게 한다. 정신적인 유치함과 성숙함 및 연령적인 유치함과 성숙함 사이에 유사성 또는 깊은 상관성이 있다고 인식한 데서 비롯된 것이다. 그러한 낱말밭에서의 변화가 다음과 같다면, 그 결과만 보면 하나의 낱말이 첨가되고 개념적 장의 내적 구조에 변화가 생긴 꼴이다.

---

44 '어리석다'는 [愚]의 뜻인 '어리다'와 [小]의 뜻인 '셕다(〈혁다)'가 통합되어 형성된 것으로 본다(조항범, 1984:130).

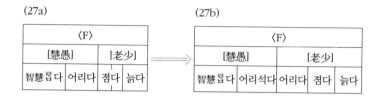

(27a)

⟨F⟩			
[慧愚]		[老少]	
智慧롭다	어리다	젊다	늙다

(27b)

⟨F⟩				
[慧愚]			[老少]	
智慧롭다	어리석다	어리다	젊다	늙다

⟨4⟩ 낱말밭 이론과 언어 상대성

낱말밭 이론은 개별언어들의 어휘체계에서의 상대적 차이를 파악하는 데도 도움을 준다. 낱말밭은 개념적 장을 바탕으로 형성되는 것임을 알 수 있다. 그러므로 낱말밭은 그러한 개념적 장이 외적으로 구현된 것이라고 할 수 있다. 그런데 개념적 장은 보편성을 지닌다 하더라도 각 개별언어마다 낱말밭의 구조는 다를 수 있다. 그것은 곧 개념적 장이 외적으로 구현되는 방식이 언어마다 다를 수 있다는 것이다.

구체적 단어의 존재여부와는 무관하게 순수한 개념체계만을 따진다면, 어떤 언어를 말하느냐에 관계없이 어떤 보편적인 개념적 장을 가정할 수 있을 것이다. 한국어와 영어에서, [착용(着用)]의 개념을 가진 단어들이 있어 작은 낱말밭(부분장, sub-field))을 이룬다고 보자. 그리고 그것과 반대되는 개념을 [탈용(脱用)]이라 하고, 그러한 의미를 가진 단어들이 또 하나의 작은 낱말밭을 이룬다고 보자. 그러면 그 두 부분장이 모여 [착탈]이란 개념으로 묶이는 하나의 더 큰 장을 형성한다고 볼 수 있을 것이다.[45]

---

45 아래 그림에 이용된 의미자질 용어들의 뜻은 다음과 같다.
　　[頭顔](두안 : 머리와 얼굴)　[手腕](수완 : 손과 팔)
　　[胴體](동체 : 몸통)　　　　　[足脚](족각 : 발과 다리).

(28)

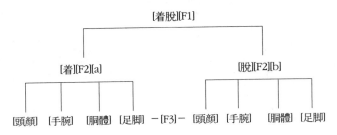

　그런데 양 언어의 어휘체계에서의 차이는 이와 같은 개념적 장이
서로 다르게 어휘화한 결과로 볼 수 있다. 한국어나 영어 모두 [F1]층위
의 개념은 어휘화되어 있지 않다. 그런데 영어는 [F2] 층위는 모두 어휘
화되어, [a]를 'put on/wear'으로, [b]를 'put off'로 표현하고, [F3]층위에
서의 낱말이 없다. 그러나 한국어는 [F2]층위에서는 [b]만 '벗다'로 어휘
화되고, 그 대신 [a]계열에서는 [F3]층위에서 네 개의 낱말을 가지고
있다는 점이 다르다.[46] 이를 계층구조 속에 넣어 나타내면 다음과 같다.

(29a) 한국어의 경우

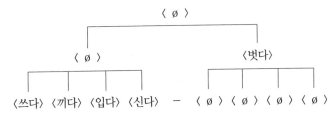

---

[46] 한국어에는 실제로 이보다 훨씬 많은 착용동사들이 있다. 착용동사 수를 따지면,
한국어〉중국어〉영어 순이다. 손나나(孫娜娜)(2010)는 한국어와 중국어의 착용동
사 체계를 대조하여 고찰한 것이다.

(29b) 영어의 경우

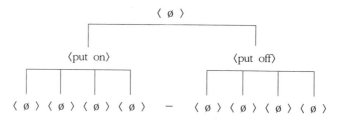

언어가 사람의 사고 내용을 전달해 주는 수단이라는 점은 누구나 인정한다. 그런데 언어가 우리의 사고 그 자체와 어떤 관계가 있는가 하는 문제에 대해서는 여러 학설이 있다. 사람이 언어가 없이도 생각을 할 수 있는가, 언어의 특징이 사고하는 방법을 좌우할 수 있는가 하는 문제들은 쉽게 답할 수 있는 것은 아니다.

언어와 사고 사이에 어떤 밀접한 관계가 있다는 주장이 존재해 왔다. 우선 언어가 없이는 사고가 불가능하다거나 언어가 사고를 결정한다는 이른바 '언어 결정론(linguistic determinism)'을 들 수 있다. 그러나 언어가 없이는 사고가 불가능하다는 것은 반드시 그렇다고 보기 힘든 면이 있다. 신체적 장애 때문에 언어뿐만 아니라 수화도 배우지 못한 사람이라도 사고는 가능할 것이기 때문이다.

언어는 그 언어를 사용하는 사람의 사고방식이나 정신구조에 일정한 영향을 미친다는 '언어상대성이론(linguistic relativism)'은 좀 그럴듯해 보인다. 말이 그 말을 하는 사람들의 사고에 어떤 영향을 미칠 것이라는 점은 누구나 쉽게 가정해 볼 수 있는 내용이다. '푸르다'와 '파랗다'를 [green]의 개념으로도 쓰고 [blue]의 개념으로도 쓰는 우리는 이 둘의 차이를 놓치는 경우가 종종 있다. 옛날의 국민학교(초등학교) 운동회 때는 학생들이 청군과 백군으로 나뉘어 머리띠를 두르고 있었는데, 청군의 머리띠 색깔이 학생에 따라 좀 차이가 나는 경우가 많았다. 선생님의 분명한 지시가 있었을 터이지만, 집에 가서 만들어 가지고 오는 머리띠는 [green]인 경우도 있고 [blue]인 경우도 있었던 것이다. 우리에게 만일 이 둘을 구분하는 각각의 단어가 있었다면 이런 혼란은 생기지 않았을 것이다. 또 시어머니가 며느리한테는 '해라체'를 쓰지만, 장모가 사위한테는 '하게체'를 쓰는 것도 동일한 관점에서 그 영향을 짐작할 수 있다. 물론 이들의 사회적 관계가 다른 것으로 인식되기 때문에 서로 다른 높임법을 쓰는 것으로 보아야 할 것이다. 그러나 서로 다른 말을 쓴다는 점이 이들 관계의 차이에 대한 인식을 고착화할 가능성도 있어 보인다는 점에서, 언어가 사고에 영향을 미치는 한 예로 제시할 수 있다.

언어가 인간의 사고에 미치는 영향은 사고의 영역적 유형에 따라 달라질 것이다. 고도로 추상적이며 논리적인 철학적 사고에서는 언어의 역할이 매우 중요하나, 색깔을 구분한다든지 친인척 관계를 구분한다든지 하는 것에서는 상대적으로 덜 중요한 것처럼 보인다. 그리고 '쓰다·끼다·입다·신다'와 같은 단어의 구분이 없는 언어의 토박이 화자들도 각각의 행위 내용의 차이를 인식할 것이다. 그렇지만 언어가 사고에 영향을 미친다는 관점에서 보면, 이런 단어들을 가지고 있는 언어의 화자들에게는 그 지시대상들의 차이점이 더 부각될 것이라는 점은 분명하다.

〈5〉 낱말밭 이론과 어휘구조의 분석

낱말밭 이론에서는, 보다 작은 밭(부분장)들이 모여 보다 큰 밭을 이루고, 그러한 큰 밭들은 그것보다 상대적으로 더 큰 밭의 부분장이 되므로, 종국에 가서는 한 언어의 모든 어휘를 포괄하는 하나의 계층적 구조로 된 낱말밭을 가정할 수 있다고 본다.

이러한 낱말밭 이론은 단어들의 의미적 관계를 해명하는 데 쉽게 이용된다. [학생]이란 의미를 공통적으로 가진 단어들이 하나의 낱말밭을 이루고, 그것이 다음과 같은 계층적 구조를 형성하고 있다고 가정해 보자.

(30)

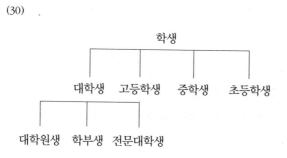

위 그림의 계층구조에서 '학생'은 나머지 단어 전부에 대해 상위어 (superordinate)이고, 거꾸로 모든 단어는 '학생'에 대해 하위어 (subordinate)이다. 낱말밭의 모든 단어들은 각각 어휘소(Lexem)가 되고, 최상위의 단어인 '학생'은 원어휘소(Archilexem)가 된다. 또 '대학생'과 '대학원생, 학부생, 전문대학생'에 대해서도 마찬가지로 상위어 또는 하위어의 이름을 붙일 수 있다. 이렇게 되면, 상위어와 하위어 사이에서의 관계로 정의할 수 있는 하의관계(hyponymy)를 일목요연하게 파악할 수 있다. 상위어와 하위어의 관계는 그대로 상의어와 하의어의 관계가 되기 때문이다.

[3.2] 성분분석 이론

〈1〉 들어가기

〈1-1〉 다음 문제에 대해 답하라(자료 출전; 김응모(1989)).

[Q1] '솟다, 가라앉다'가 가리키는 행동 사이에는 어떠한 공통점과 차이점이 있는가?

[Q2] '기다, 걷다, 뛰다'와 '날다', '헤엄치다' 사이에는 어떤 공통점과 차이점이 있겠는가?

[Q3] '넘나들다, 들락거리다, 드나들다'의 공통점은 무엇일까?

〈1-2〉 다음은 그 유명한 어떤 하나의 사건(○○○ 교수의 허위 데이터 이용 사건, 2005년 12월)에 대한 서로 다른 두 가지 표현이다. ○○○ 교수 본인은 '인위적 실수'라고 하면서 변명을 하였고, ○○○ 교수의 잘못을 찾아내려고 한 ○○대 조사위원회는 조사 결과를 발표하면서, '고의적 조작'이라고 했다. 두 표현 모두 [+의도성] 또는 [-의도성]이란 의미자질을 특이한 방법으로 이용하여, 자신에게 유리한 국면을 조성하고자 하는 책략을 쓰고 있다.

(1) (a) 인위적 실수(人爲的 失手)(○○○ 교수 스스로의 말)

    (b) 고의적 조작(故意的 造作)(○○대 조사 위원회의 말)

[Q1] '인위적'이란 말과 '실수'라는 말의 통합에서 상충되는 의미가 있다면 어떤 것일까?

[Q2] '고의적'이란 말과 '조작'이라는 말의 통합에서 중복되는 의미가 있다면 어떤 것일까?

〈2〉 성분분석의 실제

어휘 의미의 구조 분석에 이용하는 방법론으로 앞에 든 낱말밭 이론과 함께 성분분석(componential analysis) 이론을 들 수 있다. 앞에서 어휘 의미에 대한 구조적 접근에서는 어휘의 개념적 의미를 연구대상으로 함을 밝힌 바 있다. 성분분석 이론에서는 단어의 개념적 의미를 단일 개념으로 보지 않고, 추상적인 의미자질(semantic features)[47]의 집합으로 본다. 예를 들면, 단어 woman의 의미는 [HUMAN], [FEMALE], [ADULT]와 같은 추상적인 의미자질들로 나타낼 수 있는데, 그러한 의미자질의 집합이 곧 그 단어의 개념적 의미라는 것이다. 이는 하나의 의미장이 둘 이상의 부분장으로 구성되는 것과 같은 이치다.

성분분석 이론은 단어 상호간의 의미의 공통점과 차이점 등을 밝히는 데 효과적으로 이용될 수 있으므로, 어휘 의미의 구조적 탐구에 기여하는 바 크다. 예를 들어, 영어의 'chair, bench, stool, hassock'를, [일인용이냐 이인 이상용이냐], [등받이가 있느냐 없느냐], [다리가 달려 있느냐 없느냐]와 같은 의미자질로 분석하여 비교하면 다음과 같다.

---

47 '의미자질'은 '의미성분(semantic component), 의미특질(semantic properties), 의미원소(semantic primitives)'라고도 한다.

(2)

	[일인용]	[등받이있음]	[다리 있음]
chair	+	+	+
bench	–	±	+
stool	+	–	+
hassock	+	–	–

어휘 의미의 구조를 밝히려면 먼저 각 단어의 의미자질을 분석해야 하는데, 성분분석으로 단어의 의미자질을 분석해 내는 데는 앞의 의미장 이론이 도움이 된다. 예를 들어, 'man, boy, woman, girl'과 같은 네 개의 단어는 모두 [사람]의 의미를 공통적으로 가지고 있으므로, 다음과 같은 의미장을 이루고 있다고 볼 수 있다.

(3a)

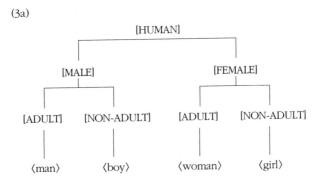

위의 네 단어의 의미자질은 앞의 계층구조에서 실선으로 연결되는 의미자질들을 모은 것으로 보면 된다.: (3b).

(3b)

    man : [+ADULT],[+MALE],[+HUMAN]

boy : [−ADULT],[+MALE],[+HUMAN]

woman : [+ADULT],[−MALE],[+HUMAN]

girl : [−ADULT],[−MALE],[+HUMAN]

[3.3] 보충 설명(1) : 낱말밭의 성립 기반과 유형

⟨1⟩ 들어가기

지금까지, '개념적 공통성을 가진', 또는 '의미적으로 인접한' 낱말들이 하나의 낱말밭을 형성하게 된다는 언급을 해 왔다. 그러므로 둘이상의 낱말이 하나의 밭을 형성하고 있는 것으로 가정하는 데에는 문제의 낱말들이 개념적 공통성을 보유하고 있어야 한다고 본 셈이다. 그것은 곧 낱말밭의 성립 기반이 개념적 공통성에 있다는 것이다. 그러면 개념적 공통성 또는 의미적 인접성이란 구체적으로 어떠한 것인가? 여기서는 이 문제에 대해 간략히 알아본다.

⟨2⟩ 낱말밭의 구성요소

트리어에 이어 낱말밭의 체계적 분석방법을 수립한 코세리우(E. Coseriu)는 낱말밭의 분석에 '어휘소(Lexem)', '원어휘소(Archilexem)' 및 '의의소성(Sem)'과 같은 세 가지 개념을 이용하였는데, 이 세 가지를 낱말밭의 구성요소라고 했다. 어휘소는 낱말밭 안에서 기능하고 있는 구성요소를 가리킨다. 원어휘소는 하나의 낱말밭의 내용 전체에 대응되는 단위인데, 구체적인 낱말로 실현될 수도 있고 그렇지 않을 수도 있다. 그리고 의의소성은 어휘소들의 대립관계를 분석할 때 이용할 수 있는 최소의 변별적 특징을 가리킨다. 예를 들어 [父母]라는 개념적 장의 구성요소로 '아버지'와 '어머니'를 든다면, [父母]라는 개념적 장은 '어버이' 또는 '부모'라는 구체적 낱말로 실현되어 있고, 이들 낱말은 원어휘소가 된다. 그리고 '아버지'와 '어머니'는 어휘소에 해당되고, 두 어휘소를 구분할 수 있는 [남성]과 [여성]과 같은 의미자질은 의의소성이 된다고 보겠다.

〈3〉 낱말밭의 성립기반 : 의미적 대립

트리어(J.Trier) 이후, 포르찌히(W.Porzig), 입센(G.Ipsen), 바이스게르버(L.Weisgerber), 욜레스(A.Jolles) 등에 의해, 서로 다른 유형의 낱말밭이 제시되어 왔다. 포르찌히는 의미장(Bedeutungs field)을 크게 다음과 같은 두 가지 유형으로 구분했다(임환재(역), 1984:198).

(1)
① '금발-머리털', '나무-벌채하다', '눈-보다', '짖다-개' 등과 같은 포괄적인 유형의 의미장.
② 색채어 또는 도덕적 평가의 유형에 쓰이는 분할적 의미장.

①은 그 밭의 구성요소들이 통합적 관계에 있으므로 '통합적 낱말밭'으로, ②는 구성요소들이 계열적 관계에 있으므로 '계열적 낱말밭'으로 부를 수 있다. 여기서 다루고자 하는 것은 계열적 낱말밭이다.

일련의 낱말들이 개념적 공통성 또는 인접성을 가졌다는 것은 그것들이 동일한 하나의 원어휘소에 해당하는 개념적 장 안에서 의의소성에 의해 서로 구분됨을 의미한다고 볼 수 있다. 그런데 코세리우는 개념적 공통성이나 인접성, 의의소성에 의한 구분 등의 특징을 음운론적 방법론에서 차용한 '대립(opposition)'이라는 개념으로 체계화했다. 그것은 곧 낱말밭의 성립 기반이 구성요소들 사이에서 존재하는 '의미적인 대립'에 있다는 것이다.

낱말밭의 체계적인 분석 방법을 확립하고, 밭의 유형을 보다 상세하고 치밀하게 분류한 사람은 코세리우이다.[48] 그는 낱말밭을 우선 단차원(單次元)의 것과 복차원(複次元)의 것으로 나눈다. 예를 들어, 라틴어의 색채어에는, [黑] 또는 [白]의 뜻에 해당하는 낱말이 '광택이 있느냐 없느냐'에 따라 각각 두 가지가 있는데, '흑백'의 차원이나 '광택 유무'의 차원 중 한 가지 차원에서의 대립에 바탕을 둔, 아래의 (2)는 단차원의 밭이고, 두 가지 차원에서의 대립에 바탕을 둔, 아래의 (3)은 복차원의 밭이다.

(2a)

[黑]	[白]
ater	albus

(2b)

[黑]	[白]
riger	candidus

(3)

[黑]	[白]	
ater	albus	[광택없음]
riger	candidus	[광택있음]

---

48 코세리우의 낱말밭 이론에 대한 소개는 정시호(1984:147-56)를 참고한 것이다.

단차원의 낱말밭은 '대의적(對義的) 낱말밭(antonymisch)', '단계적
(段階的) 낱말밭(graduell)' 및 '계열적(系列的) 낱말밭(seriell)' 등으로
하위분류하고 있는데, 각 유형은 밭을 구성하는 낱말들, 즉, 어휘소들
의 대립관계적 특성의 차이로 구분하고 있다.

〈4〉 의미적 대립과 낱말밭의 대응관계

〈4.1〉 대립의 유형[49]

대립(opposition)이라는 개념이 언어학에서 체계적으로 이용된 것
은 트루베츠코이(Trubetzkoy)를 중심으로 한 프라그학파의 음운론이
라고 생각된다. 트루베츠코이는 〈음운론의 원리〉에서 음운적 대립을
대립항 사이의 논리적인 관계에 바탕을 두어, ⓐ유무대립(privative op-
position), ⓑ계단대립(graduelle opposition) 및 ⓒ등치대립(äquipollent
opposition)의 세 가지로 나누었는데, 코세리우는 이들 세 개의 음운적
대립에 유사한 구조를 어휘체계 안에서도 인정하고 있다. 각 대립유형
을 간략히 소개한다.

ⓐ유무 대립은 '결여적 대립'이라고도 하는데, 한 대립항이 특정한
자질의 존재를 통해서, 다른 대립항은 자질의 부재를 통해서 특징지어
져 있는 대립이다. 음운론에서의 유성음과 무성음의 대립이 그 예다.
어휘론에서의 예는 ater와 riger처럼 동일하게 [黑]이란 개념을 공통적
으로 가지면서 [광택있음]이란 의의소성이 전자에는 없고 후자에는 있
어서 구분되는 것과 같은 대립관계를 들 수 있다. albus와 candidus의

---

49 장영천(역)(1988:249), 허 발(1979:197-99) 등 참고.

경우도 마찬가지다.

ⓑ계단 대립은 '차등적 대립'이라고도 하는데, 각 대립항이 동일한 특성의 상이한 단계 혹은 등급을 통해서 특징지어져 있는 대립이다. /ɑ/-/ɔ/-/o/-/u/와 같은 음운적 대립은 혀의 최고점이 동일하게 혀의 뒷부분인 후설모음이라는 점에서 공통적이지만, 최고점의 상대적인 높이가 단계적으로 높아지는 정도의 차이에서 기인되는 것이므로 계단적 대립의 예이다. 어휘론에서는 boiling-hot-warm-cool-cold-freezing 등과 같은 낱말밭을 들 수 있다.

ⓒ등치대립은 각 대립항이 논리적으로 동등한 위치를 가져 그들 사이에 어떠한 서열도 존재하지 않는 관계이다. 무성 파열음이라고 불리는 /p/-/t/-/k/에서의 대립은 각 항 사이에 서열이 없고 상호간에 동등한 가치를 가지므로 등치대립의 예이다. 기본적인 색채어의 낱말밭도 여기에 해당하는 것으로 본다. 코세리우는 (4)에서 제시한 ater와 albus의 관계, riger와 candidus의 관계도 여기에 넣고 있다.

〈4.2〉 의미적 대립 유형과 낱말밭의 관계

코세리우는 단차원의 낱말밭을 對義的 낱말밭, 段階的 낱말밭 및 系列的 낱말밭 등의 세 가지로 나누었음을 소개한 바 있다. 여기서는 우선, 대의적 낱말밭을 ①반의적 낱말밭과 ②유의적 낱말밭으로 이분하여 구분하고, ③단계적 낱말밭 ④계열적 낱말밭 등과 함께 네 가지 유형으로 나누어 제시한다.

코세리우의 대의적 낱말밭은 대개 대립항이 두 개인 二極的 대립의 낱말밭이다. 反義語 'kurz(short)-lang(long)'이 형성하는 X 對 非X의 대립을 결여적 대립이라 하고, 類義語 'maitriser(의도적으로 지배하다)'

와 'dominer(지배하다)'가 형성하는 관계를 '類義的 대립'이라 하여 그 예로 들고 있다. 코세리우는 대의적 낱말밭에서의 대립은 '극적 (polaire) 대립'으로 총괄할 수 있다고 했다. 그러나 여기서는 '對義的 낱말밭(antonymisch)'이라는 용어가 가진 문자적 의미로 보아, 類義語 'maitriser'와 'dominer' 등과 같이 유무대립에 바탕을 둔 경우는 여기서 분리시키는 것이 합리적이라고 본다.

'kurz-lang'를 단 두 개의 대립항밖에 없는 것으로 보고 앞의 세 가지 대립의 하나로 소속시킨다면 등치대립에 해당된다고 볼 수밖에 없다. 그것이 서열적이지 않고 또 특정한 변별적 자질의 유무에 의한 대립도 아니기 때문이다. 따라서 여기서 설정하는 ①반의적 낱말밭은 단 두 개의 대립항이 등치대립의 관계로 존재하는 경우, 즉, 단순이원대립관계 의 낱말들이 형성하는 밭으로 정리할 수 있다.

그리고 'maitriser'와 'dominer'은 유무적 대립의 전형적인 예이다. 그리고 앞에서 예시한 ater와 riger, albus와 candidus가 형성하는 각각 의 낱말밭도 마찬가지다. 여기서는 이와 같이 유무적 대립에 바탕을 둔 낱말밭을 ②유의적 낱말밭이라고 하겠다. 이는 곧, 동의관계 (synonymy)의 낱말들이 형성하는 밭이다.

③단계적 낱말밭은 밭의 구성요소들이 일정한 계단적 구획을 갖는 다는 점이 특징이다. 예를 들어, '수·우·양과 같은 인공적 성격의 성적평가어, inch-feet-yard와 같은 계층적인 관계, 그리고 앞에서 제시 한 바 있는 boiling-hot-warm-cool-cold-freezing 등이 형성하는 밭이 이에 해당된다. 단계적 낱말밭은 모두 계단대립에 바탕을 두고 있음은 자명하다. 그리고 이러한 대립관계는 등급적 반의어(gradable anto- nyms)를 형성한다. 정리하면, 여기서 제시하는 단계적 낱말밭은 이른 바 등급적 반의 관계의 낱말들이 형성하는 밭이 된다.

④계열적 낱말밭을 구성하고 있는 것은 多項의 同價的 대립이다. 계열적 낱말밭에는 의미적 실질이 二極에 집약되는 極性이라든가 계단적 낱말밭에서 보이는 계단적 상승 또는 하강도 보이지 않는다. 가령, 요일 명, 새 이름, 고기이름 등에서 보는 바와 같이 모든 항이 같은 수준에서 동일한 논리적·의미적 상태를 가진다. '일·월·화···' 등과 같은 요일 명들이 구성하는 밭을 보면, 이는 順列的인 성질의 대립일 뿐, 성적평가어처럼 位階的인 성질은 아니므로, 앞의 단계적 낱말밭과는 구분된다. 코세리우의 계열적 낱말밭은 모두 등치대립에 해당되는데, 대립항들이 단 두 개가 아니고 다원적이다. 이와 같은 대립관계는 다원적 반의어(multiple antonyms)를 형성한다. 따라서 여기서는 다원적 반의어들이 형성하는 밭이 계열적 낱말밭이 되는 것으로 정리한다.

복차원의 낱말밭의 성립 기반도 이상의 몇 가지 대립 유형으로 체계화할 수 있다. 단지 그 차이는 '차원(dimension)'이 둘 이상 겹쳐 있다는 점이다. 쉽게 말해서, 둘 이상의 대립적 기준에 바탕을 두고 형성되어 있는 밭이다. 앞의 (3)이 그 예인데, (4)로 다시 인용한다. (4)의 가로 관계는 등치대립으로, 세로 관계는 유무대립으로 되어 있음을 볼 수 있다. 따라서 복차원의 낱말밭도, 단지 둘 이상의 차원이란 관점에서 분절이 이뤄지고 있는 것일 뿐, 그러한 각각의 분절에 이용되는 대립 기준은 단차원의 것과 동일하다.

(4)

[3.4] 보충 설명(2) : 연상적 낱말밭의 설정 필요성

〈1〉 들어가기

앞의 강의 소주제 [3.3]에서 몇 가지 의미적 대립의 유형과 그것에 바탕을 둔 낱말밭의 유형을 소개한 바 있다. 여기서는 그러한 유형의 의미적 대립과 낱말밭 외에, 연상적 대립과 그것에 기초한 연상적 낱말밭을 새롭게 도입하여야 할 필요성에 대하여 언급한다. 이에는 전통적으로 의미변화의 구조적 원인의 하나로 생각해 온 연상(聯想, association) 및 연상장의 원리가 원용된다.

〈2〉 의미장과 연상장

여기서 낱말밭의 성립 기반에 대해 이러한 언급을 하는 이유는, 이상과 같은 몇 가지 유형의 대립관계 중 하나로 보기는 힘들지만, 좀 다른 성질의 개념적 공통성을 보유하고 있는 낱말들이 어떤 관계망(關係網)을 형성하고 있을 경우, 그것을 하나의 밭으로 볼 수는 없느냐 하는 점에 대해 언급하기 위해서다.

후기 중세국어에서 [愛]의 뜻을 가진 낱말은 '괴다, 둧다, ᄉᆞ랑ᄒᆞ다' 등인데, 이들 동사들의 선택제약을 보면 미세하지만 차이가 있다.[50]

(1) (a) 괴여 : 爲我愛人(훈민정음 해례 합자해)

(b) 아소 님하 도람 드러샤 괴오쇼셔(악학궤범,정과정곡)

(c) 괴시란ᄃᆡ 우러곰 좃니노이다(악장가사,서경별곡)

위 예에서 보듯이, (a)에서는 동사 '괴다'의 목적어가 '일반적인 타인 (他人)'이고, (b)와 (c)에서는 작자 자신이다.

(2) (a) 션ᄇᆡᄅᆞᆯ ᄃᆞᅀᆞ실ᄊᆡ(용가 80)

(b) 子息을 ᄃᆞᅀᆞ샤 正法 모ᄅᆞ실ᄊᆡ(월곡 125)

(c) 어마님 山陵을 ᄃᆞᅀᆞ샤 : 戀妣山陵(용가 93)

(d) 네 내 ᄆᆞᅀᆞᄆᆞᆯ ᄃᆞᅀᆞ며 : 汝愛我心(능해 4:31)

(2)의 'ᄃᆞᆾ다'의 목적어는 (a)에서는 '션ᄇᆡ'이고 (b)에서는 '자신의 자식'이다. 그런데 (c)에서는 사람이 아닌 구체적인 대상인 '山陵'이고, (d)에서는 추상적인 대상인 'ᄆᆞ ᅀᆞᆷ'이다.

(3) (a) 어버이 子息 ᄉᆞ랑ᄒᆞᄆᆞᆫ 아니 한 ᄉᆞᅀᅵ어니와(석보 6:3)

(b) 미후왕이 닐오ᄃᆡ ---八萬四千夫人이 이쇼ᄃᆡ 글란 ᄉᆞ랑티 아니코 (월석 7:17)

---

50 이들 세 동사의 의미관계는 주로 남성우(1986:56-58)의 내용을 정리한 것이다.

(c) 스랑ᄒ욘 히이 恩惠ᄅᆞ윈 비츨 빌요믈 니부니 : 愛日恩光蒙借貸(두
해 15:15)

(d) 오직 내 지조를 스랑ᄒ놋다 : 只愛才(두해 7:34)

(3)의 '스랑ᄒ다'의 목적어는 (a)에서는 '자식'이고, (b)에서는 '八萬
四千夫人'이다. 그런데 (c)에서는 구체적인 대상인 '히'가, (d)에서는
추상적인 대상인 '지조'가 목적어임을 볼 수 있다.

이상과 같은, 세 동사의 선택 제약을 정리하면 다음과 같다. 따라서
이 밭은 유무대립에 성립 기반을 둔, 유의적 낱말밭이 된다.

(4)

목적어 \ 동사	괴다	둣다	스랑ᄒ다
[인 간]	+	+	+
[구체물]	−	+	+
[추상물]	−	+	+

그런데 '괴다', '둣다', '스랑ᄒ다'의 세 낱말 중, '괴다', '둣다'는 탈락
하여 사어화(死語化)되고, '스랑ᄒ다'가 모든 영역을 포괄하게 되었는
데, 이는 동의경쟁의 결과로 볼 수 있다.

한편, '스랑ᄒ다'는 [愛]의 의미뿐만 아니라 [思]의 의미도 가지고 있
었는데, [思]가 중심의미이고 [愛]는 주변의미였다. 그리하여 '스랑ᄒ다'
는 [思]의 '싱각ᄒ다'와도 동의경쟁의 관계에 있은 셈이다. 아래 예의
'스랑ᄒ다'와 '싱각ᄒ다'는 모두 [思]의 의미이다.

(5) (a) 세 가짓 供養이 그르시 업슬씨 前世佛을 스랑터시니(월곡 87)

(b) 每常 아᠊ᄃᆞᆯ 싱각ᄒᆞ야(월석 13:10)

(c) 몸 밧긔 다욀 업슨 일란 ᄉᆞ랑티 말고 : 莫思身外無窮事(두해 10:8)

(d) 毗耶ㅅ 그날 이ᄅᆞᆯ 싱각ᄒᆞ건댄 : 憶毗耶當日事컨댄(금삼 2:2)

그러므로 'ᄉᆞ랑ᄒᆞ다'는 다의어로서 다음과 같은, 유무대립에 바탕을
둔 두 개의 유의적 낱말밭에 소속되어 있었다고 볼 수 있는데, 'ᄉᆞ랑ᄒᆞ
다'가 [思]의 밭에서는 탈락되고, [愛]의 밭에서는 나머지 요소들을 몰아
내고 밭을 독차지한 양상이다.

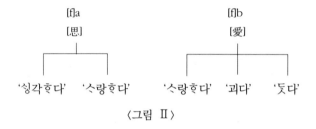

〈그림 Ⅱ〉

여기서 주목하고자 하는 점은, 두 개의 낱말밭 [f]a에서의 변화 내용
과 [f]b에서의 변화 내용이 무관하지 않다는 것이다. 'ᄉᆞ랑ᄒᆞ다'는 [思]
가 중심의미이고 [愛]가 주변의미라면, 원래 [f]a에만 소속되어 있었는
데 적용상의 전이(shifts in application)의 결과 [f]b로 침투해 들어간
것으로 볼 수밖에 없다.

그러므로 앞의 〈그림 Ⅱ〉가 나타내는 것보다 앞 단계에서는 밭의
구조가 다음과 같았을 것이다.

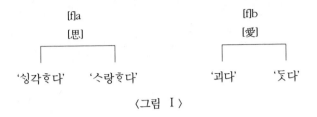

〈그림 Ⅰ〉

〈그림 Ⅰ〉의 단계에서 〈그림 Ⅱ〉의 단계로 바뀐 뒤에, 다시 다음 〈그림 Ⅲ〉과 같은 단계로 변화하게 된다.

〈그림 Ⅲ〉

이상과 같은 언급은 [f]a에서 밀리기 시작한 '스랑ᄒ다'가 [f]b로 들어가 기존의 낱말들을 몰아내었다는 것이다. 이는 하나의 밭에서 새로 들어 온 요소와 기존의 요소가 경쟁하게 되면, 새 요소가 이기게 되는 경우가 허다하다는 점에서 일반성 있는 설명이라고 생각한다.

이러한 점을 효과적으로 설명하려면, 위의 두 낱말밭을 보다 상위의 어떤 밭의 부분장(sub-field)으로 보아야 할 필요성이 생긴다. 앞의 〈그림 Ⅱ〉를 바탕으로 하여 그 구조를 보이면 다음과 같다.

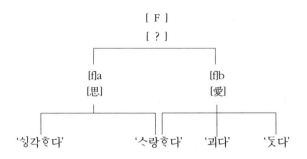

그러면 두 밭을 하나의 밭으로 묶을 수 있는 밭의 성립 기반은 무엇이겠는가? 앞의 강의 소주제 [3.3]에서 계열적 낱말밭 이론에서 가정하고 있는 밭의 성립 기반을 세 가지 유형의 대립관계로 정리한 적이 있다. 그러나 [思]와 [愛]는 이 중 어느 관계에도 해당되지 않는 것으로 보인다. 이 둘을 포괄할 수 있는 개념적 장을 설정할 수가 없기 때문이다. 즉, 원어휘소에 해당하는 개념적 단위를 설정하기가 어렵다는 것이다. 따라서 밭의 성립 기반으로 이와 같은 세 가지 대립만을 고집한다면, [思]와 [愛]를 어떤 상위 의미장의 '직접 하의관계(immediate hyponymy)'와 유사한 관계로 설정하기는 어렵다.

코세리우는 낱말밭을 공통의 의미영역을 획정하면서 상호 직접 대립하는 복수의 어휘 단위(단어)에 의해서 구성되는 것으로 보았다. '싱각ᄒ다'와 '스랑ᄒ다'는 [思]라는 공통의 의미영역을, '스랑ᄒ다', '괴다', '듯다'는 [愛]라는 공통의 의미영역을 포괄하고 있으므로, 각각 낱말밭을 이루고 있다고 보는 것은 자연스럽다. 그러나 '싱각ᄒ다', '스랑ᄒ다', '괴다', '듯다' 모두를 포괄하고 있는 의미영역은 설정하기가 자연스럽지 않다.

이상과 같은 점을 염두에 두면, 두 가지 방안을 생각할 수 있다. 하나는 위의 두 낱말밭을 어떤 새로운 기준으로 하나로 묶지 말고,

따로 따로 독립시켜 고찰하는 것이고, 다른 하나는 낱말밭의 개념을 조금 확대하여, 두 밭을 하나로 묶을 수 있는 성립 기반을 강구해 내는 방안이다.

앞의 방안은 몇 가지 면에서 바람직하지 않다고 생각하여, 여기서는 두 번째 방안을 택한다. 그 이유는 다음과 같다. 첫째, 두 밭 사이의 영향 관계가 뚜렷하여 어떠한 방식으로든지 그 관계를 포착하지 않을 수 없다. 둘째, '싱각ᄒ다'와 '亽랑ᄒ다'를 하나의 밭으로, 또, '亽랑ᄒ다', '괴다', '둣다'를 하나의 밭으로 본다면, 상호 영향 관계에 있는 그 전체도 하나의 밭으로 보는 것이 합리적이다. 셋째, 의미장 이론 자체가 언어를 체계·구조를 이루는 하나의 전체라고 보는 소쉬르의 구조주의를 계승한 것이고, 또 우리가 추구하는 것이 개개의 낱말들의 의미변화가 아니고 의미변화의 구조적 특징인 이상 두 밭을 분리시켜 고찰하는 것은 타당할 수 없다. 넷째, 문제되는 두 의미영역이 개념적으로 보아 상당한 관련성이 있는 것처럼 생각될 수 있다.

여기서 생각하는 두 번째 방안은 전통적인 구조주의 의미론에서 의미변화의 원인으로 다뤄져 온 '聯想' 및 '聯想장(associative fields)'의 원리[51]를 이용하는 것이다. 일단, 앞의 두 밭이 하나의 연상장을 형성한다고 보는 것은 자연스럽다는 점을 우선 지적한다.

구조주의 의미론에서는 연상이 낱말들의 의미변화나 어휘구조에서 중요한 역할을 하는 것으로 인식해 왔다. 낱말들은 음성 및 의미적인 면에서 다른 낱말들과 어떤 것을 공유하게 되는데, 그와 같은 공유에 의해 연상이 이뤄진다. 예를 들어, 명사 light(빛)는 의미 사이의 연상에

---

51 연상 및 연상장의 원리에 대한 소개는 주로 남성우(역)(1987:290-331)의 내용을 정리한 것이다.

의해 darkness(어둠), day(낮), sun(해) 등과 관련되고, 형용사 light(무 겁지 않은)와는 소리 사이의 연상(同音異義)에 의해 관련된다. 그리고 음성 및 의미적 근거에서 형용사 light(어둡지 않은), 동사 to light(빛나 다, 빛나게 하다), 명사 lightning(번개불) 등과 관련될 수도 있다.

연상은 의미변화의 필요요건이라고 생각되었고, 의미변화의 유형을 그것의 기초가 되는 연상에 의해 분류해 왔다. '의미 사이의 연상에 의한 변화'와 '이름(name) 사이의 연상에 의한 변화'로 나누고, 그것들 을 각각 유사(類似, similarity)와 인접(隣接, contiguity)의 기준에 의해, (a)의미 사이의 유사에 의한 변화, (b)의미 사이의 인접에 의한 변화, (c)이름 사이의 유사에 의한 변화, (d)이름 사이의 인접에 의한 변화 등으로 나누어 고찰한 울만의 방법론은 잘 알려져 있다.[52]

이상과 같은 소박한 연상주의는 고립된 낱말들 사이의 연상에 의해 낱말들의 의미변화를 설명하려 했다. 그러나 좀 더 구조적인 원리에 바탕을 둔 연상적 의미변화의 설명 방법이 소쉬르의 제자 바이이 (Bally)에 의해 도입된 연상장이란 개념이다.

모든 낱말은 그것을 다른 어사와 관련시키는 연상망(聯想網)에 둘러 싸여 있다고 볼 수 있다. 소쉬르는 "하나의 주어진 사항(辭項)은 말하 자면 성좌(星座)의 중심이며, 그 수에 한정이 없는 딴 동위사항(同位 辭項)들이 모여드는 점(點)이다"라고 하고 다음과 같은 그림으로 나타 낸 바 있다(오원교(역), 1975:162).

---

52 자세한 것은 강의 소주제 [5.2]를 보라.

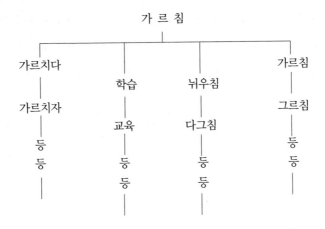

‘가르침, 가르치다, 가르치자’ 등은 공통된 어간을 가졌다는 점에서, ‘가르침, 뉘우침, 다그침’ 등은 공통된 접미사를 가졌다는 점에서 관계를 맺는다. 그리고 소기(所記, signifie: 개념)의 유추에 의해, ‘가르침, 학습, 교육’ 등이 관계된다. ‘가르침’과 ‘그르침’은 단지 청각영상만의 공통성에 의하여 이뤄지는 관계의 예이다.

이와 같은 생각을 발전시켜 바이이는 연상장이란 유용한 개념을 도입하였는데, 그는 예를 들어, 낱말 boeuf(소)는 (a)‘암소, 황소, 송아지, 뿔, 반추하다, 울다’ 등을, (b)‘노동, 쟁기, 멍에’ 등을 연상시키고, (c)‘힘, 인내력, 끈끔 등이나 느림, 무거움 수동성의 관념 등’을 연상시킨다고 하여, 연상장을 순수히 의미 사이의 연상에 의한 관계망으로 국한시켜 분석하였다.

연상장은 그 구성이 개인적이고 주관적일 수 있다는 점과, 연상의 범위나 연상되는 사항(辭項) 등이 명확히 한정되지 않고 무한할 수 있다는 점에서 언어학적 연구 대상이 될 수 없다는 비판을 받기도 했다. 그러나 울만은 연상장의 개념에 의해 열린 더 넓은 전망은 (i)전통적인 방법에 의해 부분적으로만 설명될 수 있었던 과정을 완전히 설명할 수 있게 하고, (ⅱ)언어학자를 그의 자료에 본유된 함정으로부터 막아 주고, (ⅲ)다르게는 해결 불가능한 문제에 해결책을 시사하는 등의 세 가지 주요한 면에서 의미변화의 연구에 영향을 줄 것으로 보았다.

첫 번째 경우의 예만 간략히 소개한다. 불어 낱말 viande는 15c 경부터 [음식물]이란 뜻에서 [고기]란 뜻으로의 전이가 시작되어, 17c 이후에는 완전히 [고기]의 뜻으로 의미가 축소되었다. 그런데 '동일한 현상이 스페인어, 영어, 이태리어 등에서는 일어나지 않고 유독 불어에서만 일어나게 되었는가?'라는 의문에 연상장 이론은 보다 완전한 답을 제공한다.: viande와 의미적인 연상 관계에 있던 chair(살코기)가 [음식, 생활]을 뜻하는 chere와 동음충돌을 일으켜 쓰이지 않게 되었다. 예를 들어, 특히, 사순절(四旬節) 기간에 faire bonne chere는 말이 '맛좋은 음식을 먹다, 사치스러운 생활을 하다'는 뜻에서 '고기를 먹었다'는 뜻으로 오해될 수 있었다. 그리하여 chere와 혼동될 소지가 없는 viande가 chair를 대신해 쓰이게 되는 과정에서 의미 축소가 일어나게 되었다.

앞에서 제시한 [思]와 [愛]의 두 의미장이, 의미상의 유사에 의한 연상으로, 하나의 연상장을 형성한다고 보는 것은 자연스럽다고 했는데, 생각하는 행위와 사랑하는 행위의 관련성을 짐작하는 것도 쉬운 일일 뿐만 아니라, '〻랑〻다'가 [思]에서 [愛]로 적용상의 전이를 거친다는 것 자체가 이러한 연상의 개연성을 높여 준다고 보겠다. 그러므로 이러한 연상장의 개념을 원용하여 ⓓ'연상적 대립(associative opposition)'이라는 대립 유형을 설정하고, 이러한 두 밭을 포괄하는 상위의 밭을 ⑤'연상적 낱말밭(associative field)'이라 하여 낱말밭의 한 유형으로 세우고자 한다.

〈3〉 마무리

여기서 설정한 낱말밭의 유형은 ①반의적 낱말밭 ②유의적 낱말밭 ③단계적 낱말밭 ④계열적 낱말밭 ⑤연상적 낱말밭 등의 다섯 가지이고, 또, 낱말밭의 성립 기반이 되는 의미적 대립 유형은 ⓐ유무대립 ⓑ계단대립 ⓒ등치대립 ⓓ연상적 대립 등의 네 가지이다.

[3.5] 보충 설명(3) : 문화인류학에서의 성분분석 이론

성분분석 이론은 음운론과 문화인류학에서 비롯된 것이다. 다음은 최명옥(1982)의 내용을 일부 줄여서 인용한 것인데, 성분분석방법이 문화인류학적 연구에서 친인척 관계를 파악하는 데 효율적으로 이용될 수 있음을 보여 주는 예이다.

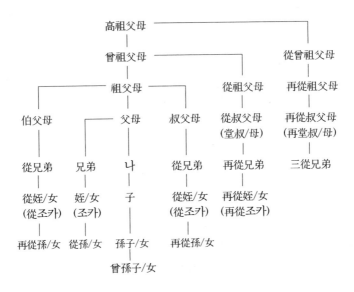

[Lpa: 부계], [Lma: 모계], [Lwi: 처계], [-Lo: 타계]

('고모'는 부계 쪽 타계([Lpa-Lo])에, '이모'는 모계 쪽 타계([Lma-Lo])에 속한

다고 본다.: 출가외인)

[G: 세대]; (예) [G1: 1세대 위], [G-1: 1세대 아래]

[D: 촌수]

[A: 연령]; (예) [Ae: 연상], [Ay: 연하]

[S: 성별]; (예) [Sm: 남성], [Sf: 여성]

[M: 결혼]

아버지 : [Lpa G1 D1 Sm]   어머니 : [Lpa G1 D1 Sf]

숙　부 : [Lpa G1 D3 Ay Sm]   숙　모 : [Lpa G1 D3 Ay Sf]

고　모 : [Lpa-Lo G1 D3 Sf]   이　모 : [Lma-Lo G1 D3 Sf]

외숙부 : [Lma G1 D3 Sm]   외숙모 : [Lma G1 D3 Sf]

* 촌수 계산하는 법

기준 교점에서 상대 교점 사이에 놓인 선분의 수가 촌수와 일치함
(선분이 꺾여진 것도, 사선을 그릴 수 없어 그렇게 된 것이므로, 1개로
계산하여야 함). 예를 들어 '나'와 '삼종형'과의 촌수는 계층구조에서
'나'로부터 '삼종형'까지 도달하기 위해 8개의 선분을 거쳐야 하므로
8촌이 됨.

〈자료 인용 문헌 소개〉

금삼: 금강경삼가해, 능해: 능엄경언해, 동문: 동문유해, 두해: 분류두공부시언해
(초간본), 무원록: 증수무원록언해, 법화: 법화경언해, 석보: 석보상절, 석천: 석
봉천자문, 소언: 소학언해, 용가: 용비어천가, 월곡: 월인천강지곡, 월석: 월인석

보, 청구(오): 청구영언(오씨본), 훈몽: 훈몽자해

[3.6] 보충 자료 : 연령적 성숙함과 정신적 성숙함의 상관관계

(I)

바로 앞에서 연령적 성숙함의 낱말밭과 정신적 성숙함의 낱말밭이 하나의 더 큰 낱말밭을 이루고 있음을 보았다. 이것은 우리의 언중들이 두 개의 의미영역을 하나의 더 큰 의미영역으로 포괄하여 생각하고 있음을 보여 주는 것이다. 과연 나이와 지혜 사이에 상관성이 있을까? 나이가 많아질수록 더 지혜로워질까? 필자는 필자의 어머니 얘기를 하면서 이 문제에 대해 여러분들과 함께 생각해 보고자 한다.

지금은 고인이 된 필자의 어머니는 경남 마산시(현재의 창원시)에서 살고 계셨다. 학교 공부는 일제시대 때 2년제 간이소학교(簡易小學校)를 다니신 게 전부다. 그래도 당시에 이런 학교나마 다닌 게 다행이며 그 덕택으로 한글을 읽고 쓸 줄 알게 되어 평생 큰 도움이 되었다고 생각하셨다. 거의 대부분의 동년배들이 그랬겠지만, 평생 별다른 독서를 하신 적도 없고, 텔레비전 시청을 제외하고는 다른 문화생활을 누리신 적도 없다. 처녀 공출(어머니는 정신대란 말은 모르셨다)을 피하려고 일찍이 10대 중반에 결혼을 하였고, 횟배를 앓아 결혼한 직후부터 피운 담배를 평생 즐기셨다(회충이 있어 배가 아픈데, 약은 없고, 아파서 신음하는 어린 손부를 보다 못한 시조모(필자의 증조할머니)의 권유로 시할머니 방에서 같이 피웠다고 한다. 니코틴이 회충을 죽이지는 못해도 활동력을 감소시켰던 듯). 아들을 많이 낳아 잘 키우는 게 소망이었으며, 그 결과 4남 4녀의 자식들을 낳아, 훨씬 전에 작고하신 아버지와 함께 평생 자녀 교육을 위해 헌신하셨다. 경제적인 이유가 가장 큰 것이었겠지만, 아들들에 비해, 딸들은 교육을 충분히 시키지 못했으며, 이 점을 못내 아쉬워하셨다. 며느리들한테 쓸 데 없는 말씀을 푹푹 하시기도 하여 상처도 주고 핀잔도 듣는 그런 할머니다.

필자의 어머니는 아주 평균적인 한국의 할머니였다. 나는 평소 어머니와 대화가 좀 잘 안 된다고 생각해 왔다. 나는 공부를 많이 한 대학교수이고 독서와 새로운 경험을 통해 지식을 넓혀 나가는 젊은이인 반면에, 어머니는 일상생활의 경험 외에는 어떠한 지식의 원천을 갖고 있지 못한 평범한 할머니이니, 그럴 수밖에 없다고 생각해 왔다. 그러나 어느 날 나는 나의 어머니에게서 정말 깜짝 놀랄 만한 경험을 하였다. 적어도 나에게는 엄청난 충격이었다.

어머니가 아파트 옆 평상 위에서 이웃 할머니들과 이런저런 이야기를 하며 쉬고 있는데, 아파트 뒤 도로(왕복 4차로)에서 교통사고가 났다. 어떤 사내아이가 자동차에 치었고, 급히 병원으로 실려 갔다. 여러 사람들이 멀찌감치 떨어져서 보고 걱정을 하다가 흩어졌는데, 어머니는 왜 그러셨을까? 피가 흥건하게 고여 있는 그 자리로 혼자가 보셨단다. 가보니, 그 아이는 발목 부분을 심하게 다쳤는지, 우리가 보통 복숭아 뼈라고 하는 뚜껑 모양의 반구형 뼈가 떨어져 나와 피범벅이 된 채 길 위에 그대로 있었다. 어머니는 그것을 가져와 수돗물로 깨끗이 씻은 다음 비닐봉지에 넣어 냉장고에 넣어 두었다. 좀 있으니 다친 아이의 부모와 친척들이 몰려와 사고 현장에서 무엇을 찾기 위해 두리번거리고 있더란다. 어머니가 그 사람들을 불러, 집으로 데리고 가서는, 냉장고 문을 열어 그것을 내어 주니, 아이의 엄마는 눈물을 흘리면서 고마워했다고 한다. 이어지는 어머니 말씀: "아 그런데 그

놈들이 담배도 한 보루 안 사주고 그냥 가더라."

나는 어머니의 얘기를 듣고 '지식'과 '지혜'에 대해 다시 생각하게 되었다. 어머니는 의학적인 지식이 있는 분이 아니다. 어머니 스스로도 무엇을 알고 그러신 게 아니고, 뭔가 꼭 필요할 것 같다는 느낌이 있어 그랬다고 하신다. 아이의 부모는, 의사가 혹시 모르니 현장으로 가보라고 해서, 와보았다는 것이다. 어머니가 주워 놓지 않았으면 왕복 4차로의 복잡한 도로에서 그게 온전히 남아 있었겠는가?

나는 어머니의 무엇이 이런 현명한 판단과 행동을 하게 했을까 곰곰이 생각해 보았다. 그저 도움이 될 것 같다는 막연한 생각이지만 그런 생각과 행동에는 뭔가가 있을 것 같았다. 80년 세월의 연륜이 쌓아온 내공(內功)의 힘인가? 나 같으면 맨손으로 줍지도 못했을 것인데, 음식을 보관하는 냉장고 속에 넣어 두기까지 했으니, 이는 우리가 볼 땐 그냥 그런 일은 아닌 것이다. 그러나 어머니는 특별히 힘이 든 일도 아니니 그저 담배 한 보루 정도만 받으면 되는 별것 아닌 것으로 생각하였다. 지난 한평생 동안 온갖 풍상과 함께 묵묵히 인생의 여정을 걸어오면서, 사람의 목숨보다 더 귀한 것은 없다는, 지극히 단순하면서도 보편적인 가치판단의 기준이 몸속에 배어들어 있었던 것이 아닐까? 적어도 그와 같은 지극히 원초적인 상황에선 나의 지식은 티끌만큼의 슬기로움과 눈곱만큼의 용기도 만들어 낼 수 없었을 것이라는 점을 생각하면서, '삶의 연륜'에서 오는 지혜로움의 무게를 새삼 실감하였다.

(II)

필자의 어머니는 생전에 또 하나의 연구거리를 제공하신 적이 있다. 하루는 노인당으로 걸어서 출근하고 있는데, 말쑥하게 양복을 차려입은 어떤 신사가 반갑게 인사를 하면서 ○○경로당 회장님 아니시냐고 하더란다. 그렇다고 하니, 시청에서 나온 사람인데, 시장님께서 수고하시는 경로당 회장님들께 갖다 드리라고 하여 좋은 선물을 차에 싣고 왔다면서, 저기 차 있는 곳으로 같이 가자고 한다. 경로당 회장인 줄 알아주고 선물까지 준다고 하니 우리 어머니 신이 나서 따라가신다. 그런데 몇 걸음 옮기더니 그 신사가 걱정하는 투로 돌아보며, 회장님이 끼고 계신 반지 때문에 곤란할 것 같다는 말을 한다. 그렇게 좋은 반지를 끼고 계시는 부자 할머니한테 누가 선물을 주겠느냐는 것이다. 어머니는 그 사람의 도움을 받아 잘 빠지지 않는 반지(단순한 금반지)를 겨우 빼냈는데, 그 사람이 호주머니에 그냥 넣으면 잃어버리기 쉬우니 종이에 싸주겠다며 반지를 받아서 종이에 싸주더란다. 그것을 속옷 깊숙이 있는 호주머니에 넣고 옷핀으로 찔러서 마무리할 때까지 신사는 옆에서 지켜본다. 그러다가 갑자기 저기 식당에서 아침을 먹고 차 열쇠를 두고 왔는데 금방 가서 가져 올 테니 여기서 기다리고 계시라고 한다. 우리 어머니, 경로당 회장님이라고 깍듯이 인사하고, 선물도 준다고 하고, 별것 아닌 금반진데도 부잣집 할머니라고 비행기를 태우니, 그렇게 기분이 좋았고 행복감을 느끼시면서, 그 자리에서 1시간 가까이 서 계셨다. 한 30분까지는 행복했고, 그 다음부턴 좀 이상했고, 한 시간 정도 지나고, 호주머니 속에 넣어둔 반지가 이상한 구리 반지라는 것을 확인하고 나서야 상황을 파악하게 되셨단다. 우리 식구들은 너무나 흥미진진하게 듣고 있었지만, 어머니는 무척 허탈해 하셨다. 금반지도 금반지지만, 잠시나마 느끼고 계셨던, 그 높은 시장이 선물을 줄 정도인, 경로당 회장의 사회적 지위가 거짓이었다는 데서 더 큰 실망감을 가지게 된 것 같기도 했다.

(Ⅲ)

이상의 두 가지 사건은 서로 아주 달라 보인다. 그렇게 현명한 판단과 행동을 하실 수 있는 분이 그렇게 어리석은 생각을 할 수도 있다는 점이 참 의아하기도 하고, 신기하기도 하지 않은가. 그러나 곰곰이 따져 보면, 이 두 사건은 동일한 정신적 낱말밭 속에 들어있는 낱말들과 같다는 생각이 든다. 공통의 의미 특성은 '순진함'이다.

순진함은 단순함과 통하는 것일까? 사람의 목숨보다 더 중한 가치는 없다는 단순한 생각에 그런 판단과 행동을 할 수 있었고, 경로당 이끌어 간다고 애쓰는 회장에게 선물을 준다고 하니 그렇게 고맙게 생각하며 따라 가신 것이다. 쉽게 남을 돕고, 쉽게 남을 믿을 수 있는 정신적 낱말밭의 의미적 바탕은 맑고 깨끗한 [+순진함]이리라.

[4] 어휘 구조

[4.1] 어휘의 전체적 구조

〈1〉 들어가기

〈1-1〉 '처녀, 총각, 아저씨, 아줌마'[1]의 의미자질 분석이 아래와 같다고 보고, 몇 가지 물음에 답해 보라.

> 처녀 : [+인간], [+성년], [+암컷], [-결혼]
>
> 총각 : [+인간], [+성년], [-암컷], [-결혼]
>
> 아저씨 : [+인간], [+성년], [-암컷], [+결혼]
>
> 아줌마 : [+인간], [+성년], [+암컷], [+결혼]

[Q1] 예를 들어 '아저씨'라는 단어와 '총각'이라는 단어의 관계는 의미론의

---

1 이 책에서 제시되는 '처녀, 총각, 아줌마, 아저씨'는 각각 [결혼하지 않은 성인 여자], [결혼하지 않은 성인 남자], [결혼한 성인 여자], [결혼한 성인 남자]라는 뜻으로 한정하여 쓴다.

연구대상이 되고, '휴대폰'이라는 단어와 '젊은이'라는 단어의 관계는 그렇지 못한다면, 그 이유는 무엇일까?

[Q2] '총각'과 의미자질상으로 공통점과 차이점이 각각 둘인 단어는 무엇인가?

[Q3] '총각'과 의미자질상으로 공통점이 셋이고 차이점이 하나인 단어는 무엇과 무엇인가?

[Q4] 의미자질로 보아 차이점이 둘인 [Q2]의 관계보다 차이점이 단 하나인 [Q3]의 관계에서 '대립의 느낌'이 두드러져 보이는 이유에 대해 생각해 보라.

[Q5] 자신과 생물학(유전인자)적으로 공통점이 많고 차이점이 가장 적은 관계에 있는 사람들은 누구일까?

〈1-2〉 어휘 의미론에서의 단어는 어휘항목(lexical item)과 같은 뜻으로 쓴다. 한 언어의 단어의 총합을 어휘라고 할 때, 어휘구조(lexical structure)는 어휘를 구성하고 있는 단어들 사이에 존재하는 의미관계를 일컫는다. 앞의 'man, boy, woman, girl'은 모두 [사람]이라는 의미를 공통으로 갖는 관계이다. 앞의 낱말밭 이론에서 가정한대로, 한 언어의 어휘를 총망라하는 낱말밭을 상정할 수 있다면, 언뜻 보기에는 아무런 관계를 포착할 수 없는 단어들 사이에도 추상적이긴 하나 어떤 관계를 설정할 수 있을 것이다. 만약 우리가 한 조상의 후손이라면, 전혀 촌수를 따질 수 없다고 생각되는 충청도의 장 서방과 제주도의 이 서방 사이에도, 계층구조의 상위로 올라가 보면, 어떤 관계를 확인할 수 있을 것으로 생각하는 것과 같은 이치다.

〈2〉 하의관계

어휘항목 Q의 모든 의미자질이 어휘항목 P의 모든 의미자질 속에 포함되면, P는 Q의 상의어가 되고 Q는 P의 하의어가 된다(kempson, 1977:86).[2] 만일, '여자'와 '처녀'의 의미자질이 다음과 같다면, '처녀'는 '여자'의 하의어임이 분명하고, 이 두 단어 사이의 관계는 하의관계(下義關係 hyponymy)이다.

(1)

(P)여자	[+HUMAN], [−MALE], ([±ADULT]), ([±MARRIED])[3]
(Q)처녀	[+HUMAN], [−MALE], [+ADULT], [−MARRIED]

parent에 대해 father과 mother은 하의어이다. spouse에 대해 husband와 wife도 마찬가지다. '사람, 남자, 여자, 처녀, 아줌마'와 같은 단어는 모두 [사람]이라는 의미자질을 공통으로 가지고 있는데, [성별]과 [결혼여부]로 따지면 다음과 같은 의미장의 계층구조를 상정할 수 있다.

---

2 상의어(hypernym)는 상위어(superordinate)로, 하의어(hyponym)는 하위어 (subordinate)로 일컫기도 한다.
3 여기에 [±ADULT], [±MARRIED]와 같은 의미자질이 있다고 가정하면, '처녀'의 의미자질이 '여자'의 의미자질 속에 포함된다는 설명이 쉽게 이해된다. 그러나 이런 형식의 자질은 유의미한 정보를 제공하는 것이 아니어서 아무런 의의가 없다.

(2)

　‘여자’가 ‘처녀’보다 상위에 있음을 볼 수 있다. ‘처녀’는 물론 ‘사람’의 하의어이기도 하다. 그런데 하의관계에 있는 단어 중, ‘처녀’와 그것의 바로 위 층위의 ‘여자’ 사이, 또 ‘여자’와 그것의 바로 위 층위의 ‘사람’ 사이와 같이, 어머니와 딸의 관계에 있는 경우는 직접하의관계라고 한다. 하의관계는 의미장의 계층구조에서 세로로 실선으로 연결된 관계를 따라 형성되는 것임을 알 수 있다.

　하의관계에서 하의어는 상의어를 함의(entailment)하나 그 역은 성립하지 않는다. ‘여자’이면 반드시 ‘사람’이지만, ‘사람’이라고 해서 반드시 ‘여자’일 수는 없는 것이다. 다음 두 문장의 의미관계를 따져 보자.

　　(3) (a) 갑돌이는 총각이다.

　　　　(b) 갑돌이는 남자이다.

　위의 두 문장은 ‘총각’과 ‘남자’라는 두 단어 외에는 아무런 차이가 없다. (a)의 내용이 참이면 (b)의 내용은 반드시 참이 되나, 그 역은 성립하지 않는다. ‘총각’이 ‘남자’의 하의어이기 때문이다.[4]

---

4 ‘얼굴/코’, ‘팔/손’ 등과 같은 경우는 하의관계가 아니고 부분관계(전체와 부분 관계)이다. 분의(分義)관계라고도 한다. 이 경우는 보통 이러한 일방함의관계가

하의어가 상의어를 함의하나 그 역은 성립하지 않는다는 것은 제한적 문맥에서만 참이 된다. 문맥적 특성에 따라 함의의 방향이 바뀔수 있다.[5] 우선 앞의 경우처럼 '하의어 → 상의어' 방향으로 함의가 일어나는 예를 든다.

(4) (a) 이것은 개다. → 이것은 동물이다.
   (b) 이것은 분홍색 꽃이다. → 이것은 붉은색 꽃이다.[6]

그런데 다음과 같은 문맥에서는 함의의 방향이 바뀐다.

(5) (a) 하의어와 상위어가 부정어의 영향권[7] 안에 있을 때
   (b) 하의어와 상위어가 전칭양화사[8]의 영향권 안에 있을 때
   (c) 하의어와 상위어가 조건절의 일부일 때

(6) (a) 이것은 분홍색 꽃이 아니다. ← 이것은 붉은색 꽃이 아니다.

없다("저 사람은 코가 크다."와 "저 사람은 얼굴이 크다." 사이에는 아무런 함의관계가 없다).

5 이 부분은 Cruse(1986:88-92)의 내용을 정리하고 부분적으로 보충한 것이다. Cruse(1986)는 임지룡·윤희수(역)(1989)으로 번역되어 있다.

6 red에는 scarlet(주홍, 朱紅), purple(진홍, 眞紅), pink(분홍, 粉紅) 등이 포함된다.

7 작용역이라고도 한다.

8 '양화사(量化辭)'는 quantifier를 번역한 말인데, '한량사(限量辭)'라고 하면 이해가 쉽다. 예를 들어 "나는 개를 좋아한다."라는 진술은 불확실한 언명이다. '개'가 양이 한정되어 있지 않기 때문이다. [나는 모든 개를 좋아한다]는 뜻인지 [나는 어떤(몇몇의) 개를 좋아한다(내가 좋아하는 개가 한 마리 이상 있다)]는 뜻인지 알 수 없다. 이 때의 '모든'과 '어떤, 몇몇의' 등은 후행 체언을 한량하는(양을 한정하는) 말이다. 앞의 것을 전칭양화사(全稱量化辭 universal quantifier)라 하고 뒤의 것을 존재양화사(存在量化辭 existential quantifer)라 한다.

(b) 모든 개는 수영을 할 줄 안다. ← 모든 동물은 수영을 할 줄 안다.[9]

(c) 만약 옷 색깔이 분홍색이면 사람들이 싫어할 것이다.

　　← 만약 옷 색깔이 붉은색이면 사람들이 싫어할 것이다.

　함의의 방향은, 위에서 언급한 세 가지 요소 중 두 가지가 동시에 나타나면, 다시 '하의어 → 상의어' 방향으로 바뀐다. 다음의 예 (7)은 위 세 조건 중, (a), (b) 두 가지가 충족된 경우이다.

(7) 모든 개가 위험하지는 않다. → 모든 동물이 위험하지는 않다.[10]

　또 위의 세 가지 요소가 모두 나타나면 함의의 방향은 다시 역전된다.

(8) 만약 모든 화물차의 진입이 금지되는 것이 아니라면 나는 들어갈 것이다.

　　← 만약 모든 자동차의 진입이 금지되는 것이 아니라면 나는 들어갈 것이다.

---

9 그런데 이러한 경우는 전칭양화사 '모든'을 제외해도 함의의 방향에 변화가 없다는 주장을 할 수 있다: 〈개는 수영을 할 줄 안다. ← 동물은 수영을 할 줄 한다.〉 그러나 '모든'과 같은 양화사가 빠진 이러한 문장은 함의 관계를 따질 수 없는 표현이다. 양이 한정되어 있지 않기 때문이다.

10 상·하의어가 부정의 범위에 포함된 경우이다. '모든 개가 위험하지 않다. ← 모든 동물이 위험하지 않다'의 경우는 상·하의어가 부정의 범위에 포함되지 않은 경우로 해석될 때만 가능하다.

〈3〉 양립불능관계

어휘항목 P, Q, R 이 일련의 의미자질을 공유하고, 하나 이상의 대조적 자질[11]에 의해 구분될 때, P, Q, R 은 양립불능관계(incompatibility)에 있다고 한다. 예를 들면 앞의 (2)의 7개 단어 중, '남자/여자'의 관계, 또 '남자/처녀/아줌마'의 관계는 하의관계가 아니다. '남자/여자'는 [+HUMAN]이란 자질을 공유하고, 앞의 것은 [+MALE]의 자질을, 뒤의 것은 [−MALE]의 자질을 가져 구분되므로 양립불능관계에 해당된다. '남자/처녀/아줌마'의 관계도 일단 양립불능관계로 볼 수 있다. 다음에서 보듯이, 모두 공통된 자질 및 상호 대조적인 자질도 가지고 있기 때문이다.

(9)	[HUMAN]	[MALE]	[MARRIED]
남자	+	+	±
처녀	+	−	−
아줌마	+	−	+

결과적으로, 앞의 (2)에 속한 모든 단어는 하의관계 아니면 양립불능관계에 속하게 된다. 만일 앞에서 가정한 대로 한 언어의 어휘를 총망라하는 낱말밭이 가능하다면, 한 언어의 모든 단어는 하의관계 또는 양립불능관계에 놓이게 된다는 결론을 얻을 수 있다. 이런 관점에서, 이들 두 가지 관계를 '어휘의 전체적 구조'라 하기도 한다.

---

11 편의상 '의미자질'을 '자질'로 줄여서 쓰기도 한다.

그런데 위의 세 가지 단어 사이에도, '처녀/아줌마'는 자매관계이고, '남자/처녀'의 관계, '남자/아줌마'의 관계는 숙질(叔姪)관계로 볼 수 있어, 그 양립불능의 특질이 좀 다른 면이 있다. 만일 양립불능관계를 낱말들의 계층구조 속에서 동일 층위에 있는 낱말들(공하위어(共下位語), cohyponyms) 사이에서 형성되는 것으로 한정하면, '남자/여자'의 사이나, '총각:/아저씨/처녀/아줌마'의 사이에서만 형성되는데, 앞으로는 이와 같은 경우의 양립불능관계만을 다룬다. 그리고 반의관계(反意關係 antonymy)를 따질 때도 보통 이와 같은 자매항 사이에서 성립하는 양립불능관계만을 고려한다.

반의관계는 일련의 공통적 의미자질을 공유하고 단 하나의 대조적 자질에 의해 구분되는 단어 사이의 의미관계로 정의하는 것이 보통이다. 이와 같은 기준에 따라, 'adult/child', 'boy/girl', 'man/woman' 등은 각각 반의관계로 본다. 예를 들어, 'man/woman'은 [+사람], [+성인]의 자질을 공유하고 [성]의 자질만이 다르다. 그러나 'man/girl', 'woman/boy' 등은 둘이상의 대조적 자질을 가지는 것이므로 반의관계로 보지 않는다. 예를 들어, 'woman/boy'는 [성]과 [성인]의 자질이 각각 다르다.

양립불능관계에는 몇 가지 하위유형이 있다.

〈3.1〉 단순이원대립과 다원분류

양립불능의 항목이 단 두 개뿐인 경우를 단순이원대립(binary opposition) 또는 이원적 반의어라고 한다. 앞의 '남자/여자', '처녀/아줌마' 등과, '동물/식물', '살다/죽다' 등이 여기에 해당된다. 이와 같은 대립관계에 있는 단어를 진반의어(true antonym)라고 하기도 한다.

양립불능관계에 있는 항목이 셋 이상인 경우는 다원분류(multiple

taxonomy) 또는 다원적 반의어라고 한다. 색채어 등이 그 보기이다.

(10a)　　　　　　　　색깔
　　　빨강　노랑　하양　파랑　검정 ……

(10b)	빨강	노랑	하양	파랑	검정
	[+色]	[+色]	[+色]	[+色]	[+色]
	[+赤]	[+黃]	[+白]	[+靑]	[+黑]

위의 색깔 이름들은 모두 [色]이라는 의미를 공유하므로, 하나의 의
미장을 형성하고 있다고 볼 수 있다. (10b)에서 보듯이 자매관계에
있는 어휘항목이 셋 이상이다. 그런데 여기서 주목할 것은 위의 색채어
들이 모두 하나의 동일한 의미자질과 대조적 자질을 가지고 있다는
점이다. 따라서 모든 색채어는 상호양립불능관계에 놓인다. 이러한
점으로 미루어, '하양'의 반의어가 '검정'이라는 식의 기술이 성립할
수 없음을 알 수 있다. 만일 양립불능관계를 반의관계와 동일시한다면,
색깔용어의 경우, 하나는 그것을 제외한 나머지 모두에 대해 반의어가
된다.

⟨3.2⟩ 등급 반의어와 상보 반의어

반의관계를 조금 다른 관점으로 볼 수 있다. 반의관계의 두 단어
사이에 중간적인 상태가 있고 또 정도를 나타내는 수식어의 꾸밈을
받을 수 있는 경우와 그렇지 않은 경우로 나눌 수 있다. 전자를 등급(等
級) 반의어(gradable antonym) 또는 정도 반의어라고 하고, 후자는

상보(相補) 반의어(complementary antonym) 라고 한다.

날씨에 대한 '춥다: 덥다'를 반의관계라고 하면, 그 사이에는 '춥다: 쌀쌀하다: 서늘하다: 따뜻하다: 덥다' 등에서와 같이 중간적인 상태가 존재할 수 있고[12], "더 춥다/더 덥다"와 같이 정도부사의 수식이 가능하다. 그러나 '죽다/살다'와 같은 경우에는 중간적인 상태가 있을 수 없다. 'hot/cold', 'beautiful/ugly', 'high/low' 등은 전자의 예인데, 'beautiful/pretty/cut/fair/plain/ugly'에서와 같이 그 중간적인 상태의 단계가 다양하다. 그리고 'male/female', 'alive/dead', 'single/married' 등은 후자의 예이다. 이와 같은 두 유형의 구분은 다음과 같은 몇 가지 표현의 적절성 여부를 설명해 준다는 데서 문법적 의의를 가진다.[13]

(11) (a) The weather is hotter in pusan than in Seoul.

(b) She is the most beautiful woman I have met.

(12) (a) ! He is more single than I.

(b) ! She is the most dead person.

(13) (a) 이것은 그것보다 더 간단하다.

(b) 이것은 그것보다 더 복잡하다.

(14) (a) ! 철수는 나보다 더 남자다.

(b) ! 영이는 나보다 더 여자다.

---

12 등급 반의어의 중간적인 상태는 구체적인 단어로 실현될 수도 있고 그렇지 않을 수도 있다. '춥다/덥다'는 전자의 예인데, 그 사이에는 여러 단계별로 구체적인 단어가 있다. '넓다/좁다'는 후자의 예인데, '넓지도 않고 좁지도 않은' 중간적 상태를 가정할 수 있지만 그것을 나타내는 구체적인 단어는 없다.

13 국어 반의어에 대해서는 정인수(1985), 김영선(1994), 전수태(1997) 등에 자세히 다뤄져 있다.

등급 반의어는 전형적으로 형용사가 많은데, 형용사 가운데서도 등급화가 가능한 측정 형용사(measure adjective)가 주류를 이루고 있다 (윤평현, 2008:143). 아래가 그 예다.

(15) 높다/낮다, 크다/작다, 넓다/좁다, 무겁다/가볍다, 빠르다/느리다, 두껍다/얇다, 춥다/덥다, 늙다/젊다

등급 반의어는 중간적인 상태가 존재하는 점에 기인하여, 두 항목 모두를 부정할 수도 있다. 또 한 항목이 다른 항목의 부정을 함의하나 그 역은 성립하지 않는 특징을 가진다.

높다	M	낮다

(16) 저 산은 높지도 낮지도 않다.
(17) (a) 저 산은 높다 → 저 산은 낮지 않다.
    (b) 저 산은 높다 ↤ 저 산은 낮지 않다.

등급 반의어는 두 항목 중 하나가 의미적으로 무표적인(unmarked) 문맥에서 쓰이는 것이 보통이다. 아래의 예에서 (18)의 '넓다, 좁다, 길다, 짧다'는 모두 유표적인 쓰임이지만, (19)의 '넓이, 길이'는 무표적인 쓰임이다. 이 때 '좁다'보다는 '넓다', '짧다'보다는 '길다'와 같이 적극적인 표현이 무표형으로 쓰이는 점이 흥미롭다.

(18) (a) 저 땅은 넓지만, 이 땅은 좁다.
    (b) 저 연필은 길지만 이 연필은 짧다.

(19) (a) 그 땅의 {넓이/ *좁이}를 재어 보자.

(b) 그 연필의 {길이/ *짧이}를 재어 보자.

상보 반의어는 중간적인 상태가 없으므로 양분적이고 배타적으로
영역이 구분된다. 아래 그림처럼 중간 영역이 없다.

살다	죽다

아래 (20)은 상보 반의어의 예이다. 이들은 중간 영역이 없으므로,
두 항목 모두를 부정할 수 없으며, 한 항목이 다른 항목의 부정을 함의
하고 그 역도 성립하는 특징을 가진다.

(20) 남자/여자, 기혼/미혼, 추상/구상, 살다/죽다, 성공하다/실패하다, 참/
거짓, 힙격하다/불합격하다

(21) (a) ! 저 사람은 살지도 않고 죽지도 않았다.

(b) ! 저 사람은 기혼자도 아니고 미혼자도 아니다.

(22) (a) 저 사람은 살아 있다. → 저 사람은 죽지 않았다.

(b) 저 사람은 살아 있다. ← 저 사람은 죽지 않았다.

(21)은 모두 의미적으로 비정형적(非正形的, ill-formed)이다. 그리
고 (22)에서 보이고 있는 것은 상보 반의어임을 확인할 수 있는 검증틀
이 될 수 있다.[14]

---

14 예를 들어 '사다/팔다'는 상보 반의어가 아니고 관계 반의어인데, 이것이 상보

〈3.3〉 관계 반의어[15]

관계 반의어(relative antonym)는 두 단어가 상대적 관계를 형성하고
있으면서 의미상 대칭을 이루고 있는 경우이다. '남편/아내'의 경우를
예로 들어 보자. x가 y의 남편이면 반드시 y가 x의 아내가 되는 상대적
관계이고, 어떤 기준을 사이에 두고 대칭관계를 이루고 있다. 관계
반의어는 대립쌍을 이루고 있는 단어들이 일정한 방향성을 가지고 있
으므로 방향 반의어(directional antonym)라고도 한다.

관계 반의어는 대립쌍의 상호 관계에 따라 몇 가지 하위 유형으로
나눌 수 있다.

(가) 역의(逆意 converse)관계

역의관계는 'x가 y의 A이다'와 'y가 x의 B이다'와 같은 형식의 두
문장이 동치관계(상호함의관계)가 될 때, 두 단어 A와 B 사이의 관계
이다.

(23) (a) 오른쪽/왼쪽, 위/아래, 앞/뒤, 동쪽/서쪽, 동북/서남

　　(b) 남편/아내, 부모/자식, 형/동생, 신랑/산부, 의사/환자, 스승/제자,
　　　　상관/부하

　　(c) 주다/받다[16], 사다/팔다, 가르치다/배우다, 때리다/맞다

─────────

반의어가 아님은 이와 동일한 방식으로 확인할 수 있다.

15 관계 반의어에 대한 본서의 설명은 윤평현(2008:145-48)을 요약 정리한 것이다.

16 x가 y에게 z를 A하다 ≡ y가 x한테서 z를 B하다

위 자료에서 (a)는 공간적 위치 관계로, (b)는 혈연이나 사회적 관계로, 그리고 (c)는 행위의 이동 관계로 대칭을 이루고 있다.

(나) 역행(逆行 reverse)관계

역행관계에 있는 두 단어는 각각의 단어가 나타내는 이동의 방향이 서로 반대되는 경우이다. 예를 들어 여닫이문을 열고 닫는 상황에서 '밀다/당기다'는 각각 그 이동의 방향이 반대다. 다음 예에서 (a)는 행위에 의한 역행관계이고, (b)는 상태의 변화에 의한 역행관계이다.

(24) (a) 가다/오다, 열다/닫다, 감다/뜨다, 접다/펴다, 오르다/내리다, 전진하다/후퇴하다, 입다/벗다, 나타나다/사라지다

(b) 늘다/줄다, 팽창하다/수축하다, 확장하다/축소하다, 차다/비다, 채우다/비우다

(다) 대척(對蹠 antipodal)관계

대척관계는 두 단어가 방향의 양쪽 끝을 나타내는 경우이다. 예를 들어 '출발점/도착점'을 들면, '출발점'은 방향의 축을 따라 한쪽의 끝을 나타내고, '도착점'은 정반대의 다른 쪽 끝을 나타낸다. 다음은 대척관계의 예들이다.

(25) 시작/끝, 꼭대기/밑바닥, 출발선/결승선, 지붕/바닥, 천당/지옥, 천재/바보, 우등생/낙제생

다음의 예들은 특정한 문맥, 예를 들면 'X에서 Y까지'와 같은 표현이나 속담 등에서 대척관계를 형성하는 경우이다. '요람에서 무덤까지'의

완벽한 복지, '바늘 도둑이 소도둑 된다' 등의 예를 들 수 있다.

(26) 요람/무덤, 머리/발끝, 하나/열, 세 살/여든 살, 바늘/소

(라) 대응(對應 counterpart)관계

대응관계는 표면에서 위상의 차이를 보이는 관계이다. 예를 들어 요철과 같이 표면상에서 한 쪽은 나오고 다른 쪽은 들어간 상태를 가리키는 것으로 '볼록/오목'이 대응관계의 좋은 보기이다.

(27) 산/계곡/골짜기, 두둑/고랑, 양각/음각, 수나사/암나사, 수키와/암키와

[4.2] 어휘의 부분적 구조

〈1〉 동의관계

〈1.1〉 동의관계의 정의

동의관계(同意關係, synonymy)는 둘 이상의 서로 구분되는 시니피앙(이름, name)이 하나의 시니피에(의미, sense)와 대응관계를 가질 때 형성된다.

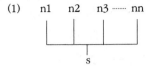

(1)   n1   n2   n3 ······ nn

예를 들어, '사람'과 '인간'이 [人]의 의미를 가지는 동의어라면, 그것은 다음과 구조로 나타낼 수 있다.

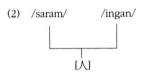

(2) /saram/   /ingan/

동의관계는 하의관계를 이용하여 정의할 수 있다. 상호하의관계에 있는 어휘항목들은 동의관계가 된다. 정리하면, 어휘항목 P가 Q의 하의어이고 동시에 Q가 P의 하의어이면, P와 Q는 상호하의관계이고 곧 동의관계이다.

(3) 사람/ 인간, 속옷/ 내의, 빛깔/ 색깔, 폐/허파, 치아/이, 신장/콩팥, 화장실/해우소(解憂所)

두 단어가 상호하의관계가 되려면, 각각의 의미자질이 일치해야 한다. 예를 들어, '아내/마누라'의 의미자질은 [[인간], [암컷], [배우자] 등과 같이 동일하다. 지시대상을 갖는 단어일 경우, 동의관계에 있는 단어는 결국 동일한 지시대상을 가리키게 될 것이다. 주어진 한 명제가 '참(true)'의 진리치를 가질 경우, 그 명제 안에 있는 지시적 표현을 그것과 같은 대상을 지시하는 다른 표현으로 대치해도 진리치는 변함이 없어야 한다(라이프니츠 법칙 Lebniz law).

    (4) (a) 영호는 허파에 종양이 생겨 수술을 했다.

        (b) 영호는 폐에 종양이 생겨 수술을 했다.

(4)의 두 문장의 명제내용으로 보아, (a)가 참이면 반드시 (b)도 참이
되고, 또 그 역도 마찬가지다. 이러한 점에서 '허파, 폐'는 분명히 동의
어(synonym)라고 할 수 있다.

〈1.2〉 완전동의와 부분동의

엄격한 의미에서 완전히 의미가 동일한 즉, 완전동의관계의 단어가
있을 수 있겠느냐는 반성을 해 볼 수 있다. 만일 '완전동의'를 개념적
의미 외에 연상적 의미와 주제적 의미까지 고려한다면, 그러한 예를
찾기가 불가능할지도 모른다.

동의관계를 설정할 때 무시할 수 있는 의미 차이를 어느 정도까지
잡느냐 하는 것은 명확히 밝혀질 문제가 아니다. 보통 동의관계로 보지
만 상호 교체될 수 없는 맥락이 있는 경우가 많다.

    (5) (a) 깨끗하다/ 청결하다

        (b) 견디다/ 참다/ 이겨내다

        (c) see/ watch/ look/ stare/ gaze

        (d) land/ ground/ earth/ soil

        (e) deep/ profound

(6) (a) 실내가 참 {깨끗하구나./ 청결하구나.}

(b) 그 일은 {깨끗하게/ ? 청결하게} 마무리했다.

(7) (a) {deep/ profound} gratitude

(b) {deep/ ? profound} water

(5)의 단어들은 많은 맥락에서 교체되어 쓰일 수 있지만, (6), (7)에서 보듯이, 그렇지 못한 맥락도 분명히 있다. 이와 같은 점을 염두에 두고, 동의어라는 말 대신에 유의어(類義語)라는 말을 쓰기도 한다.

전통적인 의미론의 연구에서는 개념적 의미를 주로 연구한다. 연상적 의미나 주제적 의미 등은 체계적인 분석과 기술이 쉽지 않다. 그리하여 통상 동의관계를 따질 때 개념적 의미만을 고려한다.

모든 문맥에서 상호하의관계가 이뤄지는 경우는 완전동의로, 부분적인 문맥에서만 상호하의관계가 성립되는 것은 부분동의로 본다. 전자의 경우는 해당 단어들의 개념적 의미 전부가 일치하고, 후자의 경우는 그 일부분이 일치하는 데서 이러한 차이가 생긴다.

(8) (a) {친구/ 동무}와 싸웠다.

(b) {친구/ 동무}가 그립다.

(9) (a) 저 아이는 {신장/ 키}이/가 크다.[17]

(b) {신장/키}을/를 재어 보자.

---

17 "저 나무는 {?신장/키}이/가 크다"에서와 같이 식물을 이야기할 때는 교체가 부자연스럽다. 그러나 『표준국어대사전』에서는 두 단어의 의미를 동일하게 '사람이나 동물이 똑바로 섰을 때에 발바닥에서 머리끝에 이르는 몸의 길이'라고 기술해 놓고 있다.

위 두 자료는 '친구/동무', '신장/키'가 개념적 의미가 동일하여 완전 동의임을 보이고자 한 것이고, 아래의 자료는 완전동의에 해당된다고 볼 수 있는 예들을 몇 가지로 유형화한 것이다.

(10) (a) 죽다/돌아가다/별세(別世)하다/서거(逝去)하다/영면(永眠)하다, 술/곡차, 늙은이/노인/실버, 중/승려/스님, 아프다/편찮다, 똥/대변, 오줌/소변, 뒷간/변소/화장실/해우소

(b) 고맙다/감사하다, 키/신장, 새터민/탈북자, 짝짓기/교배, 열쇠/키, 목도리/머플러, 누리꾼/네티즌, 우유/밀크

(c) 허파/폐, 쓸개/담낭, 갈비뼈/늑골. 맹장/충수, 콩팥/신장

(d) 다슬기탕/올갱이탕/고디탕, 부추/정구지/소풀

(a)에서 '죽다 ~ 영면하다'는 모두 [死]의 의미를 가진 단어들인데, 동일한 뜻을 가진 단어들이 이 외에 많이 더 있다. 인간의 원초적이고 궁극적인 고민이 '죽음'이라는 점에서 많은 단어들의 존재가 이해된다. '죽다' 외의 단어들은 전부 완곡어이다. 나머지도 금기어와 완곡어의 짝이다. '노인'도 한때는 완곡어 역할을 했는데, 이제는 거의 금기어가 되어 '실버'라는 말이 대신 쓰인다. (b)는 우리말과 한자어, 외래어 등이 동의관계를 이루고 있는 예이다. (c)는 일상적 단어와 전문용어 사이의 동의관계이다. 그리고 (d)는 방언들 사이에서 형성되는 동의관계이다.

아래의 자료는 문맥에 따라 교체가능여부가 달라지는 부분동의의 예이다.

(11) (a) 뒤 돌아볼 {틈/ 겨를}이 없다.
(b) 연필이 문 {틈/ *겨를}에 빠졌다.

(12) (a) 그가 |눈치/ 낌새|를 챘다.

(b) |눈치/ *낌새|가 좀 있어라.

(13) (a) 그는 용케도 고통을 |참았다/ 견뎠다.|

(b) 댐이 수압을 |*참지/ 견디지| 못하고 무너졌다.

〈2〉 다의어와 동음어[18]

언어는 형식과 내용으로 나눌 수 있다고 했다. 단어의 형식을 이름 또는 명칭(name)이라 하고 내용을 의미(meaning)라고 할 때, 그러한 의미는 좀 복잡한 특징이 있다. 단어에 따라 의미가 단순한 것도 있고 복잡한 것도 있다. 여기서는 『표준국어대사전』을 이용하여 단어의 의미를 확인한다.

예를 들어, '휴대전화'라는 단어의 의미는 다음과 같이 기술하고 있다.

(14) '휴대전화'의 의미

손에 들거나 몸에 지니고 다니면서 걸고 받을 수 있는 소형 무선 전화 기. ≒핸드폰 · 휴대폰.

사전에 실려 있는 '휴대전화'의 의미는 한 가지 내용이라 단순하다. 그런데 사전에서 '먹다'라는 형식의 단어를 찾아보면, '먹다01', '먹다02' 등 두 개의 표제어가 있는데, '먹다02'의 의미는 대략 총 20가지 정도의 내용으로 구성되어 있어 매우 복잡하다.

---

18 다의어와 동음어에 대한 기술은 박종갑 외(2016)에서 필자가 집필한 부분을 정리한 것이다.

(15) '먹다02'의 의미[19]

[1]

① 음식 따위를 입을 통하여 배 속에 들여보내다.

② 담배나 아편 따위를 피우다.

③ 연기나 가스 따위를 들이마시다.

④ 어떤 마음이나 감정을 품다.

⑤ 일정한 나이에 이르거나 나이를 더하다.

⑥ 겁, 충격 따위를 느끼게 된다.

⑦ 욕, 핀잔 따위를 듣거나 당하다.

⑧ (속되게) 뇌물을 받아 가지다.

⑨ 수익이나 이문을 차지하여 가지다.

⑩ 물이나 습기 따위를 빨아들이다.

⑪ 어떤 등급을 차지하거나 점수를 따다.

⑫ 구기 경기에서, 점수를 잃다.

⑬ (속되게) 여자의 정조를 유린하다.

⑭ 매 따위를 맞다.

⑮ 남의 재물을 다루거나 맡은 사람이 그 재물을 부당하게 자기의 것으로
만들다.

[2] 【…에】

① 날이 있는 도구가 소재를 깎거나 자르거나 갈거나 하는 작용을 하다.

② 바르는 물질이 배어들거나 고루 퍼지다.

---

19 이 외에 '귀가 먹었다'고 할 때의 '먹다'가 있는데, 이것은 사전에 '먹다01'로 등재되어
있다. 두 단어는 서로 다른 단어로 동음(이의) 관계다.

③ 벌레, 균 따위가 파 들어가거나 퍼지다.

④ 돈이나 물자 따위가 들거나 쓰이다.

[3] 보조동사

앞말이 뜻하는 행동을 강조하는 말. 주로 그 행동이나 그 행동과 관련된
상황이 마음에 들지 않을 때 쓴다.

이런 점을 보면 단어에 따라 의미의 가지 수가 큰 차이가 있음을
알 수 있다. '휴대전화'와 같이 의미가 한 가지인 경우와 '먹다02'와
같이 여러 가지인 경우를 구분할 수 있다. 전자는 의미를 구성하는
항목이 단 하나이고, 후자는 그것이 둘 이상이라고 말할 수 있을 것인
데, '의미를 구성하는 항목'을 '의항(sense)'[20]이라고 한다면, 전자는 단
하나의 의항만을 가진 단어이고, 후자는 둘 이상의 의항을 가진 단어가
된다.

하나의 의항을 가진 단어를 단의어(monosemy)라 하고, 둘 이상의
의항을 가진 단어를 다의어(polysemant)라 한다. 결과적으로 단의어는
하나의 명칭에 하나의 의항이 결합되어 있는 것이고, 다의어는 하나의
명칭에 둘 이상의 의항이 결합되어 있는 것이다. 어떤 언어든지 간에
단어들은 대부분 다의어이다. 삼라만상(森羅萬象) 자체도 복잡하거니
와 우리의 세계가 점차 복잡하고 다양해지므로 우리가 언어로 표현해야
할 내용(의미)은 무한하다고 해야 할 정도다. 그러나 그것에 따라 형식
(명칭)을 무한히 늘린다면 사람의 기억이 감당할 수 없게 된다. 하나의

---

20 박진호(2016)에서 '의항(義項 sense)'이란 용어를 쓰고 있는데, 다의어 기술에
유용하다.

명칭이 둘 이상의 의항을 가지는 경우가 많이 생길 수밖에 없다.

다의어에 있는 둘 이상의 의항들은 서로 의미적 연관성이 있다. 다의는 하나의 의항으로부터 새로운 의항이 파생되어 형성되는데, 원래의 의미를 중심의미(central meaning)라 하고, 새로 파생된 의미를 주변의미(marginal meaning)라고 한다. 새로운 대상이나 개념을 이해하고 표현해야 할 때, 그것과 유사한 의미를 가진, 이미 알고 있어 친숙한 단어를 비유적으로 이용하면 쉽다. '먹다02'의 의미의 일부분을 예로 들어 보자.

(16) '먹다02'의 의미(일부분)

　① [음식 따위를 입을 통하여 배 속에 들여보내다](중심의미)

　　→ ⑤ [일정한 나이에 이르거나 나이를 더하다](주변의미)

'시간이 흘러 나이가 많아지는 것'을 '나이를 먹다'라고 한다. 사람들이 [나이가 많아짐]을 [음식 따위를 입을 통하여 배 속에 들여보냄]과 유사하다고 생각한 결과이다. 이것은 은유에 의해 의미전이가 일어나고 결과적으로 의미확대가 이뤄진 것인데, 나머지 주변의미들도 모두 마찬가지다.

환유에 의해 의미가 확대된 경우도 있다. 예를 들어 단어 '손01'의 의미는 다음과 같이 많은 의항들로 구성되어 있다.

(17) '손01'의 의미

　① 사람의 팔목 끝에 달린 부분. 손등, 손바닥, 손목으로 나뉘며 그끝에 다섯 개의 손가락이 있어, 무엇을 만지거나 잡거나 한다.

　② =손가락.

③ =일손 「3」(일을 하는 사람)

④ 어떤 일을 하는 데 드는 사람의 힘이나 노력, 기술.

⑤ 어떤 사람의 영향력이나 권한이 미치는 범위.

⑥ 사람의 수완이나 꾀.

중심의미 [사람의 팔목 끝에 달린 부분]과 나머지 주변의미들은 환유의 관계에 있다. 예를 들어 주변의미③은 '일손이 부족하다'와 같은 표현으로 쓰이는데, '일할 사람'이 부족한 상황에서 하는 말이다. 또 주변의미②는 '손에 반지를 끼우다'와 같은 표현에서처럼 '손'이 '손가락'의 의미로 쓰인 것이니, '전체-부분'의 환유에 해당된다. 이들 모두 환유에 의해 의미전이가 일어나 의미가 확대되었다.

다의어와 유사한 구조를 취하고 있는 것으로 동음어(homonym)[21]가 있다.

(18) (a) 눈(이 아프다) – 눈(이 온다)

　　 (b) 배(를 타고 왔다) – 배(가 참 맛있다) – 배(가 부르다)

　　 (c) 은행(에 다녀왔다) – 은행(이 참 많이 열렸다)

　　 (d) 말(을 잘한다) – 말(이 달린다) – (쌀 한) 말(을 가져왔다)

동음어는 동일한 형태의 명칭에 둘 이상의 의미가 대응되는 꼴을 취한다는 점에서 다의어와 비슷해 보이나, 그 구조는 다르다. 이 경우의 의미에는 의미적 연관성이 없다. 각각 독립된 단어들이 우연하게 또는 어떤 다른 이유로 같은 형태를 갖게 된 것이다. 다의어는 하나의

---

21 정확하게 말하면 동음이의어(同音異意語)이다.

단어가 둘 이상의 의항을 가지고 있는 경우이다. 다의관계(polysemy)는 그러한 의항들 사이의 관계인데, 의미와 의미 사이의 관계라고 해도 된다. 동음어는 둘 이상의 단어들이 그 형태가 동일한 경우이다. 그러한 둘 이상의 단어들을 동음어라고 하고, 그러한 단어들 사이의 관계를 동음관계(homonymy)라고 한다. 다의관계는 하나의 단어 내부에 존재하는 관계지만, 동음관계는 단어와 단어 사이에 존재하는 관계이다.

어떤 언어든지 적지 않은 양의 동음어들이 있다. 동음어들은 각각 독립된 단어들이므로 사전에서도 독립된 표제어로 실린다. 『표준국어대사전』을 보면 표준어로서 /눈/이란 형태를 가진 동음어들은 전부 다음과 같다.

(19) 눈01 : 눈이 아프다.

눈02 : 저울의 눈을 속인다.

눈03 : 그물의 눈이 작다.

눈04 : 눈이 온다.

눈05 : 봄이 되니 온갖 식물의 눈이 트고 있다.

동음어는 의미적 연관성이 없는 단어들의 집합이므로 의미론의 연구대상이라 보기 힘들다. 형태적 연관성만 있는 단어들일 뿐이다. 다음 예를 보면서 단의어 다의어 동음어 등의 용어에 대해 정리해 본다.

(20) '길다' 관련 사전 내용

길다01(동사)

● 머리카락, 수염 따위가 자라다.

길다02(형용사)

① 잇닿아 있는 물체의 두 끝이 서로 멀다.

② 이어지는 시간상의 한 때에서 다른 때까지의 동안이 오래다.

③ 글이나 말 따위의 분량이 많다.

④ 소리, 한숨 따위가 오래 계속되다.

위 자료에는 두 개의 서로 다른 단어인 '길다01'과 '길다02'가 있다. '길다01'은 의항이 하나뿐이므로 단의어이다. '길다02'는 둘 이상의 의항이 있으므로 다의어이고 이들 의항들 사이의 관계를 다의관계라 한다. 그리고 '길다01'과 '길다02'는 둘 이상의 서로 다른 단어가 형태가 동일한 경우이므로 동음어이고, 이러한 단어들 사이의 관계를 동음관계라고 한다.

〈3〉 다의어의 발생 원인

다의어가 생기는 원인으로는, 표현하고자 하는 내용은 무한한데 그것에 맞추어 형식을 무한히 늘릴 수 없다는 점과, 또 새로운 대상이나 개념을 이해하고 표현해야 할 때, 그것과 유사한 의미를 가진, 이미 알고 있어 친숙한 단어를 비유적으로 이용하면 쉽다는 점 등을 들 수 있다. 예를 들면, [飮], [喫煙] 등의 개념을, '먹다[食]'를 이용하여, '물을 먹다', '담배를 먹다' 등과 같이 이해하고 표현하는 경우가 그것이다. 이때, [食]은 중심의미에 해당되고, [飮], [喫煙] 등은 주변의미에 해당되는데, 중심의미에서 주변의미로 번져나가는 과정을 적용상의 전이(shifts in application)라고 한다. 다의어는 이와 같은 적용상의 전이 과정을 거쳐 형성된 것이다.

적용상의 전이는 하나의 중심의미에서 주변의미가 생기는 과정으로서, 은유(metaphor)에 의한 것이 많다. 우리는 표현하고자 하는 어떤 내용[sense, 의의]은 있는데 그것을 가리키는 형식[name, 이름]이 없을 경우, 그러한 내용과 유사한 어떤 다른 내용의 형식을 빌려 쓰는데, 이러한 과정이 은유다. '곰'이란 말은 /곰/이란 형식과 [熊]이란 내용으로 구성된다. 이때 [미련한 인간]이란 내용은 있는데 이를 나타낼 형식이 없어 고민하는 상황이라고 보자. 지금 당장 집에 못을 박아야 할 일이 있는데 망치가 없으면 어떻게 하겠는가? 이웃집에 가서 빌려 쓰는 수밖에 없다. 전혀 모르는 어떤 집에 가서 빌려달라고 하면 안 된다. 그래도 뭔가 관련이 있는 집에 가서 빌려달라고 해야 된다. 사람들은 평소에 곰을 보고 '좀 미련하다'는 느낌을 갖고 있었다. 그러면 [熊]과 [미련한 인간]은 '서로 관련 있는 내용'이 된다. 이렇게 하여 [미련한 인간]은 /곰/이란 형식을 빌려 쓰게 되는 것이다. [미련한 인간]은 원관념(tenor)이고 [熊]은 보조관념(vehicle)이다.[22] 결과적으로 '곰'은 다의어가 된다.

적용상의 전이 과정을 거쳐 다의어가 형성되었다면 이는 '죽은 은유'다. 어떤 아이가 '주름살'을 '줄무늬'라고 표현하는 것을 들은 적이 있다. 아이 눈에는 '주름살'이 '줄무늬'처럼 보이는 모양이다. 아이들은 훌륭한 시인이라고 한다. 그 아이는 [皺][23]라는 내용을 표현해야 하는 상황에서 /주름살/이란 형식을 아직 몰랐고, 나름대로 그것과 비슷하다고 판단한 [線紋][24]의 형식인 /줄무늬/를 빌려 쓴 것이다. 결과적으로

---

22 인지의미론에서는 원관념은 목표영역(target domain)이라 하고 보조관념은 근원영역(source domain)이라 한다.
23 [주름살]추, 주름살이라는 대상 그 자체를 가리키는 뜻으로 쓴다.
24 '선문(線紋)'은 '줄무늬'라는 대상 그 자체를 가리키는 뜻으로 쓴다.

/줄무늬/란 형식에는 [線紋]이란 원래의 의미 외에 [皺]란 의미가 일시적으로 덧붙게 된다. 이는 살아 있는 은유의 단계로, 특정한 개인의 독특한 언어 예술이다. 만일 이러한 쓰임이 언중의 지지를 받아 모든 토박이 화자들이 다 쓰고 이해하는 수준이 되면, [皺]란 의미는 자립성을 획득하게 된다. 결과적으로 은유의 창의성은 죽고, '줄무늬'는 두 가지 자립적인 의미(의항)를 가진 다의어가 되는 것이다.

다음은 사람의 '머리[頭]'를 중심의미로 하여 여러 주변의미가 번져 나가는 과정을 그림으로 보인 것이다. 용례도 아울러 보인다(홍사만 (1985)에서 인용).

(21)

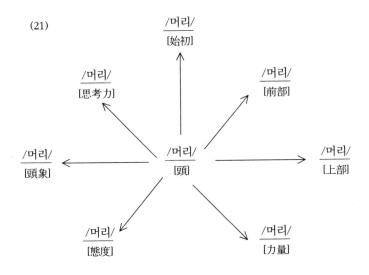

(22) [시초(始初)] : 머릿말, 일머리, 말머리, 머릿돌

　　[사고력(思考力)] : 뛰어난 머리

　　[두상(頭象)] : 대머리

　　[태도(態度)] : 채신[25]머리 버르장머리

[역량(力量)] : 주변[26]머리, 소갈머리

[상부(上部)] : 우두머리, 산머리, 지겟머리, 귓머리

[전부(前部)] : 논머리, 들머리, 책상머리, 뱃머리

〈4〉 동음어의 발생 원인

첫째, 처음에는 동음어가 아니었는데, 음운변화의 결과, 동음어가
된 경우가 있다. 다음은 / · /음의 소실로 동음어가 된 예다.

(23) /드리(橋)/   /다리(脚)/   /말(言)/   /물(馬)

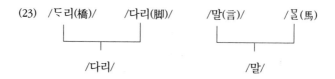

/다리/   /말/

둘째, 한 단어가 의미의 관련성이 있는 다의어로 쓰이다가 그 관련성
을 잃어버림으로써, 각각 독립된 단어가 되고 결과적으로 동음어가
되는 수가 있다. 다의어는 서로 유관한 두 가지 이상의 자립적인 의미
를 가진 단어인데, 만일 이들 의미 사이에 그러한 유연성(有緣性)이
없어지면(언중들이 그러한 유연성을 의식하지 못하면), 동음어의 관계
로 진전하게 된다. 저울의 눈[値], 눈금], 식물의 눈[芽], 그물의 눈[罟]
등이 모두 사람의 눈[眼]에서 출발한 것이지만 이젠 그 사이의 유연성
이 의식되지 않음으로써, 독립성을 획득하게 되고, 서로 다른 독립적인
낱말(동음이의어)이 된 것이다. 이들도 애초에는 살아있는 은유의 단

---

25 '처신(處身)'에서 형태가 변한 말이다.
26 '쥬변'에서 형태가 변한 말인데, '쥬변'은 [자유(自由)]의 뜻이다.

계에 있다가 점차 자립성을 획득하게 되어 다의 관계가 되고, 더 나아가 독립성을 획득하여 동음관계가 된 것으로 보아야 한다.

셋째, 외국어의 도입으로 동음어가 생길 수 있다. 한국어에서의 한자어 유입은 고유어 단어와 한자어 단어 사이에, 그리고 한자어 단어 상호간에 많은 동음어를 만드는 결과를 가져왔다. '시내[溪]/시내(市內)', '사랑[愛]/사랑(舍廊)', '여우[狐]/여우(女優)' 등이 전자의 예이고, '전기(電氣/傳記/前記/前期/轉機)' 등은 후자의 예이다.

[5] 의미변화

[5.1] 의미변화의 결과적 유형과 원인

〈1〉 들어가기

〈1-1〉 다음 자료 중 하나를 택하여 자세히 읽고 아래 물음에 답해 보라.

(자료1)(〈월인석보〉, 7:9a-10a).

難陀[1]ㅣ 머리를 갓고도[2] 샹녜 지븨 가고져 ㅎ거늘[3] 부톄 샹녜 더브러 ㅎ니실씨[4] 몯 가더니 흐른 房 딕홇 즈비ㅎ야[5] 오늘ㅅ 스시 언과라 깃거

---

1 범어 [Nanda], 석가모니의 이복(異腹) 아우.
2 출가하여 승려가 되고도
3 늘 집에 가고자 하거늘(난타는 집안의 체통 때문에 출가를 하였는데, 늘 아내가 보고 싶어 집으로 도망치려 함)
4 부처(석가모니)가 늘 더불어(함께) 움직이므로(ㅎ니다 : ㅎ-(爲) + 니-(行) : 행동하

호더니[6] 如來와 즁괘 다 나 니거시늘[7] 瓶의 므를 기러두고사 가리라 ㅎ야
므를 기르니 흔 瓶의 フ독거든 흔 瓶이 삐곰ㅎ야[8] 흔 삐 계도록[9] 긷다가
몯ㅎ야 너교디 比丘돌히 제 와[10] 기르려니 지븨 두고 가리라 ㅎ야 지븨
드려두고 흔 부체롤 다드니 흔 부체 열이곰 홀씨[11] 쏘 너교디 쥬의 오시
일허도[12] 어루 물려니[13] 안죽 더디고[14] 가리라 ㅎ야 부톄 아니 오실낄ㅎ로
가더니 부톄 볼쎠 아르시고 그 길ㅎ로 오거시늘[15]

(자료2)(〈월인석보〉, 7:10b-13b).

부톄 難陀 더브러시고 阿那波那山애 가샤 무르샤디 네 겨지비 고봐니여
對答ㅎ사보디 고봐니이다 그 뫼해 늘근 눈먼 미후[16]ㅣ 잇더니 부톄 쏘
무르샤디 네 겨지븨 양지이[17] 미후와 엇더뇨[18] 難陀이 츠기 너기사뱌[19]

다, 움직이다)
5 채비(〈차비(差備)〉)하여, 준비하여(부처와 승려들이 탁발하러 내려갈 때, 승려
한 사람이 남아 자신들의 집(방)을 지키는 일을 하는데, 난타가 마침 그 일을
하게 되어 준비한다는 말임).
6 오늘에야 짬을 얻도다 기뻐 하더니
7 여래(석가모니)와 승려가 다 나가서 돌아다니시거늘
8 한 병에 (물이) 가득차면 (다른) 병의 물에 넘쳐 나와 버려
9 한 때(동안) 지나도록
10 스스로 와서
11 한 문을 닫으니 (그 때마다 다른) 한 문이 열리므로
12 승려의 옷을 잃어버려도(승려의 옷을 누가 훔쳐 가더라도)
13 가(可)히/넉넉히 회복할 수(다시 구할 수) 있을 것이므로
14 잠깐 던지고(던져두고)
15 난타가 부처에게 들키지 않으려고 큰 나무 뒤에 숨었는데, 부처가 다 알고 나무를
뿌리채 뽑아 올리는 바람에 들키고 말았다는 이야기가 이어진다.
16 '미후'는 '납', 즉, 원숭이의 일종이다.
17 모습이/생김새가
18 원숭이와 (견주어 보면) 어떠냐?
19 불쌍하게 여겨(난타 생각에 부처가 바보 같은 말을 하므로)

슬보딕 내 겨지븨 고보미 사룺 中에도 짝 업스니 부톄 엇뎨 미후의그에 가줄비시ᄂ니잇고[20] 부톄 ᄯ 難陀ᄃ려 忉利天[21]上애 가샤 天宮을 구경케 ᄒ시니 天宮마다 天子ㅣ 天女ᄃᆞᆯ ᄃ리고 노더니 ᄒ 天宮엔 五百 天女ㅣ 이쇼딕 天子ㅣ 업더니 難陀ㅣ 부텻긔 묻ᄌᆞᆸ대 부톄 니르샤딕 네 가[22] 무러보라 難陀ㅣ 무로딕 엇뎨 이에ᄲᅮᆫ[23] 天子ㅣ 업스시뇨 天女ㅣ 對答ᄒ오딕 閻浮提[24]ㅅ 內예 부텻 아ᅀ 難陀ㅣ 出家ᄒᆞᆫ 因緣으로 장ᄎ 이에 와 우리 天子이 ᄃ외리라 難陀ㅣ 닐오딕 내 긔로니 이에 살아지라[25] 天女ㅣ 닐오딕 우리ᄂ 하늘히오 그듸ᄂ 當時로 사ᄅᆞ미어니 도로 가 사ᄅᆞ미 목숨 ᄇ리고 다시 이에 와 나아ᅀᅡ[26] 살리라 難陀ㅣ 부텻긔 와 슬ᄫᆞᆫ대 부톄 니르샤딕 네 겨지븨 고보미 天女와 엇더ᄒ더뇨 難陀ㅣ 슬보딕 天女를 보건댄 내 겨지븨ᅀᅡ 눈 먼 미후 ᄀ도소이다 부톄 難陀 ᄃ리시고 閻浮提예 도라오시니 難陀ㅣ 하늘해 가 나고져 ᄒ야 修行을 브즈러니 ᄒ더라 부톄 ᄯ 難陀ᄃ려 다가 地獄을 뵈시니 가마ᄃᆞᆯ해 사ᄅᆞᄆᆯ 녀허두고 글효딕 ᄒ 가마애 븬 므를 글히더니[27] 難陀ㅣ 부텻긔 묻ᄌᆞᆸ대 부톄 니르샤딕 네 가 무러보라 難陀ㅣ 獄卒ᄃ려 무로딕 녀느 가마ᄂ 다 罪人을 글효딕 이 가마ᄂ 엇뎨 ᄲᅵ옛ᄂ뇨 對答ᄒ오딕 閻浮提ㅅ 內예 如來ㅅ 아ᅀ 難陀ㅣ 出家ᄒ 功德으로 하늘해 가 냇다가[28] 道理 마ᄅ려 ᄒ단 젼ᄎ로[29] 하ᄂᆳ 목수미 다ᄋ면[30] 이 地獄애

---

20 비교하십니까?
21 '도리천'은 불교적 우주관에서 이 우주의 가장 중심에 위치하고 있는 천상의 세계를 가리키는 것이다.
22 네가 가서
23 어찌 여기에만
24 인간세계
25 내가 (바로) 그 사람이니 여기서 살고 싶다
26 태어나야만
27 다른 무엇이 들어있지 않아 비어 있는 가마솥에 물만 넣어 끓이고 있다는 말
28 태어나 있다가

들릴씨 므를 글혀 기드리ᄂᆞ니라[31]

[Q1] 사어(死語)가 되어 지금은 쓰이지 않는 낱말이 있는가?
[Q2] 의미변화가 이뤄진 단어를 찾아보라.

〈1-2〉 중장년층 이상의 세대들은 대개 다음과 같은 경험을 한 적이
있다. 그 이유에 대해 생각해 보라.

    (A) 어린 아기를 안으면서 우량아 같다는 뜻으로, "무겁다"라고 하면 어른
       들이 꾸중을 한다.
    (B) 어린 아기에 대해 친근감을 표시할 때, '예쁘다'라는 표현보다 '밉다'라
       는 표현을 더 선호한다.
    (C) 옛날의 할머니는 손자들이 '호랑이'이야기를 해달라고 하면, "그런 말
       하지마라"고 하시면서 꼭 '큰짐승'이란 표현을 사용하였다.

〈1-3〉 사람이 태어나서 일생을 살아가는 동안 모습도 변하고 생각도
바뀌듯이, 말(단어)도 형태와 의미의 변화를 겪는다. 당대를 살아가는
사람들은 분명히 느끼기 힘들 정도로 미미한 폭의 변화도 몇 세기
동안 누적되면 이해가 어려울 정도로 달라지기도 한다. 언어는 어떤
내부적 질서에 의해 스스로 형태와 의미의 변화를 진행시킨다는 점에
서 유기체에 비유되기도 하는데, 언어변화의 이러한 특성은 근대언어

---

29 (수행자로서의) 도리를 그만두려한 까닭으로
30 다하면(끝나면)
31 난타는 부처의 이러한 방편으로 대오각성하게 되었고 열심히 수도하여 높은
   경지에 다다랐다고 함.

학에서부터 학자들의 관심을 모아왔다. 여기서는 단어 의미의 변화에 관련된 몇 가지 문제를 간략히 다룬다. 우선 아래의 물음에 답해 보라.

[Q] 오래 전 세상을 떠들썩하게 했던 이른바 '옷 로비 사건'에 등장했던 고급 의상실의 이름은 이태리말로 신부(新婦)라는 뜻인 '라 스포사(LA SPOSA)'였는데, 이것이 사람들의 입에 오르내리는 과정에서 '라스포 의상실'로 바뀌었다.[32] 그러한 변화의 과정에 대해 추리해 보라.[33]

〈2〉 의미변화의 결과적 유형

단어의 의미변화를 결과적 측면에서 보면, 의미영역이 확대된 경우와 축소된 경우, 그리고 제3의 의미로 바뀐 경우로 유형화해 볼 수 있다.

〈2.1〉 의미의 확대

말로 이해하고 말로 표현하는 일은 쉬워야 한다. 어떤 새로운 대상이나 개념이 있을 때, 그러한 새로운 것과 의미상으로 유사하고 또 이미 알고 있어 친숙한 어떤 다른 단어를 이용하는 것은 그것을 보다 쉽게 이해하고 표현할 수 있는 방편이 된다. '버터'를 '서양 된장'이라고

---

32 LA는 관사이고 SPOSA는 명사로서 신부라는 뜻인데, 흥미롭게도 SPOSA에서 'SA'를 분리하여 그것과 소리가 같은 우리말의 어떤 명사와 같은 뜻으로 이해한 결과이다.

33 1999년 유명 재벌그룹의 부인이 당시 검찰총장의 부인에게 유명한 고급 의상실인 '라 스포사(LA SPOSA)'의 고가(高價) 호피 무늬 코트를 사 주었다는 의혹을 사는 바람에 세상을 매우 떠들썩하게 한 일이 있었음(실제로 그런 로비가 이뤄지지는 않았다고 함).

해버리면, '한국의 음식문화에서 된장이 갖는 역할과 비슷한 역할을 하는 서양의 어떤 기초음식'으로, 쉽게 이해하고 표현할 수 있다. [暮]라는 개념을 '봄이 늙어간다'라는 식으로 표현하는 것도 그러한 새로운 개념을 이미 알고 있는 '늙다: [老]'라는 단어를 이용하여 이해하고 표현하는 방식이다. 이와 같은 방식은 단어의 수는 늘리지 않으나 다의관계를 형성하여 기존 단어의 의미를 확대시킨다.

의미의 확대는 대부분 적용상의 전이를 거쳐 다의관계가 형성되면서 이뤄진다. '보다: [見]'가 '며느리를 보다', '손주를 보다' 등의 표현에서는 [得]의 의미로 쓰이고 있다. '보다: [見]'가 '보다: [見], [得]'로 확대되었음을 뜻한다. '아침: [朝]'이 '아침: [朝], [朝食]'으로, '아버지: [父]'가 '아버지: [父], [天主]'로 바뀌고, '대포: [大砲]'가 '대포: [大砲], [大盞]³⁴'로, '손님: [客]'이 '손님: [客], [天然痘]'으로 바뀐 것도 모두 의미가 확대된 경우다.

〈2.2〉 의미의 축소

사람은 더 쉽게 이해하고 표현하고자 하는 욕구도 가지고 있지만, 더 분명하고 명확하게 이해하고 표현하고자 하는 욕구도 동시에 가진다. 또, 미묘한 감정이나 느낌 같은 것을 풍부하게 표현하고자 하는 욕구도 가진다. '버터'를 '서양된장'이라고 하는 것은 된장과는 다른 버터의 특성을 이해하고 표현하는 데 장애가 될 수 있다. 따라서 이와

---

34 '대포 한잔 하자'고 할 때는 '큰 술잔 [大盞]'이란 뜻이다. '대포(大砲)'라는 특수사회 (군사)의 용어가 일반사회의 용어로 번져 쓰이게 것이다. 『표준국어대사전』에서는 이 둘을 동음어로 처리하고 있다.

같은 욕구를 충족시키기 위해서는 그것을 명확히 표현할 수 있는 새로운 단어가 필요하다. /늙다/라는 하나의 명칭(name, 형태)이 [老]와 [暮]라는 두 개의 의의(의항, sense)를 가지는 것 자체가 명확성을 저해할 수도 있다. 따라서 '저물다'라는 단어는 [暮]의 개념을 보다 명확하게 이해하고 표현하게 해준다. 이와 같은 방식은 기존 단어의 의미를 축소시킨다.

의미의 축소는 대부분 다의관계를 이루고 있던 단어가 그 의미의 한 영역을 다른 단어에 이관하게 되는 데서 생긴다. 현대국어의 '늙다: [老]'는 중세국어에서는 '늙다: [老], [暮]'였다.

　(1) (a) 늘근 션비를 보시고[接見老儒](용비어천가)

　　　(b) 江湖앤 보미 늘거 가ᄂᆞ니[江湖春欲暮](두시언해)

또 현대국어의 '땅: [地]'은 중세국어에서 '따ᅘ: [地], [處], [部位]'이었다.

　(2) (a) 따흘 ᄇᆞᆯ보ᄃᆡ[땅을 밟되](석보상절)

　　　(b) 내 몸도 좋ᄌᆞ바 갏 따힌가[내 몸도 좇아 갈 곳[處]인가](월인석보)

　　　(c) 알폰 따해[아픈 部位에](구급간이방언해)

비유적 의미가 원래의 의미를 몰아내는 수도 많다. 중세국어 'ᄉᆞ랑ᄒᆞ다'는 [思]가 중심의미이고 [愛]가 주변의미였는데, [思]는 소멸되고 [愛]가 그 자리를 차지한 경우다.

〈2.3〉 의미의 전이

의미변화의 결과적 유형 중 제3의 의미로 바뀐 경우(transfer)는 원래의 의미(또는 중심의미)에서 비유적 의미(또는 주변의미)로 번져 쓰이다가 원래의 의미가 소멸되고 비유적 의미가 원래의 의미처럼 되는 변화의 결과이다.

현대국어의 '가게: [商店]'는 중세국어에서는 햇볕을 가리는 [차양(遮陽)]의 뜻이었는데, [차양 밑에 평상을 놓고 물건을 얹어 파는 노점(露店)]이란 뜻으로 바뀌었다가, 오늘날과 같은 [상점(商店)]이란 의미로 바뀌었다. 또, 불어에서 [변소]또는 [여성의 옷]을 뜻하는 'toilette'는 원래 [보자기]라는 뜻이었는데, [보자기] → [몸 닦는 타월] → [몸 닦는 일] → [화장]/[여성의 옷]'의 과정으로 바뀌어, 원래의 의미는 전혀 흔적을 남기고 있지 않다. 즈칙이다[泄瀉] 〉 지치다[疲困], 어엿브다[憐] 〉 어여쁘다[美], 싁싁하다[嚴] 〉 씩씩하다[勇敢], 인정[賂] 〉 인정[情]³⁵, 어리다[愚] 〉 어리다[稚], 방송[釋放] 〉 방송[(라디오)방송]³⁶ 등도 의미의 전이에 해당되는데, 형태가 조금 바뀐 경우도 있다.

〈3〉 의미변화의 원인

의미변화는 사람이 더 쉽게 표현하고 이해하고자 하는 욕구와 더 분명하고 명확하게 이해하고 표현하고자 하는 욕구라는 두 가지 상반

---

35 '인정(人情)'이란 단어가 원래 [뇌물]의 뜻으로 쓰였는데, 오늘날의 [인정]이란 의미로 바뀌었다.
36 '방송(放送)'이란 단어는 원래는 [(죄수를) 석방하다]의 뜻이었는데, 지금은 [BROADCASTING]의 의미로 쓰인다.

된 언어욕구 사이의 조화를 유지하려는 무의식적 노력에서 비롯되는 것으로 볼 수 있는데, (가)언어적 원인, (나)역사적 원인, (다)사회적 원인, (라)심리적 원인 등으로 나누어 간략히 고찰해 보기로 한다.

〈3.1〉 언어적 원인

언어적 원인으로는 여러 가지를 들 수 있다. 첫째, 동의관계의 단어들 사이에서 벌어지는 동의경쟁을 들 수 있다. 예를 들어, 중세국어의 '힘'은 [力], [筋]의 의미를 가지고 있었다.

> (3) (a) 갓과 고기와 힘과 쎠와는[皮肉筋骨](원각경언해)
> (b) 둘희 힘을 흔쯰 이기시니(월인천강지곡)

따라서 한자어 '근육'과는 부분적 동의관계를 형성하게 되고, 한자어 '근육'이 활발하게 쓰이면서, [筋]의 의미는 상실하게 되었다. 또, 국어의 남부방언에서 "형이 동생을 갋으면 되나?"와 같은 표현에서 쓰이는 '갋다: [爭]'는 중세국어에서는 '곫다: [爭], [竝]'로서 다의어였다. 마찬가지로 부분적 동의관계에 있는 '병행하다'에 [竝]의 의미를 내어주고 의미가 축소되었다. '늙다: [老], [暮]'가 '저물다: [暮]'와의 관계에서 [暮]의 의미를 잃은 경우도 또한 같다. 이는 보다 명확한 의미표현을 이루려는 욕구의 실현으로 볼 수 있다.

둘째, 의미적으로 전혀 유사성이 없더라도, 둘 이상의 표현이 관용적으로 붙어 쓰이다 보면 한쪽의 의미가 다른 쪽으로 전염(傳染, contagion)되어, 결과적으로 한 부분만으로 전체의 의미를 나타내는 경우가 있다. '고희(古稀)'는 사람의 나이 [70세]를 뜻하는데, '人間七十古來

稀(인간칠십고래희)'³⁷에서 '人間七十'이란 표현의 의미가 '古來稀'란 표현 속으로 전염되어 들어간 결과이다. '인간칠십'에 비해 '고희'는 형식이 단순하므로 쉽게 표현하고자 하는 욕구의 실현으로 볼 수 있다. 어린이들이 '하나밖에 없다'라는 표현을 '하나밖에다'라고 말하는 것도 같은 이치다.

셋째, 표현하고자 하는 어떤 둘 이상의 대상이 공간적으로나 시간적으로 인접해 있을 때, 그 중의 하나로 다른 것을 이해하고 표현하기도 하는데, 결과적으로 해당 단어의 의미가 확대된다. '머리(頭)'와 '머리털(頭髮)', '코(鼻)'와 '콧물(鼻液)'은 공간적으로 떨어질 수 없는 관계에 있어, '머리'가 [頭]와 [頭髮]의 의미를, '코'가 [鼻]와 [鼻液]의 의미를 아울러 가지게 되었다.

(4) (a) 머리[頭]를 다쳤다.

　　(b) 머리[頭髮]를 깎았다.

(5) (a) 코[鼻]는 눈 밑에 있다.

　　(b) 저 아이는 늘 코[鼻液]를 흘리고 다닌다.

또, '동궁'이 [東宮], [王世子]의 두 의미를 가지게 된 것은 용기(容器)로써 내용물을 표현하는 방식 때문이다. '사복'이 [사복경찰]의 의미를 가지게 된 것도 같은 이치다. '아침'이 [朝], [朝食]의 의미를 가지게 된 것은 '아침'과 '아침밥'이 갖는 시간적 관계 때문으로 볼 수 있다.

넷째, 의미영역이 넓은 표현을 의미영역이 좁은 표현 대신 쓰거나

---

37 '사람의 나이 70세는 예부터 드물다'는 뜻인데, 중국 당나라의 시인 두보(杜甫)의 곡강시(曲江詩)라는 시에 있는 구절이다.

또는 반대의 방식을 이용하여 미묘한 표현가치를 살릴 수도 있다. '쌀이 떨어졌다'는 표현 대신, '양식이 떨어졌다'는 표현을 함으로써 좀 더 절박한 느낌을 줄 수 있다. 결과적으로 양식은 [食糧]과 [米]의 두 가지 의미를 가지게 되어 의미가 확대되었다. '가슴이 아름다운 여자'라는 표현에서 보듯이, '가슴'이 [胸部] 뿐만 아니라, 영역이 좁은 개념인 [乳房]의 의미를 가지게 되는 것도 같은 원리다.

'손'이 [手]뿐만 아니라, 영역이 넓은 [人]의 의미를 가지게 되는 것은 의미영역이 넓은 표현 대신 의미영역이 좁은 표현을 씀으로써, 보다 구체적인 느낌을 줄 수 있기 때문일 것이다.

(6) (a) 손(手)을 다쳤다.

　　(b) 손(人)을 못 구해 일을 못 한다.

'약주'가 [藥酒], [酒]의 의미를, '입'이 [口], [家族]의 의미를, 또, 고유명사 '서울'이 일반적인 의미인 [首都]의 의미를 가지게 되는 것도 같은 이치다.

(7) (a) 서울은 부산보다 사람이 많다.

　　(b) 미국의 서울은 워싱턴이다.

다섯째, 낱말밭의 구조적 요인을 들 수 있다. 중세국어에서, '싱각ᄒ다'는 [思]의 의미를, 'ᄉ랑ᄒ다'는 [思]와 [愛]의 의미를, 그리고 '둣다'와 '괴다'는 [愛]의 의미를 가지고 있었다. 이 [思·愛]가 하나의 낱말밭을 형성한다고 가정하면 다음과 같다.

(8)

[思 · 愛]		
[思]		[愛]
/싱각ᄒ다/	/ᄉ랑ᄒ다/	/둣다/, /괴다/

(8)의 낱말밭은 구조적으로 불안정하다. 'ᄉ랑ᄒ다'가 두 개의 부분 장에 걸쳐 있어, 양쪽으로부터 압박을 받고 있는 모습이기 때문이다. 결과적으로, 'ᄉ랑ᄒ다'가 '둣다'와 '괴다'를 몰아내고 [愛]의 영역을 차 지함으로써, 낱말밭의 구조가 안정성을 가지게 되었다. 결과적으로 표현의 명확성과 용이성이 증대되었다고 볼 수 있다.

(9)

[思 · 愛]	
[思]	[愛]
/생각하다/	/사랑하다/

여섯째, 유연성(有緣性)의 상실로 인한 의미변화를 들 수 있다. 바로 앞에서 다룬 의미변화의 결과적 유형에서도 언급한 바 있듯이, 하나의 단어가 적용상의 전이에 의해, 본래의 중심의미 외에 주변의미를 가질 수 있다. 이때, 두 가지의 의미가 유연성을 유지하는 범위 안에서 모두 자립성을 갖게 되면, 다의관계가 형성되고 해당 단어는 다의어가 된다. 그런데 경우에 따라 여러 가지 이유로 원래의 의미가 사라지고, 주변의 미만이 남게 되는 수가 있는데, 이것이 바로 유연성을 상실하는 시작이 다. 이러한 과정이 몇 번 반복되기도 하여, 원래의 의미와는 전혀 다른 의미로 변하게 된다. '개차반'이라는 단어를 종종 쓴다. '차반'이란 말은 원래, 혼인 같은 행사의 잔치 때 오고 가는 [예물음식]이란 뜻인데, [맛있는 음식]이란 뜻을 아울러 가지게 되었다. '개차반'이라고 하면,

'개가 좋아하는 음식'이란 뜻이므로, '똥: [人糞]'을 가리키는 말이었다. 그러나 지금은 원래의 뜻은 사라진 채, [행실이 매우 나쁜 사람]이라는 뜻으로만 쓰인다.

(10)

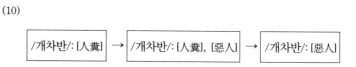

앞에서 언급한 바 있는 불어의 'toilette'이 [보자기]라는 뜻에서 [변소] 또는 [여성의 옷]이란 뜻으로까지 바뀌게 된 것도 같은 이치로 설명할 수 있다. 또 불어의 'bureau'가 '[사무용 책상보로 많이 사용된 모직물의 일종]→[책상보]→[사무용 책상]→[사무실]'로 바뀐 경우도 마찬가지다. 이와 같은 유형은 새로 생긴 의미가 원래의 의미를 몰아내게 되므로, 다의관계의 형성을 막는 결과가 된다.

〈3.2〉 역사적 원인

역사적 원인은 언어의 보수성과 관련된다. 문제의 표현이 가리키는 지시대상은 여러 가지 면에서 바뀌었는데도, 표현 그 자체는 그대로 사용되는 경우가 있다. 예를 들어, '바가지'는 원래 박으로 만든 것이었는데, 지금 우리가 쓰는 것은 대부분 플라스틱 제품이다. 그렇지만, 우리는 그것을 그냥 /바가지/로 표현한다. 결과적으로 보면, '바가지'는 의미가 확대된 경우에 해당된다. 역사의 변천에 따라 세상의 문물이 바뀌어 가지만 그것을 가리키는 말은 대부분 그대로 쓰이게 되므로, 지금 우리가 쓰는 말의 상당수는 이와 같은 의미변화를 겪은 것이다. 조선시대 때 관리들이 말을 타고 장거리 출장을 가다가 말을 바꿔

탈 수 있도록 [말을 관리하는 등의 일을 하는 기관]을 '역(驛)'이라고
했으니, 지금의 '서울역, 동대구역' 등에서의 '역'과는 천양지차(天壤之
差)가 있다. 이러한 관점에서 보면, '집, 옷, 김치' 등, 우리가 예전부터
써 오던 말의 대부분이 이에 해당된다.

⟨3.3⟩ 사회적 원인

사회적 원인은 사회를 구성하는 제 요소가 바뀜에 따라, 관련 어휘의
의미가 변화하는 현상을 가리킨다. 사회적 계층이 세분화되고 전문화
됨으로써 보다 세분화되고 전문화된 의미의 어휘가 필요하게 된다.
[작업/협동]이란 일반적 의미를 가진 단어 'operation'이 의사 조직에서
는 [수술]이란 뜻으로, 군대 조직에서는 [작전]이란 뜻으로, 그리고 경제
계에서는 [자금의 운용]이란 뜻으로 특수화되어 쓰이는 경우가 그 예
다. 의미의 특수화이다.

한편, 특수한 계층에서의 용어가 일반 사회계층 전반에 걸쳐 확대
사용되는 경우도 있다. 야구에서의 '히트', '홈런'이 모든 분야에서 [대
성공]이란 뜻으로 쓰이고, 유대교에서의 사형기구를 가리키던 '십자가'
가 [자기희생]이란 일반적 의미로 쓰이는 경우가 그것이다. 이는 의미
의 일반화인데, '군대, 전쟁' 등과 관련된 단어들이 일반화되어 쓰이는
경우도 많다. '총알택시, 따발총[38], 대폿집, 대포폰, 대포통장, 대포차,

---

[38] '따발총(⟨다발총(多發銃)'은 육이오 전쟁 때 북한군이 소지한 자동소총인데, 연속발
사능력이 대단하여 우리 국군들의 피해가 컸다고 한다. 아직까지 우리의 말
속에 살아있을 정도이니, 전쟁의 공포와 상처가 우리 국민들의 의식 속에 깊이
박혀 있는 것으로 보인다. 아기를 많이 낳은 여자를 가리키는 말로 쓰이기도
했다는데 좀 상스럽다. 보통은 말을 연달아 많이 하는 사람을 가리키는 데 쓰인다.

폭탄주, 폭탄세일, 부대찌개 등이 그 예다. 아마 좀 더 강하고 확실한 느낌을 주기 위한 의도일 것이다.[39]

새로운 대상이나 개념을 이미 있는 단어를 일반화 또는 특수화하여 나타내는 것은 우리의 언어생활에서 보편적인 현상이며, 좀 더 쉬운 이해와 표현을 하도록 해 주는 방편이다.

⟨3.4⟩ 심리적 원인

심리적 원인으로 대표적인 것이 금기(禁忌, taboo)현상이다. 사람들은 어떤 대상에 대한 특정한 표현을 심리적 이유로 꺼리는 수가 있다. 무섭거나 불쾌한 느낌을 주는 말을 안 쓰는 것이다. 도덕적인 관념상 성(性)에 관련된 특정 단어의 사용을 꺼리거나, 정치적인 이유, 종교적인 이유, 미신 등으로 어떤 특정 단어의 사용이 금지되거나 기피되는 경우도 있다. 금기현상이 언어변화의 원인이 될 때에는 주어진 단어가 규칙적인 음운변화의 궤도를 벗어난 변화를 입거나 아주 다른 의미의 단어로 교체되기도 한다.

'보리(菩提)'가 '菩提'의 초기 한자음(漢字音) '보뎨'에서 기원된 것이든지, 범어(梵語) bodhi에서 기원된 것이든지 간에, ㄷ소리는 고모음 [i] 또는 반모음 [j] 앞에 위치하므로 ㅈ소리로 바뀌는 것이 일반적인

---

39 북한에서 핵과 미사일 실험을 하는 등으로 아무리 군사적 긴장을 고조해도 남한 사람들이 전혀 동요하지 않고 잘 돌아다니며 잘 노는 것을 보고, 북한의 김정일 위원장(김정은의 아빠)이 측근에게 남조선 인민들이 왜 저렇게 '간뎅이'가 크냐고 물었다고 한다. 그러자 그 측근이 남조선도 군사력이 대단하다고 하면서, 모든 택시들이 총알택시고 모든 가족이 핵가족이며, 온 동네 마트마다 늘상 폭탄세일을 하고, 술집의 술은 전부 폭탄주이며, 식당의 찌개는 거의 부대찌개니, 우리가 오히려 당할 수 있다고 답했다는 아재개그가 있었다.

현상(구개음화)이어서 '菩提'의 둘째 음절 '뎨'가 '제'나 '지'로 바뀌는 것이 예상되는 변화이다. 그러나 '리'로 바뀐 이유는 '성(性)'과 관련된 금기현상 때문이라는 주장이 있다(양주동, 1942:741). 불가(佛家)에서 '道場'(도댱(초기 한자음))이 '도장'이라고 발음되지 않고 '도량'이라고 발음되는 것도 '도살장(屠殺場)'의 '도장'과 구분하려 했기 때문이라는 견해도 마찬가지다. 아프리카의 Zulu 말에서는 여인들이 남편이나 시부(媤父) 또는 시숙(媤叔)의 이름을 부를 수 없는 것은 물론, 어떤 다른 단어가 그들의 이름 가운데의 한 소리와 같은 소리를 가졌을 때는 그 소리를 다른 소리로 바꾸어 말한다고 한다. 예를 들어 남편의 이름에 z소리가 있다면, amanzi(물)라는 단어를 amandabi라고 발음한다고 한다.[40]

'천연두'라는 단어를 꺼리고, 대신, '마마' 또는 '손님'이란 단어를 사용하는 것도 그 예다. '천연두'라는 무서운 병[41]이 들어왔으니, '상감마마', '중전마마'처럼 대접하거나 '손님'처럼 대접해야 역신(疫神)의 비위를 맞추게 되고, 황송해서 빨리 집밖으로 나갈 것이란 바람이 깔려 있을 것으로 생각된다. '천연두'에 대한 금기는 결과적으로, '마마: [媽媽]'에서 '마마: [媽媽], [天然痘]'로, '손님: [客]'에서 '손님: [客], [天然痘]'

---

40 Jespersen, Language(London,1922), pp.241-42 참고. 여기서는 남기심(1982:77) 에서 재인용했음.

41 천연두는 지금은 박멸되어 특수한 연구소의 실험실에만 있지만, 인류 역사상 가장 큰 피해를 준 질병이다. 천연두로 인해 로마제국에서는 165년부터 15년간 국민의 삼분의 일이 죽었고, 16세기 초 스페인 군대가 남미를 침략하면서 이 병을 옮겨, 아즈텍, 잉카 제국이 멸망하는 등의 엄청난 인류사적 비극이 있었다. 우리나라도 무시무시한 유아 사망의 참극이 계속되어 왔는데, 지석영 선생이 고종 16년(1879)경부터 일본인 의사들로부터 배운 종두법을 연구하여 보급함으로써 이 병을 막아낼 수 있게 되었는데, 지금의 장년층 이상의 사람들은 어릴 때 맞은 예방접종의 자국이 어깨에 크고 뚜렷하게 남아 있다.

으로 의미확대를 가져왔다. 어린아이에 대해 '무겁다'라는 표현을 쓰지 않거나[42], '예쁘다'라는 표현 대신 '밉다'라는 표현을 쓰는 것[43]도 두려움과 관련된 금기현상이다. '동무'와 '친구', '변소'와 '화장실' 등은 불쾌감과 관련된 금기현상이다. 금기어 대신 쓰는 말을 완곡어라고 하고, 이러한 대체적(代替的)인 표현법을 완곡법(婉曲法, euphemism)이라 한다.

[5.2] 의미변화의 구조

⟨1⟩ 들어가기

⟨1.1⟩ 다음의 시와 글귀의 ⟨ ⟩한 부분에서는 비유가 발생하고 있다.

[Q1] 이들 비유적 표현의 원관념(tenor)들을 열거해 보라.
[Q2] 원관념과 보조관념이 의미의 유사성에 의해 연계된 경우는?

---

42 지금은 의술의 발달로 유아 사망률이 매우 낮아져 이런 금기가 거의 없어졌다. 필자가 국민학교(초등학교) 다닐 무렵 시집간 누나가 데리고 온 어린 조카를 안아보고는 튼튼하게 잘 키웠다는 뜻으로 "참 무겁네" 라고 하면, 필자의 어머니가 큰일이나 나는 듯이 나의 등짝을 두들겨 패면서(엄청 아팠다), 절대로 그런 말 하지 말라고 하였고, 까닭도 모르고 맞은 나는 무척 억울해 했던 기억이 있다. 사람이 죽었을 때 가장 무겁게 느껴진다고 하니, '무겁다'는 죽음을 떠올리게 하는 말이어서 그랬을 것이다. 필자는 지금도 손자들을 안을 때, 이런 표현을 쓰지 않는다.

43 옛 어른들은 어린 아이에 대해 덕담을 할 때, "아따 그 놈 참 밉상이다."라는 식으로 말을 했다. '예쁘다'는 말을 쓰지 않는 것은 호사다마(好事多魔)라는 말이 있듯이 역신이 시샘을 할까 봐 두려워하는 마음이 깔려 있다.

[Q3] 원관념과 보조관념이 의미의 인접성에 의해 연계된 경우는?

[Q4] 원관념과 보조관념이 소리[명칭]의 유사성에 의해 연계된 경우는?

[Q5] 원관념과 보조관념이 소리[명칭]의 인접성에 의해 연계된 경우는?

(1) [외지](윤후명)

⟨TIME誌⟩는 모르리.
몸둘 바 모를 ⟨슬픔의 중중모리⟩를
아예 모르리.
아으, 하고 넘어가는 아홉 고비를
낭군 찾아 거북고개 넘어
가고 가는 그대를 모르리.

(2) 무제(無題)

⟨소련놈⟩한테 속지 말고
⟨미국놈⟩ 믿지 말아.
⟨일본놈⟩ 일어선다.

(3) [자동판매기](최승호)

자동판매기를
⟨賣春婦⟩라 불러도 되겠다.
⟨황금교회⟩라 불러도 되겠다.
이 자동판매기의 돈을 긁는 포주는 누구일까 ?

(4) 〈古稀〉는 [인간나이 70세]를 뜻하는데, "人間七十古來稀"에서 온 것이다.

(5) 도서관에서 빈자리를 찾아 옮겨 다니며 공부하는 학생을 〈메뚜기〉라고 한다.

(6) 메뚜기의 자리를 뺏는 학생을 〈사마귀〉라고 한다.

〈1.2〉 "오늘 저녁은 내가 〈쏠게〉."와 같은 표현을 보면 '돈을 내다(원관념)'를 '총을 쏘다(보조관념)'로 나타내는 은유인 것 같다.

[Q1] 이들 원관념과 보조관념 사이에는 어떠한 유사점이 있을까에 대해 상상하여 말해 보라.

[Q2] 어떤 학생이 기발하게도 이 비유는 돈을 내기 위해 뒷주머니에서 지갑을 꺼내는 동작과 허리춤에서 권총을 꺼내는 동작이 유사하다고 인식하여 이뤄진 은유라고 해석한 적이 있다. 이러한 해석에 대해 평가해 보라.

〈1.3〉 "넌 왜 내 문자를 〈씹니〉?"와 같은 표현에서 '씹다'는 '일부러 회피하다'와 같은 뜻을 가진다. 이 두 가지 의미 사이에는 어떤 관련성이 있을까에 대해 상상하여 말해 보라.

〈2〉 울만의 의미변화의 구조[44]

단어의 의미변화의 구조적 특징을 처음으로 체계화한 사람은 울만

---

[44] 우리말의 의미변화의 구조에서 제시하는 낱말 예들의 대부분은 천시권·김종택 (1977), 심재기 외 2인(1984) 등에서 취한 것이다.

(Ullmann, S)이다. 울만이 제시한 체계를 소개한다.

(7)

(A) 언어의 보수성(保守性 conservation)에 의한 변화

(B) 언어의 개신성(改新性 innovation)에 의한 변화

　(가) 명칭(name)이 전이(轉移 transfer)된 경우

　　① 의미 사이의 유사성(類似性 similarity)[45] 때문에

　　② 의미 사이의 인접성(隣接性 contiguity)[46] 때문에

　(나) 의미(sense)가 전이된 경우

　　③ 명칭 사이의 유사성 때문에

　　④ 명칭 사이의 인접성 때문에

　(다) 복합적 변화⑤

언어의 보수성에 의한 변화는 의미변화의 역사적 원인과 같은 내용이므로 여기서는 줄인다.

〈2.1〉 의미 사이의 유사성 때문에 명칭이 전이된 경우

'n_1-s_1'의 단어가 있고 s_1과 유사한 s_2 또는 s_3를 나타내야 할 상황에서, 그것의 이름인 n_2 또는 n_3가 없거나 쉽게 생각나지 않을 경우, 또는 어떤 이유로 그것들이 부적절하다고 생각될 때에 n_1이 s_2 또는 s_3를 가리키기 위하여 사용될 수 있다.

---

45 상사성(相似性)이라고도 한다.

46 근접성(近接性)이라고도 한다.

(8)

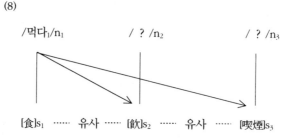

$$/먹다_1/n_1 \qquad\qquad /\ ?\ /n_2 \qquad\qquad /\ ?\ /n_3$$

$$[食]s_1 \ \cdots\cdots\ 유사\ \cdots\cdots\ [飮]s_2 \ \cdots\cdots\ 유사\ \cdots\cdots\ [喫煙]s_3$$

위의 예는 '먹다[食]'의 상태에서 '먹다[食, 飮, 喫煙]'의 상태로 의미변화(확대)가 이뤄지는 과정을 제시하고 있다. 결과적으로 단의어 '먹다[食]'가 '먹다[食, 飮, 喫煙]'로 되어 다의어가 된 셈이다.

(9)

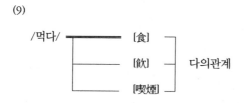

$$/먹다/ \quad \begin{array}{l} [食] \\ [飮] \\ [喫煙] \end{array} \quad 다의관계$$

또 (8)의 예에서 만일 n_2로 /마시다/가, n_3로 /피우다/가 존재하거나 새로 생긴다면 '먹다[食, 飮, 喫煙]'와 '마시다[飮]'는 [飮]의 의미를 공통적으로 가지는 부분적 동의관계가 되고, '먹다[食, 飮, 喫煙]'와 '피우다[喫煙]'는 [喫煙]의 의미를 공통적으로 가지는 부분적 동의관계가 된다.

(10a)

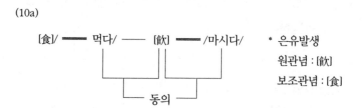

$$[食]/ \ ===\ 먹다/\ ---\ [飮]\ ===\ /마시다/ \qquad *\ 은유발생$$

원관념 : [飮]
보조관념 : [食]

동의

(10b)

예를 들어 '담배를 피우다'를 '담배를 먹다'라고 표현한다면, 원래 표현하고자 한 의미인 [喫煙](원관념/주의(主意), tenor)을 그것과 유사한 의미인 [食](보조관념/부의(副意), vehicle)에 비유한 꼴이므로 '은유'가 발생한 것과 동일하다.

의미 사이의 유사성 때문에 명칭이 전이된 경우는 (가)의인간적 은유 (나)동물적 은유 (다)공감각적 은유 (라)의미의 추상화 등으로 나누어 볼 수 있다.

⟨2.1.1⟩ 의인관적 은유

표현하고자 하는 내용은 무한한데 그것에 맞추어 형식을 무한히 늘릴 수 없다는 점과, 또, 새로운 대상이나 개념을 이해하고 표현해야 할 때 그것과 유사한 의미를 가진, 이미 알고 있어 친숙한 단어를 비유적으로 이용하면 쉽다는 점 등 때문에, 사람들은 사람의 몸과 느낌을 생명이 없는 사물을 가리키는 데 비유적으로 사용한다. 이러한 비유법을 의인관적 은유(擬人間的 隱喩 personification)라고 한다.

의인간적 은유에 대한 자료는 많이 있다. 앞의 강의 소주제 [4.2]에서 소개한, 사람의 '머리'가 그것의 중심 의미인 [頭]에서 적용상의 전이 과정을 거쳐 여러 가지 다른 의미로 고정적으로 쓰이게 되는 과정이 좋은 예인데, 아래의 (11)은 중심의미에서 번져나간 주변의미의 목록

이다. 그리고 '부아가 치밀다' '애 타는 심정' 등에서의 '부아', '애' 등도
마찬가지 관점에서 이해된다.

    (11) [始初(시초)]　　　: 머리말, 일머리, 말머리, 머릿돌

        [思考力(사고력)] : 뛰어난 머리

        [頭象(두상)]　　　: 대머리

        [態度(태도)]　　　: 채신머리, 버르장머리

        [力量(역량)]　　　: 주변머리, 소갈머리

        [上部(상부)]　　　: 우두머리, 산머리, 귀머리

        [前部(전부)]　　　: 논머리, 들머리, 책상머리, 뱃머리

〈2.1.2〉 동물적 은유

    의인관적 은유와 마찬가지의 상황에서 사람들은 여러 가지 동물의
명칭을 이용하기도 한다. 많은 식물의 이름이나 동물의 이름이 다른
동물의 이름에서 유래하며, 사물의 이름도 역시 동물 이름에서 만들어
지는 것이 많다.

    부정적인 것으로 인식되는 대상들의 이름에 동물 이름 '개'가 이용되
는 경우가 있다. '개살구, 개고사리, 개꽃, 개다시마, 개떡' 등과 같이
좀 질이 떨어지는 식물이나 음식 등의 이름에 쓰이는 예는 굉장히
많다., '개방귀, 개꿈, 개노릇, 개고생, 개나발' 등과 같이 하잘 것 없는
일과 관련된 예도 또한 적지 않다. 개살구는 살구보다 맛이 시고 떫다
고 한다. 그러면 /개/는 [犬]의 의미 외에 [惡]의 의미를 더 가지게 되어
의미의 변화(확대)가 이뤄진 셈이다.

(12)

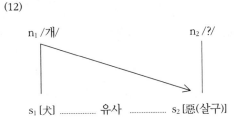

다음의 식물이름, 동물이름, 그리고 사물이름은 모두 동물이름에서
유래된 것들이다.

① 식물 이름 : 까치발, 까치수염, 개미자리, 개불알(꽃/풀), 거북꼬리, 광대

수염, 기생초, 팽이눈, 낙지다리, 노루오줌, 범부채, 벼룩아재비, 쇠무릎,

애기닭의밑씻개 등등

② 곤충 이름 : 개미귀신, 개승냥이, 개아재비, 범아재비, 범고래, 송장메뚜

기, 자라송장, 쥐며느리 등등

③ 사물 이름 : 까치발, 오리발, 개차반, 쥐꼬리, 소귀신 등등

⟨2.1.3⟩ 공감각적 은유

[냉정함(태도)]은 보다 추상적이고 정감적인 느낌인데, 이것을 보다
구체적으로 형상화하기 위하여 촉각(觸覺)을 나타내는 구체적인 표현
인 '차갑다'를 비유적으로 이용한 '차가운 태도'가 공감각적(共感覺的)
은유의 예이다.

(13)

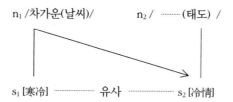

n_1 /차가운(날씨)/　　　n_2 / ┈┈ (태도) /

s_1 [寒冷] ┈┈┈ 유사 ┈┈┈ s_2 [冷情]

현대시는 시에서 나타내려는 관념을 보다 구체적으로 형상화하기 위하여 이 공감각적 은유를 중요한 시적 기교의 하나로 삼고 있다.

〈2.1.4〉 의미의 추상화

구체적인 사물을 가리키는 단어가 추상적인 관념을 가리키거나, 이미 추상적인 개념의 단어이지만 또 다른 추상개념으로 바뀌어 쓰이는 것을 '의미의 추상화'라고 한다. 중세어에서 [나막신]의 의미였던 /격지/가 현대어에서 [켜(쌓인 물건의 층)]의 의미로 쓰이거나, 중세어에서 [演戲][47]의 의미였던 /노릇/이 현대어 /노릇/에서는 [役割]의 뜻으로 쓰이며, /보람/은 중세어에서는 [表迹][48]의 뜻이었는데 현대어에서는 [效能/價値]의 뜻으로 쓰이는 경우 등은 모두 의미 추상화의 예이다.

〈2.2〉 의미 사이의 인접성 때문에 명칭이 전이된 경우

〈2.2.1〉 환유

어떤 개념이나 사물을, 그것과 항상적(恒常的)으로 가까운 관계에

---

47 '말과 동작으로 여러 사람들 앞에서 재주를 부린다'는 뜻임.
48 '겉으로 드러난 자취'라는 뜻임.

있는 다른 사물이나 개념으로 바꾸어 표현하는 비유법을 환유(換喻 metonymy)라고 한다. [頭髮]을, 그것과 공간적으로 항상 인접해 있는 [頭]의 명칭인 /머리/로 표현하는 것이 그 예이다. [鼻液]을, [鼻]의 명칭인 /코/로 표현하는 것도 마찬가지다.

(14)

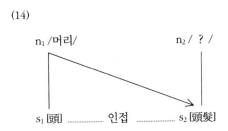

이렇게 되면 /머리/는 [頭]의 의미 외에 [頭髮]의 의미를 더 가지게 되어 다의어가 되고, 결과적으로는 의미의 변화(확대)로 나아가게 된다. 이를 몇 가지 유형으로 나누어 보면 다음과 같다.

① [원인]으로 [결과]를 나타내는 경우

   손 씻다 → 절연하다   약 먹다 → 정신이 이상하다

② [결과]로써 [원인]을 나타내는 경우

   떨다 → 겁내다   죽이다 → 매우 좋다[49]

   뒤집어지다 → 엄청나게 재미있어 하며 웃다

---

49 '맛이 매우 좋다'는 뜻으로 '맛이 죽인다'는 표현을 쓰기도 한다. 이것은 '맛이 매우 좋아(원인) 내가 죽을 지경(결과)이라는 식이니, [결과]로써 [원인]을 나타내는 경우이다.

③ [용기(容器)]로써 [내용물]을 나타내는 경우

　　동궁(東宮) → 왕세자　　사복 → 사복 경찰

④ [시간]으로 [사물]을 나타내는 경우

　　아침 → 아침밥　　　　저녁 → 저녁밥

⑤ [具象]으로 [抽象]을 나타내는 경우

　　자리 → 위치　　　　　꽃다발 → 축복

　　환유가 이뤄지는 기제는 다양하다. '주물럭'이라는 맛있는 요리 이름
이 있다. 이것은 음식을 장만하는 과정의 특성을 이용하여 요리 이름으
로 삼았으니, [과정]으로써 [결과]를 나타내는 경우로 볼 수 있을 것이
다. 어떤 제품의 브랜드(brand) 이름 및 발명가나 생산회사 이름이
동일한 기능을 가진 모든 제품의 이름(일반명사)으로 쓰이게 되는 경
우가 있다. 미용실이나 이발관에서 쓰는 삭발기구인 바리캥[hair clip-
per]은 그것을 최초로 만든 프랑스의 회사 이름(바리캉＆마르
Bariquant＆Marre)이다. 자동차의 경음기(警音機)를 흔히 클랙슨
(klaxon)이라 하는데, 이것도 회사 이름이다. 우리는 흔히 스태플러
(stapler)를 호치키스라고 하는데, 이것은 발명가의 이름(B. B.
Hotchkiss)이다. 우리의 주요 교통수단의 핵심적 요소인 디젤엔진은
그것을 발명한 독일인 루돌프 디젤(1858~1913)의 이름에서 나온 것이
다. 트렌치코트(trench coat)를 흔히 바바리코트(burberry coat)라고
하는데, '바바리'는 이 제품을 처음 고안한 영국인 이름(Thomas
Burberry)이기도 하고 브랜드 이름이기도 하다. 우리가 흔히 화학섬유
를 가리키는 데 쓰는 나일론(nylon)은 미국 듀퐁(Du Pont)사 제품들의

브랜드 이름이다. 음식에 넣어 맛을 내는 조미료로 국내에서 최초로 생산된 제품의 브랜드 이름이 '미원'인데, 한 때 모든 조미료를 '미원'이 라고 일컬은 적이 있었다.

'가슴이 아름다운 여자'에서의 '가슴'은 [乳房]의 의미이다. '가슴'의 원래 뜻이 [胸廓]이라면, '흉곽' 속에 '유방'이 위치해 있는 것이므로, 그것들은 서로 공간적으로 인접해 있다고 보아 환유로 처리할 수 있을 것 같지만, 통상 제유의 예로 처리한다. 제유는 [부분]과 [전체]사이에서 발생하는 것인데, 지시물로서의 [흉곽]과 [유방]은 분리될 수 없는 것이 므로 [부분]과 [전체] 사이의 관계로 볼 수 있다. 그러나 [頭]와 [頭髮], [鼻]와 [鼻液]등은 인접해 있을 뿐 분리될 수 없는 것은 아니다.

〈2.2.2〉 제유

의미영역이 넓은 표현을 의미영역이 좁은 표현 대신 쓰거나, 의미영 역이 좁은 표현을 의미영역이 넓은 표현 대신 쓰는 등과 같이, 의미영역 이 다른 두 표현 사이에서 일어나는 비유법이 제유(提喩 synecdoche) 이다. '일할 손이 달리다'와 같은 표현에서 /손/은 [人]의 의미인데, 의미 영역이 좁은(부분) [手]의 명칭인 /손/이 의미영역이 상대적으로 넓은 (전체) [人]을 가리키는 쪽으로 전이된 것이다. 이러한 과정을 거쳐 /손/의 의미가 확대된다.

(15)

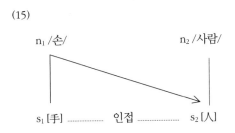

제유는 환유의 한 특별한 경우로 보는 것이 보통이다. 재유가 발생하는 기제를 몇 가지 유형으로 나누어 제시하면 다음과 같다.

① [부분]→[전체]의 경우

입→가족   손→사람

코→얼굴   고추→아들

약주→술   딸기코→딸기코를 한 사람

② [특수]→[일반]의 경우 : 의미범위의 전용[50]

영감[51]→노인   아저씨[52]→젊은 남자

세례→덮어 씀   복음→반가운 소식

십자가→희생   해부→분석

홈런→대성공   히트→인기

감투→벼슬   출혈→손해

송사리→자질구레한 것

③ 고유명사→보통명사의 경우

서울→수도   강 태공→낚시꾼   돈키호테→猪突人

④ [전체]→[부분]의 경우

가슴→폐/유방   양식→쌀

---

50 의미영역이 확대된 경우이다.
51 정삼품에서 종이품까지의 관직에 있는 사람을 가리키던 말이다.
52 '부모와 같은 항렬에 있는, 아버지의 친형제를 제외한 남자를 이르는 말'이 중심의미이다.

미인 → 미녀   틀 → 재봉틀

⑤ [일반] → [특수]의 경우 : 한정명명(限定命名)[53]

　　활용(活用) → 활용(어미)[용언의 굴절(conjugation)]

　　안음[抱擁] → (문장의) 안음[문장의 내포]

　　귀[耳] → [바둑판의 모서리 부분],　돌[石] → (바둑)돌

　　멧새[山鳥] → 멧새[山鳥 중의 一種]

　　긴발톱할미새[할미새 중에서 발톱이 긴 새] → [새의 한 종(種)]

　　부활 → 예수의 부활,　　벌이 → 돈벌이

⑥ 보통명사 → 고유명사인 경우

　　대원군[임금의 부친] → 대원군[고종의 부친](흥선 대원군)

〈2.3〉 명칭 사이의 유사성 때문에 의미가 전이된 경우

　문제의 단어들 사이에 의미상의 관련성은 없으나 어떤 이유로 명칭 (소리)이 서로 비슷해지면 그러한 단어들 사이에 의미의 전이가 발생 할 수 있다.

　다음 그림에서 보듯이, 'n_1-s_1'의 단어와 'n_2-s_2'의 단어는 의미상의 관련성이 전혀 없었으나 음운변화가 발생하여 n_1과 n_2가 비슷하여지 자, s_2를 뜻하기 위하여 n_1을 사용하게 되는 현상이다. 이렇게 되면 n_1은 s_1의 의미 외에 s_2의 의미도 보유하게 되어, 결과적으로 의미변화 (확대)가 이뤄지게 된다.

---

53 의미영역이 축소된 경우이다.

(16)

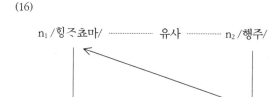

행주치마는 행주대첩과 관련된 민간어원으로 유명하다. 행주대첩은 임진왜란 때 행주산성에서 권율 장군을 중심으로 한 조선군 삼천여 명이 왜군 삼만 여명의 공격을 막아내면서 크게 승리한 전투이다. 그런데 당시 성 안의 부녀자들이 앞치마에 돌을 담아 날랐고 화살이 떨어진 조선군들은 이 돌을 성 아래 왜군들한테 던져 승전에 크게 기여했으며, 이런 연유로 부녀자들의 앞치마를 '행주치마'라고 일컫게 되었다는 이야기가 전해 내려온다.

'행주치마'의 중세국어 어형은 '힝즈쵸마'인데, 행주대첩이 일어나기 76년 전인 1517년(중종 12년) 최세진이 펴낸 『사성통해(四聲通解)』에 이 말이 실려 있으니, 행주치마의 그러한 어원 풀이는 사람들이 지어낸 것임을 알 수 있다. 참고로 『역어유해(譯語類解)』란 책에서는 '힝즈'를 '말포(抹布)'라 하였는데, '닦고 지우는 천'이란 뜻이니, 오늘날 부엌에서 쓰는 행주와 같은 말이다.

사람들이 어떤 대상을 인식할 때 그것과 이름[소리]이 같거나 유사한 다른 대상을 떠올리는 것은 가장 단순하면서도 자연스러운 현상이다. 초등학교 시절 친구들의 별명을 지을 때 가장 쉽게 할 수 있는 방식이 바로 이 방식이다. 유치하다고 하여 놀림감이 되는 이른바 '아재개그'라는 것도 동일한 방식을 이용한 것이라는 데서 그 단순함을 이해할 수 있다

〈2.3.1〉 민간어원

/힝즈/에, 그것과 비슷한 명칭의 /행주(대첩)/와 결부된 훌륭한 역사적 의미를 부여하고자 한 언중들의 노력에 힘입어, /행주치마/에서의 /행주/가 [幸州]의 의미를 가지게 되는 것과 같은 과정을 민간어원(popular etymology)이라고 한다.

'한량(閑良)'은 원래 '벼슬을 하지 못하고 놀고먹는 무반(武班)'이란 뜻이었는데, '한량→할량으로 발음되는 과정에서 /할/이 그것과 명칭이 비슷한 /활/의 의미인 [弓]에서 연유된 것으로 생각하여 [弓]의 의미를 취하게 되었다. 그리하여 [활이나 쏘며 사냥이나 다니는 건달]이란 뜻으로 바뀌게 되고 발음도 /활량/인 것처럼 여기게 되었다. 오늘날은 [놀고먹는 건달]이란 뜻으로 바뀌어 쓰이니 원래의 의미와 비교하면 그 차이가 크다. '캐내려 하는 광물이 많이 묻혀 있는 광맥(鑛脈)'을 뜻하는 단어 '노다지'가 영어의 'no touch'에서 왔다고 생각하는 것도 대표적인 민간어원설의 예이다.

〈2.3.2〉 한자부회(漢字附會)

어원이 불분명한 단어를 그것과 비슷한 명칭의 한자에서 그 어원을 찾으려는 노력에서 비롯된다. '가난(〈艱難간난)'을 '家難'에서 '마감'을 '磨勘'에서 출발한 것으로 보는 것이 대표적인 예이다.

⟨2.4⟩ 명칭 사이의 인접성 때문에 의미가 전이된 경우

(17)

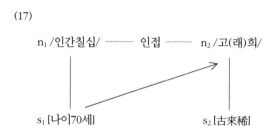

/고희/가 [칠십 세의 나이]라는 의미를 가지게 되는 쪽으로 의미변화가 일어난 이유는 그러한 의미를 가진 명칭 /인간칠십/과 붙어 쓰이게 되었기 때문이다. '불혹(不惑, 40세), 지천명(知天命, 50세), 이순(耳順, 60세), 종심(從心, 70세)' 등도 마찬가지다.[54]

이러한 예들은 문제의 단어들이 인접되어 쓰이는 과정에서 한 쪽의 의미가 다른 쪽으로 전염(傳染)되어 들어간 것으로 볼 수 있다. /아침/과 /밥/이 붙어 쓰이게 되면 /밥/의 의미가 /아침/쪽으로 옮아 들어가 /아침/만으로도 [朝食]의 의미를 나타낼 수 있게 된다. 부사 '별로'는 반드시 부정의 서술어와 호응하여 쓰인다. 이러한 과정에서 '별로'만으로도 그러한 의미를 나타낼 수 있게 되었다.

---

54 논어 위정편(爲政篇)에서 공자는 자신의 학문과 수양의 단계를 나이별로 언급하고 있다. 十有五而志于學(십유오이지우학)[열다섯에 학문에 뜻을 두었다], 三十而立(삼십이립)[서른에 학문의 기초를 확립했다], 四十而不惑(사십이불혹)[마흔이 되니 미혹됨(의심스러운 것)이 없어졌다], 五十而知天命(오십이지천명)[쉰이 되어 하늘의 뜻을 알았다], 六十而耳順(육십이이순)[예순이 되니 무슨 말이든지 쉽게 이해되었다], 七十而從心所欲不踰矩(칠십이종심소욕불유구)[일흔이 되니 마음이 하고자 하는 바를 따라도 법도를 넘지 않았다]. 해석은 성인출(2018)을 참고했다.

〈2.5〉 명칭과 의미의 복합관계에 의한 변화

(18)

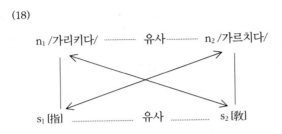

'가리키다(指)'와 '가르치다(敎)'는 원래 'ᄀᆞᄅ치다(指/敎)'에서 '의미 분화에 따른 형태분화'의 과정으로 갈라진 것이다. 중세국어에서는 'ᄀᆞᄅ치다'가 [指]와 [敎]'의 의미를 다 가지고 있었다.

(19) (a) 머리 하늘홀 ᄀᆞᄅ치고(금강경삼가해) — [指]

　　　 (b) 訓은 ᄀᆞᄅ칠 씨오(훈민정음) — [敎]

'가리키다'와 '가르치다'는 명칭과 의미 모두가 서로 유사한 까닭으로 그 둘의 의미를 명확히 구분하지 않고 혼용하는 경우가 흔히 있다. 만일 /가리키다/가 [指] 외에 [敎]의 의미까지 가지게 되었거나, /가르치다/가 [敎] 외에 [指]의 의미까지 갖게 되었다면, 두 단어 모두 의미가 확대되었다.

[5.3] 보충자료(1): 우리의 삶에서의 금기어와 완곡어

　필자의 할머니(1900~1982)한테는 '호랑이'란 말 그자체가 대단한 두려움이었다. 필자가 어릴 때 두메산골의 할머니 집에 놀러가서 할머니와 같이 자면서 호랑이 이야기를 해달라고 하면, 사정없이 옆구리를 치면서, 호랑이가 바로 문 앞에 와 있는 듯이, 두려운 목소리로 '큰짐승' 이야기는 함부로 하는 것이 아니라고 하신다. 할머니는 언제나 '호랑이'(금기어)라 하지 않고 '큰짐승'(완곡어)이라 했다. 할머니가 소녀이던 시절엔 뒷산에서 나물 캐던 소녀(할머니 친구)가 호랑이한테 물려가는 일도 있었다고 한다.[55]

　필자의 집안에는 호랑이와 관계된 재미있는 이야기가 있다. 필자의 고조할머니(1849~1908)는 호랑이가 내려와 우리 집 개를 물고 가는데, 끝까지 따라가 다시 뺏어 왔다고 한다. 필자의 어머니가 우리에게 수십 번도 더 이야기 한, 우리 집안의 전설 같은 이야기다. 필자의 고조모는 진양 강씨(晉陽 姜氏)인데(천하장사요 훌륭한 연예인인 강호동씨가 경남 진양군 사람임), 기골이 남자처럼 장대하여 무척 힘이 세었다고 한다. 하루는 농사일을 끝내고 식구들끼리 저녁을 먹고 있는데, 호랑이가 내려와 마당에 묶여 있던 개를 물고 간다. 식구들 모두 벌벌 떨면서

---

55 필자 집안의 조상들이 누대로 산 지역(경남 창원시 마산합포구 진전면 여양리)은 우리나라에서 손꼽힐만한 두메산골이다. 독일인 외신기자 위르겐 힌츠페터씨가, 1980년 광주사태가 한창 벌어지고 있는 와중에, 김사복씨라는 택시기사의 도움으로 광주에 잠입 취재하여 광주사태의 참상을 세계에 알리게 되는 과정을 그린 영화 '택시 운전사'(2017년 개봉)에서, 힌츠페터씨가 김사복씨의 택시를 타고 지도에도 없는 험한 산골짜기 샛길을 통해 광주로 몰래 들어가고 나오는 장면이 나오는데, 그 장면을 촬영 한 곳이 바로 이곳이다. 강원도 정선군 출신의 영화감독 (장훈)이 어떻게 경남 산골의 이 첩첩산중 샛길을 찾아냈는지 참 신기하다.

식은땀만 흘리는데, 우리의 용맹무쌍한 고조할머니, 맨발로 내려와 호랑이를 쫓으면서 천둥 같은 고함을 치신다.: "네 이놈, 그 나 또라(그곳에 놓아 둬라)!" 발로 땅을 치고 몽둥이를 휘두르며 뒤쫓아 가면서 물려 가는 개 꼬리를 잡아당긴다. 그렇잖아도 덩치 큰 개를 물고 가니 힘든데, 강호동이 같은 할머니가 뒤에서 당기니, 호랑이는 또 얼마나 힘들었겠는가? 개 한 마리 가지고 너무 한다는 생각도 했을 것이다. 지친 호랑이, "에이 더럽고 치사해 그냥 두고 간다."라는 식으로, 개를 놓고 그냥 산으로 올라가더란다

필자는 이런 얘기를 듣고 믿을 수도 믿지 않을 수도 없었다. 아무리 힘이 세다고 해도 여자 혼자서 호랑이와 대적한다는 것은 상상하기 어려운 일일 것이다. 그러나 고조모의 그러한 활약상을 며느리인 증조모가 직접 눈으로 확인했고, 그 증조모와 필자의 어머니는 십 수 년을 한 집에서 살았는데, 증조모가 자신의 시어머니 얘기를 자신의 손자며느리한테 입에 침이 마르도록 들려준 것이니, 어찌 믿지 않을 수 있겠는가?

그러면 당시의 우리나라에 호랑이와 표범 같은 동물들이 어느 정도 살고 있었을까? 지금부터 100여 년 전만 하더라도 상당한 수의 큰짐승들이 살고 있었던 것으로 보인다. 일제시대인 1915년부터 1944년까지 30년 동안, 조선총독부가 경찰과 헌병대를 동원하여 호랑이나 표범 같은 짐승들을 잡아 죽이는 이른바 '해수구제작전(害獸驅除作戰)'을 감행하였고, 특히 1910년대엔 '정호군(征虎軍)'이라 하여 수십 명의 일본인 전문 포수들이 집단으로 돌아다니며 호랑이와 범을 사냥하였다. 이 기간 동안 포획된 호랑이가 80마리이고 표범이 624마리라고 하니 (매일신문 인터넷, 2000년 9월 19일자), 그보다 훨씬 전인 필자의 고조모 시대엔 얼마나 많은 호랑이와 표범이 우리의 산야를 누비고 다녔을

지 짐작이 되고도 남는다. 일본열도에는 원래 이러한 짐승들이 없었고, 표범의 가죽은 무늬나 색깔이 매우 아름다워 일본 여자들에게 대단한 인기였다고 한다. 우리의 백두대간을 포효하며 휘젓고 다니던 큰짐승들이 이 시기에 거의 절멸된 것으로 보인다. 사진이 남아 있는 마지막 호랑이는 1921년 경주 대덕산에서 포획된 것이고, 1962년과 1963년 가야산과 지리산에서 한 마리씩 포획되어 당시의 창경원으로 보내진 표범이 우리나라에서 발견된 마지막 큰짐승인데, 기록만 있을 뿐 사진이 남아있지 않다고 한다. 1944년 늦가을 경북 영양군 일월산에서 당시 청송경찰서 안덕 주재소(지서/파출소)에서 근무하던 김차한(金次漢) 씨가 포수들과 함께 잡은 표범은 사진이 남아있다(김차한 씨의 부인인 김순현 씨가 수 십 년 동안 보관하고 있다가 2000년에 공개함, 표범을 잡아 주재소 마당에 갖다 놓고 기념 촬영을 한 것인데, 당시엔 겁이 나서 근방에도 못 갔고, 잡히지 않은 나머지 한 마리가 밤마다 마을 앞산에 와서 울부짖는 통에 동네 사람들이 겁이나 집밖을 나가지 못했다고 증언한 바 있다). 이 표범은 몸무게가 60~70kg 정도 되고 몸길이는 꼬리 길이 1m를 포함하여 2.5~2.6m정도라고 한다(누르스름한 바탕색에 검은색 고리무늬가 촘촘한 러시아산 아무르표범과는 달리, 백호라고 느껴질 정도로, 흰색 바탕에 굵직한 검은 점무늬가 붓으로 툭툭 찍은 듯 듬성듬성 박혀 있고, 날씬한 허리와 듬직한 다리를 가진, 10년생 정도의 수표범이었음). '고양이-삵-시라소니-표범-호랑이'로 이어지는 고양이과 짐승들 중, 지금 남아 있는 것은 고양이와 삵뿐이다.

필자와 필자의 형제들은 이런 기록을 보고, 고조할머니가 대적했던 큰짐승은 호랑이가 아니고 표범일 것이라는 결론을 내리게 되었다. 우리나라 사람들은 호랑이라 하기도 하고 범이라 하기도 하는 등, 호랑이와 표범을 분명히 구분하지 않고 말하는 경향이 있다. 우리 집에 내려왔던 큰짐승이 호랑이였다면 개를 물고 재빨리 튀었을 것이고, 우리 고조할머니한테 뺏기지 않았을 것이다. 표범이, 초보 표범이 배가 고파 민가로 내려와, 겨우 개 한 마리 물고, 힘이 달려 질질 끌고 가는데, 겁 없는 할머니가 고함을 치면서 뒤에서 당기니, 눈물을 머금고 그냥 두고 간 것이다.

필자는 요즘 기회만 있으면, 우리 집안의 아이들에게 이런 이야기를 해댄다. 온갖 살을 붙여 흥미진진하게 꾸민다. 하도 많이 들으니 아이들이 이젠 싫증을 낸다.

[5.4] 보충자료(2): 명칭의 유사성과 아재개그 그리고 언중의 상상력

의미는 무시하고 단지 소리가 같다는 점 때문에 발생하는 연상 작용은 가장 단순한 방식이다. 젊은이들이 매우 싫어하는 이른바 '아재개그'가 모두 이런 방식이다.

[q] 손가락을 영어로 하면 핑거이다. 구부린 손가락은?

[a] 안핑거.

[q] 그러면 주먹을 쥔 것은?

[a] 오므링거.

[q] 발이 유명하고 인기 있는 사람은?

[a] 바리스타.

[q] 광에서 나온 아기는?

[a] 과매기.

[q] 신이 낳은 아기는?

[a] 갓난아기.

[q] 사자가 숙제를 제 때 못 하는 이유는?

[a] 밀림의 제왕이기에.

[q] 베를린 음식을 먹으면 안 되는 이유는?

[a] 독일수도.

[q] 프랑스에서 라면을 먹으면 안 되는 이유는?

[a] 불었으니까.

[q] 대머리 아저씨가 총을 한 발만 쏜 이유는?

[a] 두발이 없어서.

[q] 사파리 공원의 입장료는?

[a] 4,820원.

[q] 소가 단체로 노래하는 것은?

[a] 단체소송

[q] 개가 사람을 가리키는 것은?

[a] 개인지도.

[q] 맥주가 죽기 전에 남긴 말은?

[a] 유언비어.

[q] 세상에서 가장 쉬운 숫자는?

[a] 190,000.

이러한 개그가 아재개그라 하여 놀림감이 되는 것은 너무 단순하여 유치해 보이는 점이 그 이유일 것이다.

명칭(소리) 사이의 유사성을 이용하는 방식은 매우 단순하여 누구나 쉽게 이용할 수 있다. 이름이 '지영이'이면 예외 없이 '지렁이'라고 놀린 초등학교 때의 기억이 있을 것이다. 지명과 관련된 많은 민간어원도 동일한 방식에서 생긴다. 서울시 도봉구의 방학동(放鶴洞)은 학과 관련된 유래가 있는 곳인데[56], 어른들은 아이들이 늘 방학(放學)이라고 생각하여 공부를 게을리 할까 봐 걱정이라고 한다. 강서구 방화동(榜花洞)[57]은 참 아름다운 이름이지만 '방화(放火)'가 연상되어 소방관들이 걱정이 크다고 한다. 대구시에는 황금동(黃金洞)이라는 동이 있다. 원래는 황청동(黃靑洞)이었는데, 사람들이 '황청'을 저승의 뜻인 '황천(黃泉)'과 연결시켜 생각하는 바람에 이름을 바꾸었다고 한다.

대구시 수성구의 대흥동(大興洞)은 원래 내관동(內串洞)이었다. 민간에서는 '안곶이, 내곶' 등으로 불렸다. 우리말 지명에서 '곶'은 '호미곶, 장산곶' 등에서 보듯이 육지에서 바다 쪽으로 뾰족 튀어나온 형상의 땅을 가리키는 것인데(한자 串은 '꿰다'는 뜻이고 '곶'도 '곶감' 등에서 보듯이 같은 뜻이 있다), 이 곳은 그러한 형상의 땅이 육지 안에 있다고 해서 '내곶, 내관, 안곶이' 등으로 불린 것이다. 그런데 1914년 일제시대 초기 전국행정구역통폐합 때 담당자의 실수로 꿸 串자 밑에 마음 心자가 들어가게 되어 내환동(內患洞)이 되어 그 뜻(내부에 근심이 있는 동네)이 아주 이상하게 되었다. 나중에 글자만 바꾸어 내환동(內還洞)으로 고쳤지만 여전히 '內患'을 떠올리게 되니, 2001년에 지금의 이름으로 바꾸었다. 2002년 월드컵 축구경기가 열렸던 경기장(대구

---

56 이 지역에 조선 시대부터 방학굴이란 마을이 있었는데, 이 곳에 많은 학이 평화스럽게 앉아 놀고 있어 그런 이름이 붙었다고 한다. 이런 얘기는 국토지리정보원의 『한국지명유래집(중부편)』(진한엠앤비, 2015)에 있다.
57 사시사철 꽃이 피어 꽃향기가 퍼지는 개화산(開花山) 옆에 있는 동네라는 뜻으로 방화동이라는 이름이 붙여졌다고 한다. 이웃에 개화동이란 동도 있다.

스타디움) 앞의 지하차도 이름이 처음에는 '내곳 지하차도'였는데, 얼마 안 가 '월드컵 지하차도'로 바뀌었다. 경기장 뒤쪽에 있는 저수지 이름이 내관지(內串池)여서 '내관'이란 지명은 남아있지만 '내곳'은 사라지고 말았다. '월드컵'이란 말은 그냥 두어도 대대손손 흥성할 것이지만, '내곳'이란 말은 일종의 문화재요 멸종위기 동물과 같은 것이어서, 자주 사용하여 보호해야 함이 절실한데, 그러한 인식이 지명 변경에 관계한 사람들의 머릿속에 없었다는 점이 참으로 아쉽다.[58]

경남 함안군과 창원군(창원시) 경계에 여항산이란는 산이 있다. 지역 주민들은 '각데미산'이라고 하는데 여기에도 참 재미있는 민간어원이 있다. 이 산은 6.25전쟁 때 치열한 격전지였다. 당시 북한의 인민군이 남한의 거의 대부분 지역을 점령했고, 마산과 부산 지역만 간신히 국군과 유엔군이 막아내고 있었는데, 이 각데미산은 이 지역을 지키고 뺐는데 핵심적 요충지였다. 만일 이 곳을 적군한테 뺏기면 마산과 부산이 연이어 함락될 가능성이 커 아군이 결사적으로 항전했다고 한다. 아군이 이 산을 지켜냈기에 적군이 마산으로 들어가지 못한 것이다. 만일 마산이 함락되었다면, 마산과 부산 사이는 평야지대여서 지리적 장애물이 없었으므로, 부산까지 단숨에 적군에게 함락되었을 가능성이 크다. 그렇게 되었다면 당시 부산에 피난 와 있던 남한 정부는 제주도로 쫓겨 가고 한반도는 공산화되어, 우리는 지금 김정은 위원장 치하

---

58 우리나라에 예술 공연장 같은 문화공간의 이름을 '○○아트피아'와 같은 식으로 지어 놓은 곳도 있다. 이는 'art'와 'utopia'라는 영어 단어를 조합한 것인데, 참 어처구니없고 한심한 일이다. 영어에 art라는 단어와 utopia라는 단어는 있어도 'artpia'라는 단어는 없다. 그것은 영어가 아니고 영어처럼 보이는 족보 없는 괴물 말일 뿐이다. 영어가 아니더라도 영어처럼 보이기만 해도 뭔가 있어 보인다고 생각하는 사람들이 우리나라에 참 많다.

에서 살고 있을 것이다.

 이 산에서 벌어진 엄청난 전투는 산 밑에 살던 지역 주민들이 생생히 기억하고 있다. 당시 주민들은 아군 전투기의 공습을 피해(아군 전투기들이 주민들과 피란민들을 인민군으로 오인하여 공습하는 일이 있었다고 함) 에비소라는 이름의 광산굴(일제시대 때 크게 개발되었던 구리 광산의 굴) 속에서 피난살이를 하고 있었는데, 아군 전투기의 공습에 속수무책이었던 인민군들이 그 굴로 들어오는 바람에 한동안 함께 지냈고, 인민군들한테서 기름을 얻어 등잔불을 밝히는, 상상하기 힘든 일도 있었다고 한다. 필자 어머니의 증언에 의하면, 인민군들은 아군 전투기의 공습 때문에 낮에는 굴속에서 자고, 어두워지기 시작하면 모자에 풀을 꽂아 위장을 하고 질서정연하게 산 위로 공격해 올라갔다가, 밤새 공격에 실패하고는 새벽녘이 되면 산 아래로 내려와 굴속으로 들어오는데, 여러 들것에는 죽은 군인들이 실려 있고 중상을 입은 군인들이 온몸에 피와 흙이 범벅이 되어 "아주머니 물 좀 주세요." 라며 비명을 질러대는 아비규환이 벌어졌다고 한다. 인민군들은 이 산을 점령하기 위해 달포 가까이 집요한 공격을 했지만 끝내 실패하고 아군의 인천상륙작전 이후 북으로 패퇴했다. 이러한 과정에서 아군의 피해도 막심했고, 특히 미군의 사상자가 많았다. 인민군의 집요한 공격에 진절머리 난 미군들이 이 산을 가리키며 '갓뎀(God demn)'이라고 하여, 각데미산이 되었다는 설이 이 지역 사람들 사이에 널리 퍼져 있고 진실이라고 믿고 있다. 그런데 이 산은 필자의 할아버지가 어린 시절부터(6.25전쟁 훨씬 이전부터) 각데미산이라고 했다고 하니, 언중들의 기발한 상상력이 돋보이는 민간어원이다.

 '노다지'가 영어의 'no touch'에서 왔다고 생각하는 것도 참 대단한 상상력이다. 이러한 민간어원은 그렇게 기술하고 있는 국어사전도 있을 정도이니 참 널리 퍼져 있다. 개화기 때 우리나라 안에서 금 광산을 운영하던 미국인들이 우리나라 일꾼들이 금광석을 훔쳐갈까 봐 손대지 말라고 'no touch'라고 말했고 그것으로부터 노다지란 말이 생겼다는 설이다. 설사 그렇다손 치더라도 'don't touch'라고 말했을 것이다. 광산에서 캔 금광석은 엄청나게 큰 크기의 돌이어서(제련(製鍊)공장으로 실려가 1톤당 평균 5그램의 순금이 나온다고 한다. 참고로 휴대폰 1톤을 해체하면 150그램의 순금이 나온다고 함), 훔쳐서 호주머니에 넣을 수 있는 것도 아니다. 노다지의 그러한 어원 해석은 언중들의 상상력이 만들어 낸 것이다.

문장 의미론

여기서는 논리적 사고가 중요하다. 형식 논리적 사고는 문장의 의미 탐구에 도움을 준다. 현대의 분석철학에서는 언어가 존재 세계의 모습을 열어 보여주는 논리적 도구라는 생각아 래, 언어에 대한 이론적 논리적 분석을 철학의 핵심적 연구영역으로 삼아왔다. 뿐만 아니라, 과거 전통적인 철학에서 많은 논란을 불러일으켰던 철학적 난문들이 대부분 언어의 논리적 구조를 잘못 이해한 데서 생긴 허구라고 보고, 언어를 논리적으로 분석함으로써, 그와 같은 지적 혼란으로부터 해방될 수 있다는 생각을 해 왔다. 이러한 철학적 노력은 특히 문장 의미론의 발전에 큰 역할을 했으며, 문장 의미론에서의 논리적 사고의 중요성이 잉태 되는 배경이다.

[6] 형식 의미론과 진리조건 의미론

[6.1] 형식 의미론의 개념

앞의 강의 주제 [1]에서, 의미론의 연구 대상으로 ①자연언어의 단어 의미와 문장 의미의 본질, 단어 의미와 문장 의미의 관계, ②자연 언어의 형태에 나타나는 중의성, ④단어와 단어 사이의 체계적인 의미관계 및 문장과 문장 사이의 체계적인 의미관계 등을 나열한 바 있다. 문장 의미론의 입장에서는 문장 의미의 본질, 문장들 사이의 의미관계, 문장의 중의성, 문장 의미와 단어 의미의 관계 등을 효율적으로 탐구할 수 있는 이론체계와 그 실제적 적용을 주요 관심사로 삼는다.

자연언어는 그 본질적 특성상 중의성과 모호성 등을 가진다. 다음 (1)의 문장은 중의성(ambiguity)을, (2)는 모호성(vagueness)을 가진 것으로 흔히 지적되어 온 예이다.[1]

---

1 (1)의 문장은, 엄격히 따지면, 중의성의 예로는 부적절하다. 자연언어의 중의성과 모호성에 대해서는 강의 소주제 [7.2]에서 자세히 다룬다.

(1) 철수는 칼로 연필을 깎지 않았다.

    (a) 칼로 연필을 깎지 않고 흠집만 냈다.

    (b) 다른 것으로 연필을 깎았다.

    (c) 칼로 연필이 아닌 다른 무엇을 깎았다.

(2) 신성일의 영화는 재미있다.

    (a) 신성일이 감독한 영화는 재미있다.

    (b) 신성일이 출연한 영화는 재미있다.

    (c) 신성일이 제작한 영화는 재미있다.

    …… 등등

이것은 언어(자연언어)와 세계가 1:1의 대응관계에 있지 않음을 보여주는 예이다. 따라서 자연언어는 중의성과 모호성의 보유라는 그 본질적 특성상 의미론의 상위언어(meta language)로는 적절치 않다고 본다.

기호언어와 같은 인공언어가 중심이 된 논리체계(형식논리체계)를 이용하여 자연언어의 문장의미론을 전개시켜 나가는 이론 체계가 형식 의미론이다. 그것은 일체의 모호성과 중의성이 배제되고, 하나의 언어적 표현의 문법적 형식이 그것의 논리적 구조와 일치하는 완벽한, 이상적인 인공언어의 체계를 만들어 자연언어의 숨어있는 논리적 구조를 밝히고자 하는 것이다.[2]

논리학은 통사론과 의미론으로 구성된다. 자연언어에는 수많은 어휘가 있고 이 어휘로 무한수의 문장을 만들어 내는 유한수의 규칙이 있어, 이것들이 통사론을 이루고, 이에 대한 의미해석이 의미론을 구성

---

2 이에 대한 언어철학적 배경에 대해서는 강의 소주제 [6.3]을 보라.

한다. 마찬가지로 논리학에도 어휘(기호)가 있고, 이것으로 적형식(well-formed formula)을 만들어 내는 규칙이 있으며, 또한 이 적형식에 대한 의미해석을 하므로, 자연언어와 논리언어는 본질적인 면에서 닮았다고 할 수 있다. 논리학에서 말하는 의미론은 그 자체가 자연언어의 의미론은 아니다. 그러나 자연언어의 의미론을 논하는 언어학에서 논리학을 필요로 하는 것은 둘 다 언어라는 점에서 동일하기 때문이다.

형식 의미론은 (a)진리조건 의미론(truth conditional semantics), (b)모형이론 의미론(model-theoretic semantics), 그리고 (c)가능세계 의미론(possible worlds semantics)이라는 주요 특징을 갖는다. 형식 의미론은 학부의 수업에서는 다루기가 힘든 주제여서, 여기서는 진리조건 의미론의 특징에 대해서만 따로 강의 소주제를 설정하여 다룬다.

[6.2] 진리조건 의미론의 대강

〈1〉 들어가기

〈1-1〉 다음에서 '참말' 또는 '거짓말'로 판명될 수 있는 경우를 골라보라.

(1) (a) 이순신 장군이 거북선을 만들었다.

　　(b) 이순신 장군이 거북선을 만들었니?

　　(c) 우리 모두 거북선을 만들자.

　　(d) 나는 거북선을 서기 2030년 이전에 발견할 수 있다.

(e) 육교를 이용하여 길을 건너라.

(f) 뉴욕은 미국에 있다.

(g) 너는 왜 공부를 하지 않는가?

〈1-2〉 어떤 집의 두 자매를 염두에 두고 다음과 같은 말을 했다고 보고 다음 물음에 답하라.

(2) (a) 저 집은 언니만 예쁘다.

(b) 저 집은 언니는 예쁘다.

[Q1] 언니가 예쁘고 동생이 그렇지 않은 경우, (a)와 (b)는 각각 참말이 되는가, 거짓말이 되는가?

[Q2] 언니와 동생 둘 다 예쁜 경우에는 (a)와 (b)는 각각 참말이 되는가, 거짓말이 되는가?

〈2〉 진리조건과 의미

문장 의미론의 출발점으로서, 문장 의미의 본질을 어떻게 규정하느냐 하는 것 또한 어려운 문제를 제기한다. 진리조건 의미론에서는 문장의 의미를 그 문장의 '진리조건'과 동일시한다. 다시 말하면, 문장의 의미는 그 문장이 참(true)이 되기 위한 조건이라는 것이다.

진리조건 의미론은 어떤 언어에 속하는 문장들 하나하나가 어떤 상황(조건)에서 참이 되고 거짓이 되는지를 밝혀 주는 것을 목표로 삼는다. 한 문장이 참이 된다는 것은 무엇을 의미하는가? 전통적으로 '참'은 실제(reality)와의 일치를 뜻한다. 사실은 사실로, 사실이 아닌 것은 아닌 것으로 말하는 것이 참말이며, 없는 것을 있다고, 또는 있는 것을 없다고 하는 것은 거짓이다. 참이라는 것은 그것과 부합하는 상황이 실제로 존재하는 것이고, 거짓은 그와 같은 상황이 존재하지 않는 것이다.

1930년대의 유럽에서는 논리실증주의의 학풍이 유행하고 있었다. 논리실증주의자들은 의미 있는 문장과 의미 없는 문장의 구분을 위해 검증의 원리를 내세우고, 모든 의미 있는 문장은 분석적 명제(analytic proposition)가 아니면 종합적 명제(synthetic proposition)이며, 이 중 어느 유형에도 속하지 않는 것은 모두 무의미한 문장이라고 했다. 분석적 명제는 동어 반복적인 것으로서 사실세계와의 대응관계를 고려하지 않아도 참·거짓이 논리적으로 결정되고, 종합적 명제는 세계의 외적 모습에 따라 진리치가 결정된다. 논리실증주의자들은 모든 경험과학에서의 진술은 종합적 명제로 구성되고, 논리학이나 수학과 같은 형식과학에서의 진술은 분석적 명제로 구성된다고 하고, 이에 비해, 과거의 형이상학적 철학은, 이러한 검증원리에 비춰보면, 의미 없는 문장의 집합에 불과하다고 보았다.

(3) 서기 1988년 서울에서 올림픽 경기가 열렸다.

앞의 (3)이 참이라는 것을 어떻게 알 수 있는가? 그것을 알기 위해서는 우리의 실세계(actual world)를 검토해 보아야 한다. 우리의 실세계에서 '1988년과 서울이라는 시간과 공간 속에서 올림픽이 개최되는 상황', 즉 (3)의 문장이 지시하는 상황(사건)이 존재했다면, (3)은 참이고, 그렇지 않으면 거짓일 수밖에 없다.

이러한 이론 체계는, 언어(문장)의 의미를 파악하기 위해, 언어 이외의 세계의 존재를 전제한다. 언어의 의미를 알기 위해서는, 언어 이외의 세계가 있어야 되고, 그러한 세계에서 해당 문장이 지시하는 상황과 일치하는 상황이 존재하는가를 따져야 한다. 이와 같이 '참'을 어떠한 실제적 상황과 일치하는 것으로 보는 진리관을 '대응설(對應說 corre-spondence theory)'이라고 한다. 이러한 점에서 진리조건 의미론은 지시적 의미론과 통한다.

〈3〉 타르스키의 진리치 공식

진리조건 의미론은 논리학자 Tarski(1933)의 진리 이론을 의미론에 도입한 것이다. 이 이론이 도입됨으로써 의미론은 공허하고 비논리적이고 또 비과학적이라는 평판을 벗어 던지게 되었다. 타르스키의 진리 이론에 관한 공식은 다음과 같다.

(4) S is true if and only if P.

여기서 S는 문장의 이름이고, P는 그 문장의 참을 보증하는 조건이다. 문장 S의 의미가 P라는 뜻이다. 이 공식을 자연언어에 적용한 유명한 예를 들어 본다.

(5) 'Snow is white' is true if and only if snow is white.

[6.3] 보충 설명 : 언어와 세계와 철학[3]

⟨1⟩ 언어와 철학의 관계

전통적인 언어철학(philosophy of language)에서부터 현대의 분석 철학(analytic philosophy)에 이르기까지 철학자들은 언어에 대해 깊은 관심을 가져 왔다. 철학의 언어에 대한 관심은 플라톤의 대화편 크라틸 루스에서도 드러나고 있다.

서양에서의 철학(philosophia)은 원래, 인간의 순수 이론적 탐구를 두루 일컫는 용어였다. 그러나 물리학 심리학 등으로, 실재세계의 구조를 실증적으로 연구하는 학문이 분과 독립함에 따라, 철학은 더 이상 그와 같은 실세계의 문제를 직접적으로 다룰 수는 없게 되었다. 현대와 같이 사물의 세부적인 구조에 대하여 치밀한 분석과 설명을 요구하는 시대에 한 개인이 모든 존재 현상의 근본 구조를 직접적으로, 실증적으로 연구한다는 것은 불가능하다고 하지 않을 수 없다. 그러므로 그러한 존재 현상에 대한 전체적 통찰을 얻기 위해서는 여러 분과 학문의 이론을 분석 검토하는 이차적(간접적) 방식에 의존할 수밖에 없다.

그런데 각 분과 학문의 이론은 언어의 체계(진술의 집합)에 지나지 않으므로, 현대의 분석철학에서는 언어에 대한 이론적, 논리적 분석을 곧 철학의 핵심적 연구영역으로 삼는다. 제 분과 학문의 탐구 결과는 인간이 세계를 어떻게 인식(이해)하고 있느냐 하는 점을 드러내고,

---

3 이 부분은 박종갑(1988)의 일부를 간추린 것인데, 주로 이명현(1975, 1982), 김학권(1983), 김여수(1983), 박영식(역)(1987) 등을 참고한 것이다. 자세한 인용 관계는 이 논문에 기술되어 있다.

그것은 언어에 의해 기술되어 있으므로, 언어를 논리적으로 분석함으로써, 인간이 그 자신을 포함한 존재 세계를 어떻게 이해하고 있느냐 하는 점(존재 세계에 대한 인간의 이해 양식)을 밝힐 수 있다는 것이다. 그것은 여러 실증과학의 이론을 이론적으로 분석함으로써, 존재 세계의 구조를 간접적으로, 논리적으로 분석하는 방식이다.

언어에 대한 철학의 관심은, 이와 같은 적극적 측면뿐만 아니라, 소극적 측면에서도 언급할 수 있다. 분석철학에서는 과거 전통적인 철학에서 많은 논란을 불러일으켰던 철학적 난문들이 대부분 언어의 논리적 구조를 잘못 이해한 데서 생긴 허구라고 했다. 따라서 언어를 논리적으로 분석함으로써, 그와 같은 지적 혼란으로부터 해방될 수 있다는 생각을 하고 있다.

철학의 언어에 대한 관심은 언어 그 자체에 대한 관심이라기보다는, 언어가 인공언어든 자연언어든, 존재 세계의 모습을 열어 보여주는 논리적 도구라는 생각아래, 그와 같은 존재 세계의 모습이 비춰지는 현장을 확인한다는 점에서의 관심이다. 철학자들은 언어 구조에 내재하고 있는 규칙을 탐구하고자 하지 않고, 언어와 존재 세계의 관계를 탐구하고자 한다. 따라서 언어에 대한 철학적 관심의 결과는 주로 의미론과 관계된다.

언어의 의미본질에 대한 탐구를 주된 과제로 삼은 분석철학의 한 영역을 의미론(theory of meaning)이라고 한다. 의미론에서는, 어떤 언어적 표현이 의미를 갖게 되는 기준은 무엇인가라는 '유의미성(meaningfullness)'의 문제와, 서로 다른 언어적 표현들이 동일한 의미를 갖게 되는 조건은 무엇인가라는 '의미동일성(synonymy)'의 문제 및 의미란 무엇인가라는 '의미일반(meaning in general)의 문제' 등 세 가지 의문의 탐구를 주요 과제로 삼아 왔다.

20세기에 들어와서 이뤄진 언어에 대한 철학적 논의는 대략 두 가지 유형으로 나눌 수 있다. 러셀(B.Russell), 초기 비트겐슈타인(L.Bittgenstein), 카르납(R.Carnap) 등의 논리적 원자론(logical atomism)과, 후기 비트겐슈타인, 오스틴(J.L.Austin), 라일(G.Lyle), 스트로슨(P.F.Strawson) 등의 일상언어학파(ordinary language school)가 그것이다. 여기서는 첫째 유형에 대해서 간략히 소개한다.

〈2〉 언어와 세계의 관계

초기 비트겐슈타인은 러셀, 무어(G.E.Moore), 프레게(G.Frege) 등의 영향 아래, 언어에 대한 논리적 분석이 철학적 작업의 본질이라는 철학관을 갖게 되었다. 이들은 언어의 본질을 기술적(descriptive) 기능으로 파악했다. 실재세계에 대한 묘사가 언어의 본질적 기능이며, 언어는 세계를 보여 주는 논리적 그림이라는 것이다. 즉 그와 같은 기술적 기능에 의해서 언어가 언어로서의 역할을 할 수 있게 되며, 의미 있는 언어가 된다는 논리이다.

언어가 이 세계에서의 어떤 사실을 기술할 수 있는 것은, 언어와 세계가 구조적으로 동일성을 갖고 있기 때문이라고 본다. 이것은 언어 구조와 실재세계의 구조가 1:1로 대응된다는 논리로서, 언어는 본질적으로 실재세계를 반영하는 것이며, 자체로서 하나의 독립적인 자족체계라기보다는 세계의 모습을 보여주는 하나의 수단으로 본다는 뜻이다. 결국 언어와 세계는 논리적 형식(logical form)을 공유한다는 것인데, 이는 언어가 언어일 수 있기 위한 전제조건으로 상정된 것이다. 어떤 언어든지 언어로서의 역할을 하는 한, 논리적 형식의 보유를 전제하지 않으면 안 된다. 왜냐하면 그러한 전제 없이는 언어가 실재세계의 논리적 그림으로서의 역할—사실에 대한 기술적 기능—을 수행할 수 없기 때문이다.

언어의 논리적 구조가 세계의 논리적 구조와 동일하다는 주장은 실물과 사진의 예로 이해할 수 있다. 옛 친구의 모습이 담긴 사진이 있다고 할 때, 그것은 분명 친구의 실물은 아니나 주인공의 모습을 전하고 있다. 실물과 사진의 이와 같은 관계는 기하학적 유사성으로 설명할 수 있다. 우리는 예를 들어 교통사고를 직접 목격하지 않았지만, 사고 현장의 상황을 언어를 통해 알게 되는 것과 같이, 언어를 통해서 그 언어가 말하는 세계의 구조를 알게 된다. 비트겐슈타인은 이를 언어와 세계가 논리적 유사성을 보유하고 있기 때문이라고 했다.

그러면 언어가 가진 논리적 형식은 어떠한 것인가? 많은 철학자들은 실재세계를 이해하는 과정에서, 동시대의 여러 학문 중에서 가장 설득력 있고 전위적인 것을 모델로 삼았는데, 기하학, 물리학, 진화론 등이 그와 같은 모델의 역할을 수행해 왔다. 첫째 유형에 속한 여러 철학자들은 진리함수적 논리(truth-functional logic)야말로 세계의 구조를 밝혀줄 수 있는 모델 학문이라고 생각했다.

이와 같은 생각에 의해, 러셀과 초기 비트겐슈타인은 언어의 기본적인 성격을 진리함수적인 것으로, 즉 외연적인 것으로 규정했다. 우리의 언어를 구성하는 모든 명제들은 궁극적으로 단순명제들 또는 단순명제들의 진리함수적 결합에 불과하다는 논리이다. 다시 말하면, 복합문장의 진리치는 그것을 구성하고 있는 요소문장의 진리치에 의해서 결정되고, 요소문장의 진리치는 논리 외적 방법, 즉 세계와의 관계에 의해 결정되므로, 세계는 '참(true)'의 가치를 가지는 단순명제(요소명제)와 일치하는 사실들로 구성된다는 것이다. 언어와 세계에서의 사실 사이에 이와 같은 일치관계를 전제하지 않는 한, 우리는 세계에 대해 어떠한 진술도 할 수 없으며, 그것은 곧, 우리의 언어를 구성하는 명제들이 아무런 의미를 가지지 못한다는 것을 뜻한다.

〈3〉 일상언어와 인공언어

그런데 진리함수적 체계로서의 일상언어의 논리적 형식은, 일상언어가 가지고 있는 모호성과 중의성 때문에, 우리의 신체 골격이 우리가 입고 있는 옷에 감춰져 있듯이, 명확하게 드러나지 않는다고 보았다. 일상언어의 참모습(논리적 구조)은 일체의 모호성과 중의성이 배제되고, 하나의 언어적 표현의 문법적 형식이 그것의 논리적 구조와 일치하는 언어체계일 수밖에 없다. 첫째 유형에 속한 철학자들은 그와 같은 완벽한, 이상적인 인공언어의 체계를 만듦으로써 언어의 숨어있는 논리적 구조를 밝히고자 했다.

이 유형에 속한 비트겐슈타인의 초기 이론에서의 의미론은 언어 그림 이론으로 요약된다. 언어는 세계의 그림이며, 그러한 점에서 언어는 의미 있는 것이 된다는 논리이다. 이렇듯이, 초기 비트겐슈타인은 언어의 유의미성의 문제를 언어와 세계의 관련 속에서 해명하려고 했다. 이와 같은 입장에서는 반드시 언어 외의 세계를 전제하지 않으면 안 된다. 만약, 언어와 관련을 맺는 세계가 없다고 하면, 언어적 표현이 의미 있는 것임을 말할 수 있는 근거를 마련할 수 없기 때문이다. 이와 같은 생각이 앞에서 소개한 지시적 의미론과 진리조건 의미론의 토대다.

[7] 문장들의 의미관계와 의미해석

[7.1] 전제¹와 함의

⟨1⟩ 들어가기

⟨1-1⟩ 다음의 문장에서 (a)가 참이 아닐 경우(철수가 그 문제를 푸는 데 성공하지 못했을 경우), (b)는 참인 것 같은가 거짓인 것 같은가?

(1) (a) 철수는 그 문제를 푸는 데 성공하였다.
    (b) 철수는 그 문제를 끝까지 풀었다.
(2) (a) 철수는 그 문제를 푸는 데 성공하였다.
    (b) 철수는 그 문제를 풀기 위해 노력했다.

⟨1-2⟩ 다음의 문장에서 (a)가 참이 아닐 경우(철수가 자신이 운전면

---

1 여기서의 전제는 의미론적 전제 또는 논리적 전제라고 하는 것이다. 이것과 상대되는 화용론적 전제는 강의 소주제 [10.1]에서 다룬다.

허시험에 합격한 것을 몰랐을 경우), (b)는 참인 것 같은가 거짓인
것 같은가?

> (3) (a) 철수는 자신이 운전면허시험에 합격한 것을 알았다.
>
> (b) 철수는 운전면허시험에 합격하였다.
>
> (4) (a) 철수는 자신이 운전면허시험에 합격한 줄 알았다.
>
> (b) 철수는 운전면허시험에 합격하였다.

〈2〉 전제

문장 S1과 S2가 있고, S1이 참이면 S2가 '반드시' 참이 될 때, S1은
S2를 함의(含意. entailment)한다고 한다. 이때의 함의는 '전제'를 상정
하지 않은 일반적인 의미에서의 함의이다.

> (5) (a) 학생 개개인은 강의실에서 담배를 피울 권리가 있다.
>
> (b) 학생 모두는 강의실에서 담배를 피울 권리가 있다.

학생 개개인이 그와 같은 권리가 있다면, 반드시 모든 학생도 그와
같은 권리를 가지므로, (5)의 (a)는 (b)를 함의한다. 그런데 이와 같은
함의는 다음과 같은 문장들의 의미관계를 따지는 과정에서 심각한 논
쟁에 휩싸이게 된다.

> (6) (a) <u>불란서의 왕</u>은 대머리다.
>
> (b) 불란서의 왕은 존재한다.

불란서의 왕이 대머리라면 반드시 불란서의 왕이 존재하는 것이므로, 여기서도 (a)는 (b)를 함의한다고 할 수 있다. 그러나 이 경우의 (a)는, 앞의 (a)와는 달리, 한 개체의 존재에 관한 단언이라는 점에서 차이가 있어, 두 경우의 (a), (b) 관계를 달리 볼 소지가 있다.

전제(前提 presupposition)라는 용어는 다음 (7)의 밑줄 친 부분과 같은 한정적 명사구(definite noun phrase)와 관련된 존재 전제 (existential —)를 따지기 위한 철학적 논쟁에서 처음으로 도입된 것이다.

(7) <u>The king of France</u> is bald.

(8) (a) The king of France exists.

　　(b) He is bald.

Russel(1905)은 (7)을 (8)의 (a), (b) 두 명제가 연접(conjunction)된 것으로 보았다. 이와 같은 관점에서는 요소명제 (a), (b)가 동시에 참이 되어야 (7)이 참이 되므로, 불란서에 왕이 존재하지 않을 경우((a)가 거짓일 경우)에는 '불란서의 왕은 대머리다'라는 명제는 거짓이 된다.

그러나 Strawson(1950)은 러셀의 이와 같은 견해를 비판하고, (7)은 서로 다른 두 가지 유형의 정보를 서로 다른 두 가지 차원에서 전하고 있다고 하였다. 즉, (b)는 단언되어(asserted) 있으나 (a)는 (7)의 명제가 진리치를 갖기 위해 반드시 충족되어 있어야 할 선조건으로서, 전제되어(presupposed) 있다는 것이다. 이와 같은 관점에서는, 불란서에 왕이 존재하지 않을 경우((a)가 거짓일 경우)에는 '불란서의 왕은 대머리다'라는 명제는 그 진리치를 따지기 위해 필요한 선조건이 충족되어 있지 않으므로('전제'가 거짓이므로), 진리치를 따질 수 없는 '진리치 공백'이

된다. 즉, 참도 거짓도 아닌 제3의 가치를 지니게 된다는 것이다.

고전논리학에서의 진리체계는 모든 명제는 '참' 아니면 '거짓'의 가치를 가진다는 이원적 체계인데, 러셀의 주장은 이에 바탕을 둔 것이다. 한편 삼원적 진리체계[多價論理]에서는 '참'도 '거짓'도 아닌 명제가 있을 수 있음을 인정한다는 점에서 이원적 체계와 다른데, 전제는 바로 이와 같은 삼원적 진리체계에 바탕을 둔 것이다.

〈3〉 전제와 함의의 구분

한 명제의 전제는 그 명제가 참 또는 거짓의 가치를 가지는 한, 언제나 참이 되는 명제다. '(A)불란서의 왕이 대머리다'는 명제가 참이면, '(B)불란서에 왕이 존재한다.'는 명제도 참이 된다. 뿐만 아니라, (A)가 거짓이라고 하더라도(불란서의 왕이 대머리가 아닌 경우), 그것이 거짓이라고 판명되었다는 것은 불란서에 왕이 존재한다는 뜻이므로, (B)는 참이 된다. 다음의 두 경우 모두 (a)가 참이면 (b)도 참이 된다는 것이다.

(9) (a) 불란서의 왕은 대머리다.
　　(b) 불란서의 왕은 존재한다.
(10) (a) 불란서의 왕은 대머리가 아니다.
　　(b) 불란서의 왕은 존재한다.

그런데 다음과 같은 경우는 두 문장의 의미관계가 이와 좀 다르다.

(11) (a) 저것은 참새이다.

(b) 저것은 새이다.

이 경우에도 (a)가 참이면 (b)도 참이 된다. 그러나 (a)가 거짓인 경우, 즉 저것이 참새가 아닌 경우에는 제비일 수도 있고 아예 새가 아닐 수도 있으므로, (b)는 참일 수도 있고 거짓일 수도 있다. 이러한 의미관계는 함의관계로 규정되는데, (a)가 (b)를 함의한다고 하여 앞의 전제와 구분한다.

이상의 두 경우의 의미관계를 진리표로 보이면 다음과 같다.

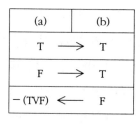

⟨(a)는 (b)를 전제한다⟩

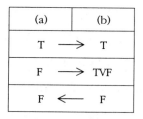

⟨(a)는 (b)를 함의한다⟩

⟨4⟩ 전제유발장치

전제는 두 개의 문장(명제) S1과 S2가 있을 때, S1도 S2를 함의하고 S1의 부정도 S2를 함의하면 성립한다고 보는 것이 보통이다. 전제관계 여부를 검증할 때도 이 방법을 쓴다.

(12) (a) 철수가 태어나기 전에 영수는 구구셈을 다 외웠다.
　　 (b) 철수가 태어났다.

위에서 (a)도 (b)를 함의하고 (a)의 부정(철수가 태어나기 전에 영수가 구구셈을 다 외우지 못한 경우)도 (b)를 함의하므로, (b)는 (a)의 전제임을 알 수 있다.

그러면 이러한 전제는 어떠한 조건에서 발생하는가? 전제의 발생과 문장의 어휘 및 통사구조에 어떤 연관성이 있는 것처럼 보인다. 어떠한 어휘 및 통사구조가 전제를 유발한다고 보면, 이와 같은 언어적 장치를 전제유발장치(presupposion trigger)라고 한다. 정희자(1999)에서는 이에 대해 아래와 같은 11가지를 제시하고 있다.

(13) ① 사실성 동사 서술어

② 함축 동사 서술어

③ 상태변화 동사 서술어

④ 반복을 나타내는 표현

⑤ 한정적 기술

⑥ 반사실적 조건문

⑦ 시제절

⑧ 비제한적 관계절

⑨ 분리구문

⑩ 의문문

⑪ 비교 또는 대조 구문

전제가 발생하는 것은 문장 속에 있는 어떤 단어의 의미 특성 때문인 경우도 있고, 문장의 통사구조 때문인 경우도 있다. 대체적으로 위의 ①~⑤는 전자의 경우에, ⑥~⑪은 후자의 경우에 해당되는 것처럼 보이지만, 이 둘이 복합적으로 작용하는 경우도 있다.

(가) 서술어가 사실성 동사인 경우

(14) (a) 철수는 [자신이 빚쟁이임]을 알고 있다.

)) (b) 철수는 빚쟁이다.

사실성 동사라는 것은 이것이 포유문 구조에서 모문의 서술어로 쓰이면, 화자가 내포문의 내용을 참이라고 전제하고 있음을 나타낸다는 뜻이다(조성식 편(1990:418-19)).[2] 위 예의 경우 (a)와 (a)의 부정(철수가 자신이 빚쟁이임을 깨닫지 못한 경우)이 모두 (b)를 함의한다면, (a)는 (b)를 전제한다. 여기서는 모문 동사 '알다'의 의미 특성이 전제가 발생에 어떤 역할을 하는 것처럼 보인다.

사실성 동사인데도 내포문의 구조가 다르면 전제가 발생하지 않는다. 위 예는 내포문이 불구보문인데, 내포문이 완형보문인 아래의 예에서는 그러한 전제가 발생하지 않는다.

(15) (a) 철수는 [자신이 빚쟁이라고] 알고 있다.

(b) 철수는 빚쟁이다.

이러한 사정으로 보아, (14)의 예에서 전제가 발생하는 것처럼 보이는 것은 동사 '알다'의 의미 특성과 불구보문인 내포문의 통사구조 때문임을 알 수 있다.

---

2 사실성 동사의 예로 realize, regret, be aware, know, be sorry that, be proud that, be glad that, be said that 등을 들기도 하는데, 이에 대응되는 한국어 표현도 동일한 작용을 하는 것처럼 보인다.

(나) 서술어가 함축 동사인 경우[3]

여기서 함축 동사라고 하는 것은 이른바 implicative verb를 가리키는 것인데, 함의동사라고 하는 것이 더 적절할 것 같다.[4]

(16) (a) 상호는 문 닫는 것을 잊었다.

   ⟩⟩ (b) 상호는 문을 닫아야 했다.

위 예에서 상호가 문 닫는 것을 잊은 경우와 잊지 않은 경우 모두 상호에게 문을 닫을 의무가 있음을 함의하는 것처럼 보인다. 이렇듯이 전제가 발생한다면 그것은 모문 동사인 '잊다'의 의미특성 때문이다. 서술어가 함축동사가 아닌 다음의 예에서는 그러한 식의 전제가 발생하지 않는다.

(17) (a) 상호는 돈을 버는 것에 관심이 있었다.

   (b) 상호는 돈을 벌어야 했다.

아래의 몇 가지 경우도 '끊다', '연달아'와 같은 단어의 의미특성과,

---

3 함축 동사의 예로 manage to, forget, happen to, avoid V-ing 등을 들고 있다.
4 다음 예에서 보듯이, 그러한 동사가 모문 서술어로 쓰일 때 긍정형이면 내포문이 참임을 함의하고, 부정형이면 내포문이 거짓임을 함의한다는 것인데, 함의동사라는 것은 이러한 뜻이다(조성식(편), 1990:565).

(a) John managed to open the window.
   → John opened it.
(a) John didn't manage to open the window.
   → John didn't open it.

'달수'와 같은 고유명사 등에 기인하여 그런 식의 전제가 발생하는 것처럼 보인다.

(다) 서술어가 상태변화 동사[5]인 경우

(18) (a) 철수는 담배를 끊었다.
〉〉 (b) 철수는 담배를 피워 왔다.

(라) 반복을 나타내는 표현[6]이 있는 경우

(19) (a) 민수는 사흘 연달아 술을 마셨다.[7]
〉〉 (b) 민수는 술을 마신 적이 있다.

(마) 한정적 기술[8]인 경우

(20) (a) 영식이는 달수의 누이동생과 결혼했다.
〉〉 (b) 달수는 누이동생이 있다.

그리고 아래의 몇 가지 경우들은 모두 문장의 통사구조적 특성 때문에 전제가 발생한다고 보는 경우이다.

---

5 stop, continue, begin 등의 예가 있다.
6 again, another, return 등의 예가 있다.
7 부정형인 "민수는 사흘 연달아 술을 마시지 않았다."에서는 문제의 반복 표현이 부정의 범위에 들어가는 것으로 본다.
8 고유명사, 대명사, 한정적 명사구 등이 이에 해당된다.

(바) 반사실적 조건문인 경우

(21) (a) 내가 만일 그의 충고를 따랐더라면, 나는 반드시 성공했을 것이다.

〉〉 (b) 나는 그의 충고를 따르지 않았다.

(사) 시제절인 경우[9]

(22) (a) 다혜가 부르기 전에/불렀을 때/부른 후에, 동영이는 이곳을 떠났다.

〉〉 (b) 다혜가 불렀다.

(아) 비제한적 관계절인 경우

(23) (a) 삼식이는, 나의 좋은 친구이기도 한데, 쓸 데 없이 언어학으로 박사학위를 받은 것을 후회한다.[10]

〉〉 (b) 삼식이는 나의 좋은 친구이다.

(자) 분리 구문인 경우

(24) (a) 도둑을 잡은 사람은 창수이다.

〉〉 (b) 누군가가 도둑을 잡았다.

---

9 이러한 시제절은 시간과 관련된 의미를 가진 절이라는 뜻인데, when, before, after, while, since 등이 이끄는 절이 그 예이다.

10 John, *who is a good friend of mine*, regrets doing a useless Ph.D. in linguistics.

(차) 의문문인 경우

　(25) (a) 지영이는 어제 무엇을 샀니?(Wh-Q)

　　　〉〉 (b) 지영이는 어제 무엇인가를 샀다.

(카) 비교 또는 대조 구문인 경우

　(26) (a) 김 교수는 박 교수보다 더 훌륭한 언어학자다.

　　　〉〉 (b) 박 교수는 언어학자다.

　이상과 같은 예를 언뜻 보면, 전제가 발생하는 것처럼 보이고, 또 그렇다는 주장이 널리 퍼져 있다. 그러나 곰곰이 따져 보면 몇 가지 경우에는 그러한 주장에 동의하기 어려운 점이 있다.

　첫째, 모문의 서술어가 사실성 동사인 경우에 발생하는 몇 가지 사례를 보자.

　(27) (a) 철수는 자신이 빚쟁이임을 깨달았다.

　　　〉〉 (b) 철수는 빚쟁이다.

　위 예에서 (a)가 (b)를 전제하는 것처럼 보인다. 철수가 자신이 빚쟁이임을 깨닫고 있거나 그렇지 않거나 간에, 그가 빚쟁이임은 변함이 없을 것으로 보이기 때문이다. 그런데 (a)와 (b)의 이러한 관계가 과연 논리적인 문제인가 다시 말하면 (a)가 참인 경우에도 (b)가 참이 아닌 경우가 논리적으로 불가능한가와 같은 의구심이 든다. 만일 철수가 재산이 전혀 없고 은행의 마이너스 통장 빚이 수천만 원이라면, 철수는 빚쟁이가 맞다. (a)의 화자는 당연히 그렇게 생각할 것이고 그러한 사정을 아는 사람이면 누구나 동의할 것이다. 철수 여친도 이 사실을 알고 결별의 문자를 보낼까 고민 중이다.[11] 그런데 철수 할아버지가 아무도 모르게 철수 앞으로 수억 원을 증여해 철수 이름으로 은행에 예치해 놓았다면, 철수는 빚쟁이가 아니고 수억 원의 금융자산을 가진 부자다. 그런데 이 사실을 할아버지만 알고 있으니 엄청난 오해가 생긴 것이다. 그렇다면 (b)는 (a)의 화자가 사실이라고 믿고 있는 내용일 뿐이다. (a)와 (b)의 관계는 논리적 관계가 아니고, 화자의 믿음과 관련된 관계이다.

문장의 표현방식을 조금 바꾸면 전제의 발생에 대한 판단이 달라지는 경우도 있다.

(28) (a) 순철이는 가수가 된 것을 후회하지 않았다.[12]

　　 〉〉 (b) 순철이는 가수가 되었다.

(29) *? 순철이는 가수가 된 것을 후회하지 않았다. 왜냐 하면 그는 가수가 되지 않았으니까.

(28)의 경우 전제가 발생하는 것처럼 보인다. 후행 문장이 선행 문장의 전제를 취소하고 있는 (29)가 모순처럼 보이기 때문이다. 그런데 다음과 같은 경우는 조금 달라 보인다.

---

11 당사자인 철수는 그것을 모를 수 있다. 자신이 돈이 좀 있다고 착각할 수 있기 때문이다(빚쟁이임을 깨닫지 못한 경우).
12 이와 같은 부정형 문장의 부정은 "순철이는 가수가 된 것을 후회했다."처럼 된다.

(30) (a) 순철이는 가수가 된 것을 후회해 본 적이 없다.

　(b) 순철이는 가수가 되었다.

(31) ? 순철이는 가수가 된 것을 후회해 본 적이 없다. 왜냐 하면 그는
가수가 된 적이 없으니까.

(31)이 용인 가능하다면 (30)의 (a)에는 전제가 발생하지 않는 것이
된다. 대부분의 사람들은 (29)에 비해 (31)은 용인 가능성이 좀 높다고
말한다. 그렇다면 (30)의 (b)는 이른바 '취소 가능한 전제'[13]가 되므로,
논리적 전제의 범위를 벗어난다.

둘째, 시제절인 경우에도 전제의 발생에 의구심이 드는 경우가 있
다. 다음의 예는 시제절을 가진 경우이지만 논리적 관점에서의 전제가
발생하는지는 확실하지 않다. 전제가 취소되어도 상당히 자연스럽게
보이는 문맥을 쉽게 상정할 수 있을 정도다. (33)의 내용은 자연스럽게
인식된다.

(32) (a) 그들은 결혼식을 올리기 전에 아이를 낳았다.

　〉〉 (b) 그들은 결혼식을 올렸다.

(33) 그들은 3년 정도 뒤에 결혼식을 올리고, 그 다음에 천천히 아이를
낳을 예정이었는데, 사정이 급하게 되어 올해 초에 <u>결혼식도 올리기
전에 아이를 낳았다</u>. 그런데 그들은 결국 결혼식을 올리지 못했다.

동일한 구조의 시제절이 있어도, 전제라고 생각되는 내용을 취소했
을 때 느껴지는 어색함의 정도가 좀 다르게 보이는 경우가 있다.

---

13 강의 주제 [10.1]의 '화용론적 전제' 부분에서 다시 언급한다.

(34) (a) 나는 어제 테니스를 치기 전에 목욕부터 먼저 했다.

   〉〉 (b) 나는 어제 테니스를 쳤다.

(35) ? 나는 어제 테니스를 치기 전에 목욕부터 먼저 했는데, 목욕탕에서

   미끄러지는 바람에 허리를 다쳐 결국 테니스를 못 쳤다.

(34)에서 (a)가 (b)를 전제하는지 여부를 밝히기 위해, (35)와 같이 검증해 보면 용인 불가능한 것은 아니어서, 전제라는 데 의문이 든다. 그런데 어색해 보이는 정도가 (33)의 경우보다 더 강해 보인다. 결혼식과 출산 등의 일은 많은 준비와 시간이 걸리는 일인데 비해 목욕과 테니스 등은 한나절도 걸리지 않는 일이라는 데서 그런 차이가 발생하는 것이라면, 문장의 내용이 어떤 것인가에 따라 달라지는 것이 아닌가 한다.

서술어에 따라 전제의 발생이 달라지는 경우가 있는데, 주절의 동사가 '죽다'인 경우는 전제가 발생할 수 없다. 다음이 그 예다.

(36) (a) 철수는 박사학위를 받기 전에 죽었다.

   (b) 철수는 박사학위를 받았다.

셋째, 비제한적 관계절의 경우는 그것이 화자의 믿음임을 가장 쉽게 이해할 수 있게 해주는 예이다.

(37) (a) 영수는, 인간성은 좀 안 좋은 친구인데, 일은 잘해.

   (b) 영수는 인간성이 좀 안 좋은 친구이다.

(a)와 (a)의 부정(영수는, 인간성이 좀 안 좋은 친구인데, 일도 잘

못해)이 모두 (b)를 함의하는 것처럼 보이기도 한다. 그런데 '인간성이
안 좋다'는 것은 어떠한 경우에도 말을 하는 사람의 판단일 뿐이다.
영수가 인간성이 좋다고 생각하는 사람들도 많이 있을 수 있기 때문이다.
넷째, 의문문의 구조에서 발생된다는 전제도 문제가 있어 보인다.

> (38) 지영 : (a) 상기는 어제 무엇을 먹었니?[14]
>   〉〉 (b) 상기는 어제 무엇인가를 먹었다.
> (39) 정호 : 상기는 어제 아무것도 먹지 않았어.

(38)에서 (b)가 (a)의 전제라는 것인데, 이는 사실상 '화자의 믿음'에
해당한다. 화자가 정호에게, 상기가 어제 무엇인가를 먹었다고 믿고,
그것이 무엇이냐고 묻는 것이다. 그것은 화자가 (b)의 내용이 사실이
라고 믿고 있을 때, (a)가 자연스럽게 발화될 수 있다는 뜻이다. 그러한
믿음은 화자의 것이어서, (39)에서 보듯이, 청자가 그것을 부정하는
경우도 특별히 부자연스럽지 않다. 그렇다면 이 경우도 전제가 아닌
것으로 보인다.

이상과 같은 점을 고려하면, 모문 서술어가 사실동사인 경우와 시제
절이 있는 경우, 비제한적 관계절의 경우, 그리고 의문문인 경우에는
반드시 전제가 발생한다고 말하기 힘들다. 이런 식으로 따져 보면,
전제의 발생이 명확하게 검증되지 않는 경우가 더 있을 수 있다. 따라
서 이러한 점을 고려하여 논리적(의미론적) 전제 외에 화용론적 전제
라는 개념을 도입할 필요성이 제기된다. 이에 대해서는 제iv부(화용
론)에서 다시 언급한다.

---

14 이 의문문의 의미는 [yes-no Question]이 아니고 [wh-Question]이라고 가정한다.

〈5〉 상호함의

앞(4.2)에서 낱말들의 동의 관계를 논하면서, 상호하의관계의 낱말
들은 동의관계에 있음을 언급한 바 있다. 문장의 층위에서 동의관계를
따질 때는 상호함의관계(mutual entailment)라는 개념을 이용한다. 상
호함의관계는 함의관계가 양방향으로 성립하는 관계인데, 그것이 곧
동의관계이다. 다음이 그 예다.

(40) (a) 철수 어머니의 시아버지는 교수이다.

(b) 철수의 할아버지는 교수이다.

[7.2] 중의성과 모호성

〈1〉 들어가기

〈1-1〉 다음 각 문장의 가능한 의미에 대해 따져 보라.[15]

(1) (a) 그녀의 옷에 대한 대단한 관심.

(b) 사람들이 많은 도시를 다녀 보면 재미있는 일을 많이 겪는다.

〈1-2〉 다음 각 문장의 가능한 의미해석에 대해 따져 보라[16]

---

15 이 자료는 이익섭(1986)에서 옮긴 것이다.
16 국어 중의성에 대한 자세한 고찰은 곽재용(1988)을 보라. 이 자료도 같은 논문에서
옮긴 것이다.

(2) (a) 나는 아버지와 어머니를 방문했다.

　　(b) 철수와 영이는 결혼했다.

　　(c) 부인들은 남편보다 자녀들을 더 사랑한다.

　　(d) 아름다운 시골의 소녀

　　(e) 너만 떠나지 말아라.

〈2〉 중의성의 유형

〈2.1〉 어휘적 중의성(lexical ambiguity)

문장 속에 포함되어 있는 동음이의어 때문에, 두 가지 이상의 의미해
석이 가능해지는 경우이다. 다음이 그 예다.

(3) 말이 많다

　　(a) [말(馬)이 많다].

　　(b) [말(斗)이 많다].

　　(c) [말(言)이 많다].

문장 속에 포함되어 있는 다의어도 중의적 해석을 유발한다. 다음이
그 예다.

(4) 너 그러다가 곰한테 잡힌다.

　　(a) [진짜 곰한테 잡힌다].

　　(b) [곰처럼 미련하거나 행동이 느린 어떤 사람한테 잡힌다].

　　(c) [경찰이나 형사한테 잡힌다].

⟨2.2⟩ 구조적 중의성(structural ambiguity)

문장을 구성하고 있는 낱말은 한 가지 해석만 가능한 것이나, 단어들 사이의 통사적 관계가 둘 이상으로 해석됨으로써 생기는 중의성이다.

(5) 당신은 ⟨누구의⟩ ⟨방문⟩을 원하느냐?

⟨누구의⟩와 ⟨방문⟩은 의미논리적으로 다음과 같은 두 가지의 통사 구조적 관계를 형성할 수 있어 각 구조마다 다른 의미해석이 이뤄진 다.[17]

(6) (a) 주어 - 술어의 관계
   (b) 당신은 누가 당신을 방문해 주기를 원하느냐?
(7) (a) 목적어 - 술어의 관계
   (b) 당신은 당신이 누구를 방문하기를 원하느냐?

⟨2.3⟩ 작용역 중의성(scope ambiguity)

양화사나 부사, 부정어와 같은 특정 단어의 지배범위(작용역)가 달 라짐으로써 생기는 중의성이다. 다음 (8)의 부사 '항상'과 부정어 '않 는다'의 지배범위가 어떻게 설정되느냐에 따라 서로 다른 의미해석

---

17 이 문장은 네 가지로 중의적이다. 필자는 언뜻 두 가지로 중의적이라고 생각하고 그렇게 설명을 했는데, 어떤 학생이 이 문장은 [wh-Question]뿐만 아니라 [yes-no Question]으로도 볼 수 있으므로, 네 가지로 중의적이라고 보아야 하지 않겠느냐는 의견을 제시하였고, 필자가 바로 수정하여 설명한 적이 있다.

이 가능해진다.

(8) 나는 항상 놀지 않는다.

(a) 나는 [항상] [[놀지] [않는다]]

(b) 나는 [[항상] [놀지]] [않는다]

(a)에서는 부정어 '않는다'가 부사 '항상'의 지배범위 안에 있고, (b)에서는 부사 '항상'이 부정어 '않는다'의 지배범위 안에 있다. 이런 차이로 인해 (a)는 [나는 언제나 무엇인가를 한다]는 뜻이 되고, (b)는 [나는 놀기도 하고 무엇인가를 하기도 한다]는 뜻이 된다.

⟨3⟩ 모호성

모호성(vagueness)은 표현 그 자체의 미비점 또는 불완전성 때문에 생기는 의미해석상의 혼란을 일컫는 것이다.[18]

(9) 나훈아⟨의⟩ 노래는 늘 인기를 얻는다.

---

[18] ambiguity를 중의성이라 하지 않고 애매성(曖昧性)이라고 일컫는 경우도 있다. ambiguity와 vagueness의 내용으로 보면, 애매성은 오히려 vagueness에 대응되는 것처럼 보인다. 다시 말하면 vagueness는 모호성 또는 애매성이라 일컬어도 괜찮을 것 같다.

(a) 나훈아가 〈부른〉 노래

(b) 나훈아가 〈작곡한〉 노래

(c) 나훈아가 〈작사한〉 노래

...... 등등

(10) 김교수〈의〉 책을 가져 왔다.

　(a) 김교수가 〈저술한〉 책

　(b) 김교수가 〈보유한〉 책

　(c) 김교수가 〈팔고있는〉 책

　(d) 김교수가 〈복사한〉 책

　...... 등등

앞의 예와 같이 쓰인 관형격 조사 〈의〉는, 특정한 맥락 속에서만 화자가 의도한 원래의 의미를 표현할 수 있다. 맥락을 배제하고 본다면, 위와 같은 표현 방식은 주어진 의미를 표현하는 데 매우 불충분하다. 또 〈의〉가 표현하고자 하는 의미도 맥락에 따라 얼마든지 달리 해석 가능해지므로 일정하게 예측할 수도 없는 특징이 있다.

[7.3] 보충 설명 : 한정적 명사구의 존재 문제[19]

현대의 영미(英美) 분석철학이 다른 철학사조들과 구별될 수 있는 핵심적 특성은 '언어에 대한 논리적 분석에로의 관심 전향(linguistic

---

19 이 부분은 박영태(1994)의 일부분을 정리하여 옮긴 것이다.

turn)'이다. 이는 고유명사(proper name)와 한정기술어(definite descrip-tion)의 의미에 관한 논쟁에서 조성되었다. 일상언어를 기호 논리학의 조작기술에 의해 분석할 수 있는 방안을 모색하는 가운데, 고유명사와 한정 기술어의 의미에 관한 논쟁이 생겨났으며, 이는 언어가 가지고 있는 의미 일반에 관한 논쟁으로까지 발전하게 되었다.

일상언어의 문법에 따르면, 한 문장이 어떤 대상에 관해 사실적인 내용을 기술할 수 있으려면, 그 문장의 주어로 나타난 명사들은 어떤 대상을 지시하고 있어야 한다. 그리고 어떤 문장이 세계에 대한 사실을 기술하고 있다면, 그 문장은 참이거나 거짓으로 결정될 수 있어야 한다. 그런데 양화논리의 체계에 따라 일상언어를 분석하여 보면, 세계에 관한 사실을 기술하고 있는 것 같은데 참이나 거짓으로 결정될 수 없는 문장이 나타난다. 일상 언어의 이와 같은 결점을 논리적으로 보완할 수 있는 방안을 모색하는 과정에서 고유명사와 한정 기술어의 의미에 관한 철학적 논의들이 전개되었다.

(1) 이 방에 박영태가 있다.
(2) 이 방에 문재인 대통령이 없다.
(3) 이 교실에 페가수스가 없다.

(1)과 (2)는 '이 방'과 '박영태'라는 두 명사의 논리적 관계, 그리고 '이 방'과 '문재인 대통령'이라는 두 명사의 논리적 관계가 실존적으로 확인될 수 있는 것이므로, 참/거짓으로 결정될 수 있다. 각각의 두 명사가 지시하는 대상이 실세계 내에 존재하고 있고, 그 논리적인 관계가 존재론적으로 확인될 수 있기 때문이다. 두 문장의 차이는 두 명사 사이의 논리적인 관계의 차이일 뿐이다.

(3)은 앞의 두 문장과 같은 논리적인 분석의 방법이 그대로 적용될 수 없다. 명사 '페가수스'가 지시하는 대상이 실세계 내에 존재하지 않으므로, 그것과 '이 방'과의 논리적 관계를 실존적으로 따질 수 없기 때문이다. 따라서 문장 (3)은 다음과 같은 해석이 가능하다.

[1] 문장 (3)은 유의미하면서(meaningful) 참되다.

[2] 문장 (3)의 구성요소인 고유명사 '페가수스'가 지시하는 대상은 존재하지 않는다. 그러면 (3)은 존재적 의미를 가지지 않는 문장이므로 참/거짓이 될 수 없다.

[1]은 우리의 일상적 직관에 잘 부합하는 것처럼 보인다. 그러나 문장 (3)이 유의미하면서 참의 가치를 지니려면, 세계에 관한 어떤 사실을 참되게 전달하는 것이어야 한다. 그러기 위해서는 두 명사 사이의 논리적 관계가 존재론적으로 확인될 수 있어야 하고, '페가수스'의 지시대상이 실제로 존재해야 한다. 그러나 그것은 존재하지 않는다.

[2]는 우리의 상식에 부합하지 않지만, 해석 [1]이 가지는 문제점을 고려해 볼 때, 근본적인 해결책이 될 수 있다. 이와 같은 방향으로 (3)의 해석 문제를 해결하려는 사람들은 양화 논리와 같은 인공 언어의 우수성을 주장한다. 그러나 인공언어로서의 엄밀한 양화논리의 체계가 만들어졌다고 하더라도, [2]와 같은 방식의 해석은 우리의 언어사용의 관행과 일치하지 않는다는 점에서, 그와 같은 인공언어의 효용 가치에 대해 의문이 생길 수 있다. 이러한 상황에서 다음과 같은 해석을 검토해 볼 수 있다.

[3] 존재 유형은 현실적 존재(actual being)과 가능적 존재(possible being)

로 구분될 수 있다. 이와 같은 존재 유형에 따라 세계 내의 존재 대상들은 현실적 대상과 가능적 대상으로 구분될 수 있다.

[3]은 일상 언어의 사용에 대한 관행에 부합하면서, [1]이 가지는 논리적인 문제점을 해소하기 위하여 마이농(Meinong)[20]이 제시한 것이다. [3]에 따르면, (3)은 '페가수스'의 지시대상이 가능적 존재로라도 존재한다고 해석될 수 있기 때문에, '페가수스'와 '이 방'의 논리적 관계는 확인된다 ((2)의 경우와 동일). 따라서 (3)은 유의미하면서도 참이라고 해석될 수 있다. 이와 같은 방식의 해석은 가능적 대상들이 존재하는 세계는 어떠한 종류의 세계인가에 대한 형이상학적인 문제를 제기할 뿐만 아니라, 일상언어가 가지고 있는 논리적인 문제점을 분명하게 보여주고 있다.

(4) 이 교실에 사각원(the round square)이 없다.

(4)는, '사각원'의 지시대상이 실재하지 않지만, 우리의 언어적 관행에서 보면 유의미하고 참이다. 따라서 마이농의 해석 방식을 따라야 한다. 그러나 '사각원'은 가능적 대상으로서도 그 존재를 논리적으로 인정할 수 없다. '사각원'의 존재 가능성은 우리의 상식으로 용납할 수 없기 때문이다. 일상언어 (4)에 관한 해석의 문제가 고유명사와 한정기술어의 의미에 관한 철학적 논의를 촉발하게 되었는데, 이를 논의한 최초의 학자가 프레게(Frege)이다.

프레게[21]가 고유명사의 의미를 해석하는 문제에 대해 관심을 갖게

---

20 Alexius Meinong(1853~1920), 오스트리아의 철학자, 심리학자.

된 것은 마이농의 문제보다는 진리함수성(truth-functionality)의 원리에 따라 진리치가 결정될 수 없는 일상언어의 몇 가지 유형의 문장들 -'간접화법의 문장(say that)', '믿음문장(believe that)', '인식문장(know that)'- 때문이었다. 프레게는 진리함수성의 원리를 고수하더라도, 이러한 문장들의 진리값이 결정될 수 있는 방안을 모색하면서 고유 명사의 의미를 해석할 수 있는 새로운 방안을 제시한다. 그는 먼저 다음과 같은 동일성(identity) 명제들에 관하여 분석했다.

(5) 샛별(the morning star)은 샛별(the morning star)이다.

(6) 샛별(the morning star)은 개밥바라기(the evening star)이다.

[5] 철수는 [샛별이 샛별이라고] 믿는다.

[6] 철수는 [샛별이 개밥바라기라고] 믿는다.

(5)는 문장구조 자체에 의해 항상(어떠한 세계에서도) 참이다. (6)은 그렇지 않다. 그런데 '샛별'과 '개밥바라기'가 언어표현의 의미는 다르지만, 동일한 지시대상을 가리키고 있다는 점에서 서로 대치될 수 있으므로, (6)은 (5)와 같은 특성을 지니고 있다(그럼에도 불구하고 [5]는 [6]을 함의하지 않는다). 그러면 (5)와 (6)의 차이는 무엇인가?

(5)는 존재세계에 대하여 아무런 정보를 전해주지 않지만, (6)은 '샛별'과 '개밥바라기'가 동일한 대상을 지시하고 있다는 사실적 정보를 제공하고 있다. 프레게는 문장 (5)와 (6)의 이러한 차이를 설명하기 위하여 '의의(sense: Sinn)'와 '지시체(reference: Bedeutung)'를 구분했

---

21 Friedrich Ludwig Gottlob Frege(1848~1925), 독일의 수학자, 철학자, 논리학자.

다(물론 명사 중에는 의의는 있으나 지시체가 없는 것이 있을 수 있다). 프레게는 어떤 한 명사가 그것에 대응되는 대상을 지시할 수 있는 방법에 대해서, 의의가 지시의 방향을 결정한다고 보았다. 어떤 한 명사가 그것에 대응되는 대상을 지시하고 있다는 사실은, 그 명사가 언어로 표현되었기 때문에, 일차적으로 의의를 가져야만 한다는 것을 전제로 한다. (5)와 (6)의 차이는 이와 같은 의의와 지시체에 의해 쉽게 설명된다. (5)는 의의와 지시체가 동일한 명사가 나타난 반면에, (6)은 의의가 다르면서 지시체가 동일한 명사가 나타난 것이다. 서로 다른 표현의 지시체가 동일하다는 것은 존재세계에 대한 경험적인 사실을 제공하는 것과 같다. 프레게는 지시체는 '달'로, 의의는 그 달이 망원경에 비친 '상'으로 '관념(idea)'은 그와 같은 '상을 해석하는 것'으로 비유했다.

의의와 지시체의 구별에 따라 문장 (4)를 논리적으로 분석해 보면, '사각원'은 의의를 가지고 있지만 지시체를 가지고 있지는 않다. 프레게는, 그렇다고 할지라도 전체 문장의 차원에서 보면, (4)는 의의를 가지고 있으며, 그러한 의의의 지시방향에 따라 참이라는 지시체를 갖는다고 보았다. 그러나 프레게의 이와 같은 주장은 의의를 어떻게 해석해야 하느냐의 문제와, 뜻과 지시체를 구별해야 한다는 번거로움과 관련된 새로운 문제를 야기하게 되었다.

프레게의 해석에 이의를 제기하고, 다른 관점에서 (4)의 문제를 해결하려 한 사람이 러셀이다. (4)는 이 세계에 대해 기술하는 내용이 없다. 기술하는 내용이 있어야 참/거짓을 따질 수 있을 것이다. 러셀은 이러한 문장의 참/거짓을 따질 수 있는 방법을 연구하게 되었다. 러셀은 유의미하면서도 참이라고 분명하게 말할 수 없는 (4)와 같은 문장의 발생은 일상 언어의 문법의 불완전성 때문이라고 주장했다.

(7) 현재의 프랑스 왕은 대머리이다.

(7)에 나타난 한정기술어 '현재의 프랑스 왕'은 지시체를 갖고 있지 않아 전체 문장의 진리치가 결정될 수 없는 것처럼 보인다. 러셀은 (7)의 그와 같은 점은 문장 (7)의 문법적 구조 때문이라고 하고, 이와 같은 일상언어의 불완전성을 해소하기 위하여, 다음의 방식과 같이, 좀 더 심층적으로 문장을 분석해야 한다고 했다. (7)은 다음 세 문장이 연접된 것이라고 보는 관점이다.

(8) 프랑스 왕이라는 사람이 현재 존재하고 있다.
(9) 프랑스 왕은 한 사람이다.
(10) 어떤 사람(프랑스 왕으로 지시된 사람)이 대머리이다.

여기서 주목해야 할 것은 분자 문장 (7)에서 주어로 등장한 한정 기술어 '현재의 프랑스 왕'이 원자 문장 (8), (9), (10)에는 주어로 등장 하지 않는다는 점이다. 이는 주어로 등장한 한정 기술어를 술어 형식의 기술어들로 환원시켜 버리는 방식이다. '현재의 프랑스 왕'이 '프랑스 왕이라는', '현재 존재하고' 등과 같은 형식으로 바뀐 것이 그 예다. 이는 결과적으로 지시적 기능의 수행에서 서술적 기능의 수행으로 바 뀌는 것과 같다. 러셀은 (7)의 진리치는 세 개의 원자 문장의 진리치에 의해 결정된다고 했는데, (8)이 거짓이기 때문에, (8), (9), (10)이 연접 된 (7)은 자동적으로 거짓으로 결정된다.

이상과 같은 방식을 (4)의 문장에 적용하면, (4)는 논리적으로 다음 과 같은 문장으로 분석된다.

(11) 이 교실에는 사각형이면서 원이 되는 어떠한 사물도 존재하지 않는다.

　여기서도 한정기술어 '사각원'은 주어로 나타나지 않고 술어형식의 기술어로 바뀌게 되었다. '사각원'이 '사각형이면서 원이 되는'과 같은 표현으로 바뀌게 되어, '사각원'이 갖던 지시적 기능이 없어지고 서술적 기능만 남게 되었고, '사각원'의 지시 대상의 존재가능성은 아무런 문제가 되지 않는다. (11)은 존재할 수 없는 것을 존재하지 않는다고 주장하는 것이므로, 유의미하고 참이 됨을 분명히 드러낸다.

　문장 (7)의 문제를 다시 보면, 러셀의 주장은 (7)이 (8), (9), (10)을 함의한다는 것과 같다. 이는 (7)이 참이면 (8), (9), (10)은 항상 참이 된다는 것인데, (8)이 거짓이므로, (7)이 거짓임은 분명히 확인된다는 것이다. 이에 대해 Strawson(1950)은 (7)에 대한 (8), (9), (10)의 논리적 관계가 동일하지 않다고 보았다. 즉, (8)은 (9), (10)과는 달리 (7)의 함의 내용이 아니며, (7)의 진리치를 따지기 위해 반드시 참의 가치를 가져야 하는 선조건이라는 것이다. 따라서 (8)이 거짓이면 (7)은 진리치를 따질 근거가 없어져서, (7)의 진리치는 참도 거짓도 아닌 진리치 결여(truth value gap)상태가 된다고 주장했다. 그는 (7)과 (8)의 이런 관계를 전제로 정의하고, (7)은 (8)을 함의하는 것이 아니라 전제한다고 주장한 것이다.

[8] 문장 의미론의 실례

[8.1] 보조사 문장의 의미[1]

〈1〉 들어가기

〈1-1〉 다음 문장의 주절에는 모두 보조사가 포함되어 있다. 각 문장 중 어색하다고 생각되는 문장을 지적해 보라.

(1) 다른 운동은 몰라도, 태권도〈야〉 한국이 최고다.

(2) 다른 사람은 몰라도, 사장님〈은〉 방법 같은 건 따지지 않잖아요.

(3) 우린 그 친구에게, 다른 것은 몰라도, 편지〈라도〉 한 번씩 하자.

(4) 다른 사람은 몰라도, 저〈도〉 김장을 했습니다.

(5) 다른 사람은 몰라도, 이번엔 상훈이〈만〉 합격했습니다.

〈1-2〉 다음과 같은 발화로부터 ①우리가 얻을 수 있는 정보를 모두

---

1 이 부분의 자료는 윤재원(1989)에서 이용한 것이다.

지적해 보라. ②확실한 성격의 정보와 추정적인 성격의 정보를 구분해
보라.

   (6) 저 집은 아들〈이〉 참 공부를 잘 하더라.
   (7) 저 집은 아들〈은〉 참 공부를 잘 하더라.
   (8) 저 집은 아들〈만〉 참 공부를 잘 하더라.

〈1-3〉 다음 문장의 화자는 어떠한 여성관을 가지고 있는 것처럼
보이는가?

   (9) 저 집은 마누라〈까지〉 직장에 다닌다.

〈1-4〉 다음 문장에 대해 아래 물음에 답하라.

   (10) (a) 어른은 물론 갓난애 {까지/조차/마저} 사살되었다.
        (b) 갓난애는 물론 어른 {까지/조차/마저} 사살되었다.
   (11) (a) 어른은 물론 갓난애 {까지/조차/마저} 울고 있었다.
        (b) 갓난애는 물론 어른 {까지/조차/마저} 울고 있었다.

[Q1] (10)의 문장 중 어색하게 느껴지는 것은?
[Q2] (11)의 문장 중 어색하게 느껴지는 것은?
[Q3] 만약 초상집과 같은 상황이라면 (11)의 문장 중 어색하게 보일 수
    있는 것은? 그리고 그 이유는?

〈2〉 보조사의 의미²와 단언의 유형

단언(assertion)의 영역이란, 담화상의 범위(domain of discourse)에 속한 원소 중에서 문장의 단언 내용에서의 술어의 언명(statement)에 직접적으로(진리조건적으로) 관련되는 원소의 범위를 일컫는 것이다. 다음의 예를 보자.

  (12) (a) 명호〈가〉 지금 뛴다.
       (b) 명호〈만〉 지금 뛴다.

(a)는 그것과 관련된 담화상의 범위에 속한 원소 중 '명호'가 '지금 뛰는 사람'의 집합에 포함되어 있다는 내용만 단언하고 있을 뿐, '명호' 이외의 원소들에 대해서는 아무런 단언도 하지 않는다. 그러나 (b)는 다르다. (b)에서는 '명호'가 '지금 뛰는 사람'의 집합 속에 포함됨을 단언하고, 동시에, '명호' 이외의 원소들은 누구도 '지금 뛰는 사람'의 외연 속에 포함되지 않음을 단언하는 효력이 발생한다. 즉, '명호가 뛴다.'는 내용뿐만 아니라, '명호 이외의 사람은 뛰지 않는다.'라는 내용을 동시에 단언하고 있는 것이다.

자체적 단언은, 전자의 경우와 같이, 문장의 단언 내용에서의 술어의 언명이 해당 문장의 논항(해당 보조사가 통합되어 있는 논항)에만 직접적으로 관련되고, 담화상의 범위에 속한 여타의 원소들에는 직접적

---

2 학교문법 등에서 언급하고 있는 몇몇 보조사의 의미는 보통 다음과 같다.
「-은/-는」: [대조], 「-도」: [역시], 「-만」: [단독], 「-부터」: [시작], 「-까지」: [미침], 「-조차/-마저」: [추종], 「-(이)라도」: [불택(不擇)], 「-(이)야(말로)」: [특수]

으로 관련되지 않는 단언 유형이다. 그리고 포함적 단언은, 후자의 경우와 같이, 문장의 단언 내용에서의 술어의 언명이 해당 문장의 논항뿐만 아니라 담화상의 범위에 속한 여타의 원소들에도 직접적으로 관련되는 단언 유형이다.

담화상의 범위가 다음 D와 같고, '지금 뛰는 사람'의 집합을 R이라고 하면, (12a)의 진리조건은 (14a)와 같고, (12b)의 진리조건은 (14b)와 같다.

(13)　(a) D = { 명호, 달호, 철호, 영호, 순호 }

　　　(b) R = { x | x : 지금 뛰는 사람 }

(14) (a) 명호∈R

　　　(b) (명호∈R)∩(〈달호, 철호, 영호, 순호〉∉R)

자체적 단언과 포함적 단언을 구분할 수 있는 방법은 다음과 같이, "다른 무엇은 몰라도"와 같은 표현을 선행시켜 보는 것이다. 그렇게 하여 비문이 되는 것은 포함적 단언에 속한다.

(15) (a) 다른 사람은 몰라도, 영이〈는〉 영화관에 가지 않았습니다.

　　　(b) 다른 사람은 몰라도, 영이〈야〉 영화관에 가지 않았습니다.

(16) (a) *다른 사람은 몰라도, 영이〈도〉 영화관에 가지 않았습니다.

　　　(b) *다른 사람은 몰라도, 영이〈만〉 영화관에 가지 않았습니다.

그러면 나머지 보조사는 어디에 속하는가? 우선 〈까지, 조차, 마저〉의 경우부터 보자. 이들 보조사는 문제되고 있는 담화상의 범위에 순서가 내재되어 있다고 보아야 한다.

〈까지〉는 순서 매겨져 있는 구성 원소 안에서의 일정한 영역에서 상한선을 표시한다는 점을 우선 언급할 수 있다. 〈까지〉가 보통 〈부터〉와 호응하는 것처럼 생각되는 점이 바로 이러한 이유 때문이다. 구체적인 발화에서는 하한선을 표시하는 〈부터〉가 나타나지 않을 수도 있다. 그것은 화자가 상한선은 알아도 하한선이 어디부터인가는 모를 수도 있음을 의미한다. 그러나 화자의 지식과는 무관하게, 상한선이 있다는 것은 하한선이 존재함을 전제한다고 본다.

〈조차, 마저〉의 경우도 [상한선]의 의미를 표시하는 것으로 보아도 크게 어긋나지 않을 듯하다. 이에 대한 선행 연구들의 견해를 모아 봐도 여기서 크게 벗어나지 않는다.[3] 다음 예를 보자.

(17) (a) 교장선생님(마저, 조차) 일직을 한다.

(b) 노인(마저, 조차) 땀 흘리며 일을 하고자 한다.

(18) (a) D = {(평교사, 주임교사, 교감, 교장)}[4]

(b) D = {(청년, 장년, 노인)}

(17a)에서처럼 '교장 선생님(마저, 조차) 일직을 한다'는 것은 자동적으로 '평교사, 주임교사, 교감' 등 담화상의 범위에 속한 나머지 원소들도 일직을 한다는 말을 한 것과 동일한 효력을 발생시킨다. 또 '노인(마

---

3 최현배(1955(1937):623-24) 및 정인승(1956:170)에서는 /-조차/를 '추종(追從), 첨가(添加)'의 의미로, /-마저/를 '종결(終結), 최종(最終)'의 의미로 보고 있다. 그리고 성광수(1981)에서의 '한계적 추가'와 '한계적 종결', 홍사만(1983)에서의 '극단예시'와 '최후의 항목' 등을 예시할 수 있다.

4 담화상의 범위를 {( )}와 같은 괄호로 표시한 것은 그 원소들 사이에 순서가 매겨져 있다는 뜻이다.

저, 조차」 ⋯ 하고자 한다.'는 것은 당연히 '청년, 장년도 ⋯ 하고자 한다.'
는 의미를 함의한다고 보지 않을 수 없다. 따라서 〈까지, 조차, 마저〉는
이들 보조사의 선행어에 대해서만 단언하는 것이 아니고, 담화상의
범위에 속한 나머지 원소들에 대해서도 직접적으로 단언하는 결과가
되므로, 포함적 단언에 해당된다. 그것은 다음과 같이 '다른 사람은
몰라도'와 같은 언어적 맥락과 호응시켜 보면 확인할 수 있다. 각 예문
의 (b)가 비정형적인 문장이 되기 때문이다.

    (19) (a) 영수부터 욱수〈까지〉 출발했습니다.

        (b) *다른 사람은 몰라도 욱수〈까지〉 출발했습니다.

    (20) (a) 목욕은커녕 세수〈조차〉 한번 못 했습니다.

        (b) *다른 것은 몰라도 세수〈조차〉 한번 못 했습니다.

    (21) (a) 텔레비전은 물론 라디오〈마저〉 없다.

        (b) *다른 것은 몰라도 라디오〈마저〉 없다.

〈만, 도〉, 〈까지, 조차, 마저〉는 모두 동일하게 포함적 단언에 속하
지만, 담화상의 범위에 속한 나머지 원소들을 문제의 단언 내용 속으로
포함시키는 방법은 다르다.

   먼저, 〈도〉의 경우부터 보자. (22)에서, 담화상의 범위가 (b)와 같다
면, (a)의 진리조건적 의미는 대략 다음의 (23)처럼 나타낼 수 있다.

    (22) (a) 동호〈도〉 떠났다.

        (b) D = { 영호, 인호, 순호, 상호, 동호, 철호 }

        (c) L = { x | x : 떠난 사람 }

    (23) (a) 동호가 집합 L의 원소이다.

(b) 동시에, 나머지 원소 중에서 최소한 하나 이상이 집합 L의 원소이다.

그것은 담화상의 나머지 원소 중에서 최소한 하나 이상이 문제의 언명 속에 포함됨을 아울러 단언하는 방식인데 다음의 (24)와 같이 정리된다.

(24) (a) 그것은 집합 D의 나머지 원소 중에서 어느 것이 집합 L의 원소가 아닌가 하는 점에 대해서는 단언하지 않는 방식이다. 즉, 문제의 언명 내용(누구누구가 떠났다)에, D의 나머지 원소들을 긍정적 방식으로만 포함시키는 것이다.

(b) 요약하면, 'D의 나머지 원소 중 최소한 하나 이상을 긍정적으로 포함하는 방식'으로 정리된다.

다음으로 〈만〉의 경우를 살펴본다. 다음 (25)와 같은 경우, (a)의 진리조건적 의미는 (26)과 같이 된다.

(25) (a) 동호〈만〉 떠났다.

(b) D = { 영호, 인호, 순호, 상호, 동호, 철호 }

(c) L = { x | x : 떠난 사람 }

(26) (a) 동호가 집합 L의 원소이다.

(b) 동시에, 나머지 원소 모두는 집합 L의 원소가 아니다.

그것은 담화상의 나머지 원소 전부를 문제의 언명과 반대되는 내용 속으로 포함시키는 방식이다. 즉, 부정적으로 포함시킨다는 것인데, (27)처럼 정리할 수 있다.

(27) (a) 집합 D의 나머지 원소 중에서 어느 것이 집합 L의 원소가 아닌가
　　　 하는 점에 대해서 아울러 단언하는 방식이다.
　　 (b) 요약하면, D의 나머지 원소 전부를 부정적으로 포함하는 방식으
　　　 로 정리된다.

〈까지, 조차, 마저〉의 경우는 좀 복잡하다. 이들 보조사의 의미기능
은 [범위 한정성]이라고 요약할 수 있는데, 그것은 담화상의 범위에
속한 원소들 사이에 순서가 매겨져 있고, 그러한 원소들의 일정한 영역
을, 그것의 상한선을 명시하는 방법으로 한정하여 단언하는 것이다.
다음 (28b,c)와 같은 맥락에서라면 (28a)의 진리조건적 의미는 다
음 (29)와 같다고 볼 수 있다. 즉, 순서 매겨져 있는 담화상의 범위
에 속한 원소들 중, 일정한 기준에 의해 상한선에 해당하는 원소를
언급함으로써, 결과적으로 하한선에서부터 상한선 바로 앞까지의
원소들은 문제의 언명 내용에 긍정적으로 포함시키고, 동시에 그 이
외의 원소들을 부정적으로 포함시키는 것이 된다. 그것은 (30)과 같
이 정리된다.

(28) (a) (인호부터) 동호{까지/조차/마저} 떠났다.
　　 (b) D = { (영호, 인호, 순호, 상호, 동호, 철호) }
　　 (c) L = { x | x : 떠난 사람 }, 하한선:인호, 상한선:동호
(29) (a) 동호는 집합 L의 원소이다.
　　 (b) 인호부터 동호 바로 앞의 원소도 집합 L의 원소이다.
　　 (c) 나머지 원소들은 모두 집합 L의 원소가 아니다.
(30) (a) 집합 D의 원소 중에서 일정한 범위에 속한 원소들은 집합 L의
　　　 원소이고, 나머지 원소들은 집합 L의 원소가 아님을 아울러 단언

하는 방식이다.

(b) 요약하면, 집합 D의 원소 중에서 일정한 범위에 속한 원소들은 긍정적으로 포함시키고, 나머지 원소들은 부정적으로 포함시키는 방식으로 정리된다.

[8.2] 사동문의 의미와 도상성

〈1〉 들어가기

어린 아이가 길에서 혼자 놀다가 교통사고를 당하여 목숨을 잃은 사건이 있었다고 보자. 이 때 아이를 잘 보호하지 못했다는 죄책감에 사로잡힌 그 아이의 엄마는 다음과 같은 두 가지 유형의 말을 할 수 있을 것이다.

(1) (a) 우리 아인 내가 죽였어!

(b) 우리 아인 내가 죽게 했어!

[Q1] 위의 두 문장이 가리키는 실세계에서의 사건은 동일한 사건인가? 서로 다른 사건인가?

[Q2] 실세계에서는 동일한 사건을 지시하는 것이라도, 엄마의 심리세계는 다를 수 있다. 두 문장과 관련된 엄마의 심리상태는 어떻게 다를까?

〈2〉 국어사동문의 심리영상과 도상성

국어 사동문에는 두 가지 유형이 있다. 하나는 사동사에 의한 사동문이고 다른 하나는 '-게 하다-'에 의한 사동문인데, 아래의 두 문장이 각각 그 예이다. 여기서는 논의의 편의상 전자를 단형 또는 단형 사동문으로, 후자를 장형 또는 장형 사동문으로 일컫는다.

> (2) (a) 어머니가 아이에게 새 옷을 입히었다.
> (b) 어머니가 아이에게 새 옷을 입게 했다.

그런데 두 유형의 사동문을 얼핏 보면, 의미에 차이가 있어 보이는데, 단형은 직접사동(direct causation)의 의미로, 장형은 간접사동(indirect causation)의 의미로 생각하는 것이 보통이다.

> (3) (a) 어머니가 아이에게 죽을 먹였다.
> (b) 어머니가 아이에게 죽을 먹게 했다.

의미론 수업 시간에 학생들에게 위와 같은 예문을 제시하고 의미 차이를 물어 보면, 거의 대부분의 학생들이 별 고민 없이, (a)는 어머니가 아이에게 죽을 직접 떠먹인 경우이고 (b)는 어머니가 아이에게 죽을 먹도록 시킨 경우라고 답한다. 그것은 단형은 직접사동의 의미이고 장형은 간접사동의 의미라고 본다는 뜻이다. 여기서는 한국어 토박이 화자들이 국어의 두 가지 사동문 유형의 의미에 대하여 이러한 인식을 가지게 되는 심리적 기제를 도상성(iconicity[5]) 이론과 관련하여 고찰하고자 한다.

어린 아이가 길에서 혼자 놀다가 교통사고를 당하여 목숨을 잃은 사건이 있었다고 보자. 이 때 아이를 잘 보호하지 못했다는 죄책감에 사로잡힌 그 아이의 엄마는 아래와 같은 두 가지 유형의 말을 할 수 있을 것이다.

> (4) (a) 우리 아인 내가 죽였어!
>
>   (b) 우리 아인 내가 죽게 했어!

위의 두 문장이 실세계에서 일어난 동일한 하나의 사건을 놓고 말한 것이라면, 언어와 실세계가 직접적으로 대응관계를 형성한다고 보는 관점에서는 이 둘을 동의문이라고 보아야 하고, 따라서 그 의미 차이는 포착될 수 없다. 두 문장이 동일한 사건을 두고 한 말이라면 실세계의 차이는 없다. 그것을 정리하면 다음과 같다.

(5)

언어세계	실세계
단형	하나의 사건
장형	

그러나 두 문장은 형식적으로 차이가 있다. 형식적 차이가 있는 만큼 그것에 상응하는 의미 차이가 있다고 보는 것이 합리적이다. 그렇다면 그 차이의 본질은 무엇인가? 즉, 두 문장의 형식적 차이는 무엇의

---

5 iconicity는 arbitrariness(자의성(恣意性) 또는 임의성(任意性))에 대립되는 말로, 보통 도상성(圖像性)이라고 하는데, 모상성(模像性)이고 번역하는 것이 더 좋을 것 같다.

차이를 반영한 것인가? 그것은 화자의 심리 세계에 대응되는 것으로 보지 않을 수 없다.

전자의 경우는 어머니가 아이의 죽음에 자신이 직접적인 책임이 있는 것과 같은 심리영상을 가진 경우로서, 문제의 사건이 발생하는 데 자신이 직접적인 행위를 한 것처럼 인식하고 있는 경우이다. 그런데 후자의 경우는 어머니가 간접적인 책임이 있는 것과 같은 심리영상을 가진 경우로서, 간접적인 행위를 한 것처럼 인식하고 있는 경우이다. 다시 말하면, 화자가 전자의 경우는 직접사동과 같은 사건으로, 후자의 경우는 간접사동과 같은 사건으로 인식하고 있다는 것이다. 그러한 내용을 정리하면 다음과 같다.

(6)

언어세계	심리세계	실세계
단형	직접사동형 사건으로 인식	하나의
장형	간접사동형 사건으로 인식	사건

이상의 내용은 단형과 장형은 각각 실세계에 존재하는 사건으로서의 직접사동과 간접사동을 표현하는 것이 아니고, 심리 세계에 존재하는 직접사동(직접사동으로 인식된 것)과 간접사동(간접사동으로 인식된 것)을 표현하는 것이라고 요약된다. 그것은 동일한 실세계의 사건이라도 다르게 인식될 수 있으며, 그와 같은 인식의 차이가 언어 구조화(encoding)될 수 있다는 데 바탕을 둔 것이다.

〈3〉 국어사동문의 도상성

그러면 국어 사동문의 두 유형이 갖는 심리 세계에서의 이러한 차이는 어디에서 비롯되는 것일까? 소쉬르 이후, 언어의 가장 큰 특징으로 자의성(arbitrariness)을 언급하게 되었다. 언어의 형식과 내용 사이는 어떠한 필연성도 존재하지 않는 자의적 규약(convention) 관계라는 것이다. 그런데 언어에는 그러한 자의성만 존재하는 것이 아니고, 언어의 형식과 내용 사이에 본질적이고도 자연스러운 닮음의 관계가 있는 이른바 도상성도 존재한다는 주장이 제기되었으며, 이러한 이론에 의해 언어의 또 다른 특성을 이해할 수 있게 되었다.[6]

사동문의 도상적 특성을 다룰 때 이용되는 주요 개념 중의 하나가 '언어적 거리(linguistic distance)'라는 것인데,[7] Haiman(1983:781-82)은 특정한 두 형태소 X와 Y 사이의 언어적 거리는 다음과 같은 네 가지 척도로 산정될 수 있다고 했다.

(7) ① X ≠ A ≠ Y

② X ≠ Y

③ X + Y

④ Z

위에서 ①은 X와 Y 사이에 다른 단어가 개입되어 있는 경우이고, ②는 X와 Y가 바로 이어져 있으나 각각 독립된 단어인 경우이며, ③은 X와 Y가 의존형태소인 경우이다. 그리고, ④는 전체적 개념은 동일하나 제3의 형태로 표현된 것인데, 언어적 거리를 따지는 데는 이와 같은

---

6 도상성에 대한 연구로는 Haiman(1980, 1983, 1985b)이 대표적이다. 박승윤(1990), 이효상(1993) 등도 있다.

7 거리적 도상성과 국어 사동문의 관련성은 박종갑(1996)에서 다룬 바 있다. 여기서는 이 논문의 내용을 바탕으로 삼되 부분적인 수정을 하였다.

점이 고려된다. 따라서 X와 Y 사이의 언어적 거리는 ① 쪽으로 갈수록 멀고, ④ 쪽으로 갈수록 가까운 것이 된다.

국어의 단형과 장형을 위의 유형과 관련시켜 보면, 단형은 ③에, 장형은 ②에 해당된다. 예를 들면 다음과 같다.

(8) (a) 엄마는 아이에게 옷을 입(X) + 히(Y)었다: (③ X + Y)
    (b) 엄마는 아이에게 옷을 입게(X) # 했다(Y): (② X # Y)

Haiman(1983:783)은 만약 어떤 언어에서 사동문이 ①-④와 같은 방식으로 구분되고, 또 사역 행위와 피사역 행위 사이의 개념적 거리의 차이로 구분된다면, 사역 행위와 피사역 행위 사이의 개념적 거리 (conceptual distance)는 두 행위를 나타내는 형태들 사이의 언어적 거리에 대응된다고 주장하고 있다.

앞에서 X와 Y 사이의 언어적 거리는 ① 쪽으로 갈수록 멀고, ④ 쪽으로 갈수록 가까워진다고 했다. 이를 국어에 적용할 경우 언어적 거리는, 상대적이지만, 단형은 짧고 장형은 긴 것이 된다. 따라서 사역 행위와 피사역 행위 사이의 개념적 거리도 단형은 짧고 장형은 긴 것이 되어, 언어적 거리와 개념적 거리 사이에 직접적인 대응관계가 형성된다는 추정이 가능하다.

그러면 사역 행위와 피사역 행위 사이의 개념적 거리가 멀거나 가깝다는 것은 무엇을 뜻하는 것인가? 이효상(1993:15)에서는, 단형인 (2a)는 피사역자의 자발적인 의지가 전혀 개입되지 않고 저항의 여지가 전혀 없거나 불가항력이며, 실제로 야기된 사건, 즉 옷이 아이에게 입혀지는 동작이 사역자인 엄마에 의해 이뤄지는 경우여서, 원인·결과의 인과성과 관련된 개념적 거리가 짧고, 즉 두 행위 사이의 인과성이 강하고, 장형인 (2b)는 사역자가 사회문화적 위치에 따른 권위나 구두 명령 또는 간접적인 경로를 통해 피사역자의 행위를 유발하는 사동행위이므로 피사역자의 자유 의지 및 저항의 여지가 훨씬 큰 경우여서, 그와 같은 인과성의 개념적 거리가 길며, 따라서 두 행위 사이의 인과성이 약하다는 언급을 하고 있다.[8] 그리고 인과성이 강할수록 직접사동의 의미가 되고, 인과성이 약할수록 간접사동의 의미가 된다고 하고, 국어에서는 어휘적 사동문(단형)과 통사적 사동문(장형)이 대립하여 각각 직접사동과 간접사동을 나타내므로, 두 가지 유형 사동문의 의미적 차이가 언어 구조적 특성의 차이로 반영되는 바와 같은 도상적 특성을 보인다는 것이다. 요약하면, 언어적 거리가 짧은 단형은 인과성의 개념적 거리가 짧은 직접사동의 의미에, 언어적 거리가 긴 장형은 인과성의 개념적 거리가 긴 간접사동의 의미에 각각 직접적으로 대응된다는 것이다.

그러면 이 때의 직접사동과 간접사동은 실세계의 개념으로 보아야 하는가 심리세계에서의 개념으로 보아야 하는가? (4)의 두 문장은 실세계에서 일어난 동일한 하나의 사건을 놓고 말한 것이므로, 언어와 실세계가 직접적으로 대응관계를 형성한다고 보는 관점에서는 이 둘을 동의문이라고 보아야 하고, 따라서 그 의미 차이는 포착될 수 없다. 두 문장이 동일한 사건을 두고 한 말이라면 실세계의 차이는 있을 수 없다.

그러므로 이들은 실세계에 존재하는 사건으로서의 직접사동과 간접

---

8 이효상(1993)에서는 본고에서 각각 단형 또는 장형이라 일컫는 두 사동형과 '-시키다'형 사동형 등 세 가지 유형의 사동문 구조를 비교하고 있는데, 본고에서는 편의상 두 유형만 다룬다.

사동이 아니고, 심리 세계에 존재하는 심리적 영상으로서의 직접사동과 간접사동이다. 여기서의 직접사동은 화자가 문제의 사태를, 실세계와 무관하게, 직접사동으로 인식한다는 것이고, 간접사동은 간접사동으로 인식한다는 뜻이다.

심리 세계에서의 이러한 인식은 실세계에 대한 판단에도 영향을 미친다. 국어의 언중들이 단형을 직접사동의 사건과, 장형을 간접사동의 사건과 연계하여 생각하는 것을 자연스럽게 받아들이는 것은 그러한 인식 때문이다. 그러므로 일반적인 맥락에서는 대개 실세계에서의 사건이 직접사동이면 단형으로 표현하고, 간접사동이면 장형으로 표현하게 된다. 그러나 이러한 점은 절대적 기준이 될 수 없다. 실세계에서의 사건이 직접사동이라도 화자가 간접사동으로 인식하면 장형 사동문을 쓰고, 실세계에서의 사건이 간접사동이라도 화자가 직접사동으로 인식하면 단형 사동문을 쓰는 것이다.

[8.3] 부정문의 의미[9]

〈1〉 들어가기

〈1.1〉 다음 (1)~(5) 문장의 의미와 관련하여 아래 물음에 답해 보라.

---

9 국어 부정문의 의미 문제에 대해서는 굉장한 논란이 있었다. Song(1973) 및 송석중(1974, 1977)과 임홍빈(1973, 1978) 등이 그 대표적인 예인데, 이들 논쟁들의 여러 논점들을 검토하고 각 주장들의 허실을 밝혀 심판자적 입장에서 국어 부정문의 의미 문제를 다룬 것이 이기용(1979)이다. 이 책에서의 부정문에 대한 핵심적 내용은 이기용(1979)을 참고한 것이다.

(1) 그는 항상 웃지 않는다.

  ① [그는 웃는 적이 없다는 뜻일 경우

  ② [그는 웃지 않을 때도 있다는 뜻일 경우

(2) 그는 항상 안 웃는다.

  ① [그는 웃는 적이 없다는 뜻일 경우

  ② [그는 웃지 않을 때도 있다는 뜻일 경우

(3) 그는 항상 웃지는 않는다.

  ① [그는 웃는 적이 없다는 뜻일 경우

  ② [그는 웃지 않을 때도 있다는 뜻일 경우

(4) 그는 항상 웃지를 않는다.

  ① [그는 웃는 적이 없다는 뜻일 경우

  ② [그는 웃지 않을 때도 있다는 뜻일 경우

(5) 그가 항상 웃는 것은 아니다.

  ① [그는 웃는 적이 없다는 뜻일 경우

  ② [그는 웃지 않을 때도 있다는 뜻일 경우

[Q] 위 예문에서, 한 가지 의미해석만 가능해 보이는 경우와 두 가지 의미해석이 모두 가능해 보이는 경우로 나누어 보라.

〈1-2〉 다음의 (6)이 (7)의 두 가지 의미로 해석될 때, 두 의미 사이에 함의 관계가 성립하는가에 대해 따져 보라.

(6) 그는 날씨 때문에 오지 않았다.

(7) ① [그가 오지 않은 것은 날씨 때문이었다는 뜻일 경우

  ② [그가 온 이유는 날씨 때문이 아니다는 뜻일 경우

〈1-3〉 다음의 (8)은 초점 강세가 놓이는 위치에 따라 (9)의 네 가지 의미로 해석된다고 보는 견해가 있다. 각 의미 사이에 함의 관계가 성립하는가에 대해 따져 보라.

(8) 내가 그를 권총으로 쏘았다.
(9) ① [그를 권총으로 쏜 것은 나]다는 뜻일 경우
    ② [내가 권총으로 쏜 것은 그]다는 뜻일 경우
    ③ [내가 그를 쏜 것은 권총으로]다는 뜻일 경우
    ④ [내가 그에게 권총으로 한 것은 쏘는 것이었]다는 뜻일 경우

〈2〉 국어 부정문의 두 유형

국어 부정문에도 다음과 같이 〈단형〉과 〈장형〉이 있는데, 두 유형의 의미의 동일성 여부에 대하여 격렬한 논쟁이 있었다.

(10) (a) 남편이 안 돌아왔다(단형 부정문).
     (b) 남편이 돌아오지 않았다(장형 부정문).

위 두 문장은 모두 한 가지 해석만 가능해, 의미 차이가 없는 동의문임이 확실하다. 그러므로 국어 단형 부정문과 장형 부정문은 의미가 동일하다고 볼 수 있다.

그런데 부정문 안에 부사가 포함되면 중의성이 발생할 수 있다고 보는 견해가 있었다. 부사가 들어 있는 아래의 예에서는, (a)는 한 가지 해석만 가능한데 비해, (b)는 중의적이어서 두 가지 해석이 가능하다는 것이다.

(11) (a) 남편이 갑자기 안 돌아왔다.

　①[남편이 안 돌아오는 일이 갑자기 일어났다]

(b) 남편이 갑자기 돌아오지 않았다.

　①[남편이 안 돌아오는 일이 갑자기 일어났다]

　②[남편이 미리 연락을 하고 돌아왔다][10]

단형인 (a)는 장형인 (b)의 두 가지 해석 중 ②의 해석이 불가능하다는 것이다. 이렇게 하여, 국어의 단형 부정문과 장형 부정문이 서로 의미가 다르다는 주장을 하게 되었다.

〈3〉 부정문의 작용역 중의성

하나의 문장에 부정어나 양화사 또는 부사어처럼 작용역을 갖는 단어가 둘 이상 있을 경우, 중의성이 발생할 수 있다. 작용역이 어떻게 설정되느냐에 따라 한 문장이 둘 이상의 의미로 해석될 수 있는 것이다.

(12) 손님이 모두 오지 않았다.

① 손님이 　[모두] 　[[오지] 　[않았다]]

② 손님이 　[[모두] 　[오지]] 　[않았다]

---

10 "남편이 갑자기 돌아오지는 않았다."와 같은 형식의 의미이다.

장형인 (12)의 문장은 두 가지의 작용역에 따라, [①손님이 한 사람도 오지 않았다는 의미와, [②손님이 다 오지 않고 몇몇만 왔다는 의미가 가능하다. 양화사 '모두'가 ①에서는 부정어의 작용역 밖에 있고, ②에서는 그 안에 있는 차이에서 기인한 것이다.

그런데 위와 같은 방식의 해석이 단형에서는 불가능한가 하는 문제가 생긴다. 상당수의 학자들이 단형에서는 ②와 같은 방식의 해석이 불가능하다는 점을 강력히 주장한 바 있다. 단형인 다음의 (13)을 동일한 방식으로 작용역을 설정하면 아래와 같다.

(13) 손님이 모두 안 왔다.

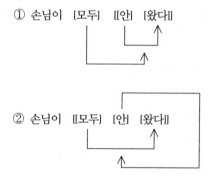

②는 부정어 '안'이 '모두…왔다'를, 양화사 '모두'가 서술어 '왔다'를 속박하는 방식이다. 이것의 부자연스러움은 ①의 경우와 비교해 보면 한눈에 들어온다. ①에서는 속박어와 피속박어가 인접해 있고, 결과적으로 속박 작용의 방향이 한 쪽으로만 향한다. 이런 점은 국어의 '수식어-피수식어' 형식으로 보아도 일반적인 특징이다. 그런데 ②는 매우 특이한 점이 있다. 첫째, 부정어 '안'이 '모두…왔다' 사이에 있어, 속박어 좌우에 피속박어가 위치하고, 결과적으로 한 단어의 속박 작용의

방향이 좌우 모두로 향한다. 둘째, 속박어 '모두'와 피속박어 '왔다'는 부정어 '안'에 의하여 분리되어, 인접하지 못하고 있다. 단형 부정문의 선형구조에서는, 양화사나 부정어의 작용역이 ②와 같이 설정되는 것이 부자연스럽고, 그러한 점 때문에 ②와 같은 의미해석도 상대적으로 어렵다고 정리할 수 있다. 그런데 단형 부정문이라도 ②와 같은 의미해석이 불가능한 것은 아니고, 부자연스러울 뿐이며, 그것은 작용역을 갖는 단어들의 작용역 설정 방식이 부자연스럽다는 데서 기인한 것이다.[11]

단형 부정문에서 ②와 같은 의미해석이 불가능하지 않음은 구체적인 자료로 확인할 수 있는데, 주어진 맥락에 따라서는 자연스럽게 느껴지는 경우도 있다. 아래 예는 ①과 같은 의미해석이 좀 이상해 보이고, 오히려 ②의 방식이 더 자연스럽게 느껴진다.[12]

(14) 우리 집안은 모든 친척들이 안 모이면 파제를 안 지낸다.

(15) 학생들 미안하지만 학생들이 아직 다 안 왔으니 좀 기다립시다.

(16) 모두 열심히 일을 안 하면 제 때에 일을 마칠 수 없어.

결론적으로, 국어의 단형 부정문과 장형 부정문의 의미는 동일하다. 중의성이 발생하는 경우에도 두 유형 모두 동일한 의미해석의 중의성이 발생한다. 다만, 단형 부정문에서는 특정한 방식의 의미해석이 부자연스럽게 느껴지는 경우가 있다.

---

11 이렇게 보면, 한 문장 안에서 작용역 설정 방식의 자연스러움과 의미해석의 자연스러움 사이에도 도상성의 특징이 있음을 알 수 있다.

12 이와 관련된 예는 대부분 이기용(1979:75)에서 옮긴 것이다.

〈4〉 부정문의 중의성과 동의성의 실체

한편 부정문의 중의적인 해석과 관련하여, 장형 부정문은 그것을 구성하는 성분의 수만큼 중의적인 해석이 가능하다는 견해가 있었다.

(17) (a)내가 (b)그를 (c)권총으로 (d)쏘지 <u>않았다</u>.

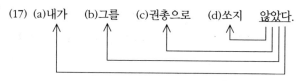

    (a) [그를 권총으로 쏜 것은 내가 아니다.]

    (b) [내가 권총으로 쏜 것은 그가 아니다.]

    (c) [내가 그를 쏜 것은 권총으로가 아니다.]

    (d) [내가 그에게 권총으로 한 것은 쏘는 것이 아니었다.]

위 예에는 부정어 '않았다'를 제외하고 네 개의 구성성분이 있는데, 부정어의 작용역이 어디에 미치느냐에 따라 네 가지 의미해석이 가능하다고 했다.[13] 그런데 이와 같은 견해를 주장한 사람은 단형인 다음의 예는 위의 네 가지 중 서술어가 부정의 범위 속에 들어있는 (d)의 해석만 가능하다고 하고, 그러한 이유로 두 가지 유형의 부정문이 의미가 다르다는 주장을 한 적이 있다.

    (18) 내가 그를 권총으로 안 쏘았다.

       (d) [내가 그에게 권총으로 한 것은 쏘는 것이 아니었다.]

---

13 이 예문에서 '권총으로'와 같은 부사어는 모두 서술어 '쏘다'를 속박(束縛)하므로, 작용역이 문제되지 않는다.

그런데 (17)에서와 같은 의미해석은, 앞에서 언급한 작용역 중의성과는 그 성질이 다르다. 작용역 중의성은 한 문장 안에 작용역을 갖는 단어가 둘 이상 있을 때 일어난다.

문장의 동의성 또는 중의성을 따질 때에는 진리조건적 의미만을 고려하는 것이 보통이다. 화용론적 전제나 관용적 함축(conventional implicature) 등의 문제까지 따질 수는 없는 것이다. 앞의 작용역 중의성은 진리조건적 의미의 중의성이다. 즉, 작용역이 달라진 결과 그 문장이 참이 되기 위한 진리조건이 둘 이상 가능해졌다는 것이다. 예를 다시 들면, 다음 예문의 두 의미는 하나는 '돌아오지 않은' 경우이고 다른 하나는 '돌아온' 경우여서, 진리조건적인 차이를 보인다.

(19) 남편이 갑자기 돌아오지 않았다.
　① [남편이 예고도 없이 돌아오지 않은 경우]
　② [남편이 미리 연락하고 돌아온 경우]

(17)은 "내가 그를 권총으로 쏘지 않았을 때 그리고 오직 그럴 경우"에만 넷 모두 참이 되므로, 진리조건적 의미는 동일하다. 네 가지 해석이 상호함의관계에 있다는 데서도 그것은 확인된다.

그러면 이들 네 가지 해석에서 감지할 수 있는 의미 차이는 어떤 것인가? 이는 담화에서 화자가 가지는 어떤 가정의 차이일 뿐이다. 이러한 화자의 가정을 화용론적 전제[14]하고도 하는데, 차례대로 제시하면 다음과 같다.

---

14 화용론적 전제에 대해서는 제Ⅳ부(화용론)에서 다룬다.

(20) 화용론적 전제

    (a) {누군가가 그를 권총으로 쏘았다}

    (b) {내가 누군가를 권총으로 쏘았다}

    (c) {내가 그를 무엇인가로 쏘았다}

    (d) {내가 그를 권총으로 어떻게 했다}

정리하면, "(21)내가 그를 권총으로 쏘지 않았다."라는 발화는 위 (20)과 같은 화용론적 전제 하에서, 아래 (22)와 같은 단언을 하는 것이다.

(21) 발화

    내가 그를 권총으로 쏘지 않았다.

(22) 단언

    (a) [그를 권총으로 쏜 것은 내가 아니다.]

    (b) [내가 권총으로 쏜 것은 그가 아니다.]

    (c) [내가 그를 쏜 것은 권총으로가 아니다.]

    (d) [내가 그에게 권총으로 한 것은 쏘는 것이 아니었다.]

결론적으로, 이들 네 가지 해석은 진리조건적 의미는 같지만, 화용론적 전제가 다르다는 것이다. 그리고 이들 네 가지 의미해석에서 느껴지는 이질성은 화용론적 전제의 차이일 뿐이다.

이러한 판단이 합리적임은 다음과 같은 긍정문도 동일한 방식으로 해석될 수 있다는 점에서 확인된다.

(23) 내가 그를 권총으로 쏘았다.

(24) 화용론적 전제

    (a) ｛누군가가 그를 권총으로 쏘았다｝

    (b) ｛내가 누군가를 권총으로 쏘았다｝

    (c) ｛내가 그를 무엇인가로 쏘았다｝

    (d) ｛내가 그를 권총으로 어떻게 했다｝

(25) 단언

    (a) [그를 권총으로 쏜 것은 나다.]

    (b) [내가 권총으로 쏜 것은 그다.]

    (c) [내가 그를 쏜 것은 권총으로다.]

    (d) [내가 그에게 권총으로 한 것은 쏘는 것이었다.]

앞에서 예문 (18)로 단형 부정문은 장형 부정문과는 달리 서술어가 부정의 범위 속에 들어있는 (d)의 해석만 가능하다고 보는 견해가 있음을 소개한 바 있다. 이 예문을 아래 (26)으로 다시 인용한다.

(26) 내가 그를 권총으로 안 쏘았다.

    (d) [내가 그에게 권총으로 한 것은 쏘는 것이 아니었다.]

반복하여 설명할 필요도 없이, 장형 부정문에서의 의미해석과 관련된 이상과 같은 논의 방식이 단형 부정문에서도 그대로 적용됨은 쉽게 이해할 수 있다. 다시 말하면, 단형 부정문도 장형 부정문과 동일한 화용론적 전제와 단언의 내용을 가진다는 것이다. 두 유형의 부정문은 진리조건적 의미 차원에서는 동의문이고, 화용론적 의미의 차원에서는 동의문이 아니다.

화용론

여기서는 언어의 '의미(meaning)'와 '쓰임(use)'을 구분하는 것이 중요하다. 화용론은 우리의 일상적 언어생활에서 언어가 실제로 어떻게 쓰이고 있는가에 대한 조직적이고도 정밀한 기술이 언어의 본질을 이해하는 데 핵심적 역할을 한다고 보는 학문이다. 언어는 호모 사피엔스의 역사 이래 우리의 삶 속에서 이뤄진 모든 소통의 근원적 도구이며, 그러한 쓰임에 대한 연구가 곧 언어학(의미론)의 핵심적 영역이라고 보는 것이다. 의미에 대한 논리적 접근은 학문적 엄밀성을 제고하는 데는 도움이 되나, 언어의 참모습을 탐구하는 데는 유용하지 않다고 본다.

[9] 발화행위이론

[9.1] 화용론 연구의 필요성

〈1〉 들어가기

〈1-1〉 다음 예에 대하여 몇 가지를 따져 보라.

(1) (a) 자전거를 <u>끌고 왔니</u>?

   (b) 오늘 한잔 해야 되는데, 차를 <u>끌고 왔니</u>?

[Q1] 두 경우의 '끌고 오다'의 의미가 어떻게 다른가(두 행위가 구체적으로 어떻게 다른가)?

[Q2] 그렇게 의미해석이 달라지는 것은 각 문장 안에 있는 어떤 단어 때문일까?

〈1-2〉 다음 예에서 (a)는 순수의문으로서의 '질문'의 의미로, (b)는 수사의문으로서의 '위협'의 의미로 해석되는 것이 자연스럽다.

(2) (a) 너 커피 먹을래?

　(b) 너 죽을래?

[Q1] (a)가 위협의 의미로 해석될 수는 없을까? 그런 경우는 어떠한 상황
　일까? 구체적으로 상상하여 꾸며 보라.

[Q2] (b)가 질문의 의미로 해석될 수는 없을까? 그런 경우는 어떠한 상황
　일까? 구체적으로 상상하여 꾸며 보라.

〈2〉 화용론의 연구 영역

발화(utterance)는 문장(sentence)이 맥락(context) 속에서 쓰인 것
이다. 맥락은 선행발화와 후행발화 등과 같은 언어적 요소와, 발화의
생산자와 수용자인 화자와 청자, 그리고 그들과 관련된 온갖 정보(나
이, 사회적 계층, 성별, 생각이나 지식, 화자와 청자의 관계, 친밀도
등등), 발화가 이뤄지는 장면(situation) 등과 같은 비언어적 요소들로
구성된다. 일반적으로 언어적 맥락을 문맥(co-text)이라 하고 비언어적
맥락을 화맥(context)이라고 한다.[1]

문장을 그것의 형식적 특징을 고려하여 유형화하면, 서술문, 의문문,
명령문, 청유문, 약속문 등으로 나눌 수 있다.[2] 이러한 문장유형은 각각

---

1 이들 용어의 개념은 매우 혼란스럽다. 맥락을 언어적 요소와 비언어적 요소
　모두를 가리키는 것으로 쓰기도 하고, 비언어적 요소, 즉, 화맥만을 가리키는
　것으로 쓰기도 한다. 화맥은 상황맥락이라고도 한다.
2 감탄문을 제외하고 약속문을 설정한 것은 국어 문법론에서의 문장 종결법과는
　달라 논란의 여지가 있다. '약속'의 의미기능은 화용론(화행이론)에서 자주 이용되
　는 것이고, '감탄'의 의미기능은 설정하기가 쉽지 않다는 점 때문에 편의적으로
　이렇게 한 것이다. 흔히 감탄법 어미로 알려진 '-구나/-군' 등에 대해 장경희(1985)에

일정한 의미기능과 관습적으로 연계되어 있다. 서술문과 진술, 의문문과 질문, 명령문과 명령, 청유문과 요청, 약속문과 약속 등이 그것이다. 만일 맥락을 배제하고 문장 그 자체만을 놓고 보면, 이들은 각각 진술, 질문, 명령, 요청, 약속의 의미를 가진다. 이러한 의미를 문자적 의미(literal meaning), 또는 맥락자유의미(context-free meaning)라고 한다. 예를 들어, 바로 아래 문장은 문장의 형태적 특성으로 보면 의문문(interrogative sentence)이고, 그것의 문자적 의미는 질문(question)이다. 이는 '문장 의미'이며 의미론적 의미여서 문장 의미론의 영역이다. 다시 말하면 문장에 대한 의미론적 연구의 영역이다.

    (3) 지금 몇 시니? - [질문]

  그런데 이 문장이 일상적 대화에서 쓰인다고 보면, 맥락 속에서 쓰인 것이므로 발화가 된다. 발화 의미는 맥락에 따라 다양해진다. 지금의 시각이 궁금하여 묻는 맥락이라면 질문이 될 것이고, 밤늦게까지 게임을 하는 초등학생 자녀에 대해 엄마가 책망하는 맥락이라면 빨리 자라는 명령이 될 것이다. 만일 그 자녀가 고3이라면 게임 그만하고 공부하라는 명령이 될 수도 있다. 몰래 불 꺼놓고 게임하다가 걸린 아들에게 무서운 아빠가 한 말이라면 위협도 될 수 있다. 이를 정리하면 다음과 같다.

    (4) 지금 몇 시니?

서는 사건에 대한 화자의 정신적 태도를 표현하는 '양태'의 문법범주로 분석하고 있다.

① - (맥락1) → [질문]

② - (맥락2) → [명령1]

③ - (맥락3) → [명령2]

④ - (맥락4) → [위협]

이러한 의미는 비문자적 의미(non-literal meaning), 또는 맥락의존 의미(context-dependent meaning)라고 한다. 이는 '발화 의미'이며 화용론적 의미여서 화용론의 영역이다. 달리 말하면 문장에 대한 화용론적 연구의 영역이 된다.

발화 의미와 관련된 맥락은 다양하다. 화·청자가 실세계에 대해 가지고 있는 백과사전적 지식이 발화의 의미를 해석하는 데 중요한 역할을 하기도 한다. 다음 문장들의 의미해석에서 그러한 사정이 잘 드러난다(김진우, 1985:240).

(5) (a) He took the bus to the zoo(버스를 타고 동물원에 갔다)

(b) He took the boy to the zoo(소년을 데리고 동물원에 갔다)

(c) He took the bear to the zoo(곰을 동물원에 데리고 갔다)

위의 세 문장은 take의 목적어만 다를 뿐 나머지는 다 같다. 그러나 각 문장의 의미해석은 목적어 차이로만 설명할 수 없다. (a)문장은 나머지 문장처럼 '버스를 데리고 갔다'는 해석이 불가능하다. (b), (c)는 '데리고 가다'라는 의미를 공통적으로 갖지만, 하나는 구경시켜 주기 위한 목적이고, 다른 하나는 동물원에 가두어 구경거리로 만들 목적이다. 우리가 이런 말을 아무런 혼란 없이 잘 쓰는 것은 '버스, 소년, 곰, 동물원' 등에 대해 여러 가지를 다 잘 알고 있기 때문이다.

화용론(Pragmatics)은 발화 의미를 연구하는 분야이고, 발화 의미는 맥락과 관련된다. 맥락은 다양한 언어 외적 정보가 들어 있으므로 체계적인 접근도 어렵고 명확히 한정되지도 않는다. 그러므로 화용론의 연구 영역은 체계적으로 명확히 한정된 적도 없고, 또 그렇게 될 수도 없다. 이와 같은 이유로, 다양한 주제들이 화용론이란 이름 아래 다뤄져 왔다. 여기서는 일반적으로 많이 다뤄져 온 화행이론(speech act theory), 화용론적 전제(pragmatic presupposition), 함축(implicature) 등에 대해서 소개한다.

[9.2] 화행이론의 대강

〈1〉 들어가기

〈1-1〉 다음과 같은 발화에 대해 몇 가지 물음에 답해 보라.

(1) (a) (아버지가 아들에게) 어제 나는 너에게 내일까지 시계를 하나 사 주겠다고 약속했다.

   (b) (아버지가 아들에게) 지금 나는 너에게 내일까지 시계를 하나 사 주겠다고 약속한다.

(2) (a) 제 아들의 이름은 박상유입니다.

   (b) (아버지가 갓 태어난 아들을 보고) 나는 이 아이의 이름을 박상유 라고 명명한다.

[Q1] (1)의 두 발화 중, 발화가 이뤄지는 순간 바로 아버지에게 약속의

의무가 부과되는 것처럼 보이는 것은 어느 것일까?

[Q2] (2)의 두 발화 중, 발화가 이뤄지는 순간 바로 선언의 행위가 이뤄지는 것처럼 보이는 것은 어느 것일까?

〈1-2〉 다음과 같은 발화에 대해서 몇 가지 물음에 답해 보라

(3) (a) 그래, 꼭 죽여 주마.

(b) 그래, 꼭 살려 주마.

[Q1] (a)는 위협의 의미로, (b)는 약속의 의미로 해석하는 것이 자연스러운데, 그 이유는 무엇일까?

[Q2] (a)가 약속의 의미로, (b)가 위협의 의미로 해석될 수는 없을까? 그렇게 될 수 있는 상황을 구체적으로 상상하여 꾸며 보라.

〈2〉 화행이론의 출발

화행(발화행위)이론은 Austin(1962)에서 비롯되었다. 1930년대의 유럽에서는 논리실증주의 학풍이 유행하고 있었는데, 이 분야의 학자들은 언어를 진리조건적인 관점에서 이해하고자 했다. 이는 언어연구에서 맥락을 배제하고, 진리조건을 언어 이해의 핵심으로 보는 것이다. 오스틴은 이러한 견해를 비판하고, 언어 쓰임의 다양성을 구체적인 일상언어의 분석을 통해 보여 주고자 했다.

그는 일상언어에서의 몇몇 서술문은, 논리실증주의자들의 가정과는 달리, 참 또는 거짓을 진술하려는 의도로 사용된 것(단언문(斷言文 con-statives))이 아니고, 분명히 어떤 행위를 수행하려는 의도로 말해진 것

이라 하고, 그러한 특정한 형태의 서술문을 수행문(遂行文 perform-atives)이라고 불렀다.

> (4) (a) I name this ship the Queen Elizabeth.
>
> (b) I bet you six pence it will rain tomorrow.

오스틴은 위 두 문장은 어떤 행위(명명과 내기)를 수행하는 것이라 하고, 그러한 행위의 수행에는 적절조건이 충족되어 있어야 하며, 그렇지 못할 경우 행위 수행이 올바르게 이뤄지지 않는다고 했다. 참/거짓의 진리치와는 무관하고 행위 수행의 적절성 여부가 문제된다는 것이다. 오스틴은 우리의 언어가 진리조건적인 측면에서만 탐구될 수 있는 성질이 아니고, 다양한 기능을 가지고 있는 것임을 이러한 발화행위이론의 체계로 보여주고자 한 것이다.[3] 서얼(J. Searle)의 화행 연구 또한 오스틴의 이론을 더욱 가다듬고 체계적으로 발전시켜 나갔다.

〈3〉 발화행위의 유형과 언표내적 효력

〈3.1〉 언표내적 행위와 화자의 의도적 의미

화행이론에서는 하나의 발화행위를 통해 다음과 같은 세 가지의 행위가 수행된다고 한다.

---

3 Austin(1962)은 그 앞부분에서 단언문과 수행문의 구분, 적절조건 등에 대한 대체적인 윤곽을 제시하고 있으나, 뒷부분에 가면 단언문과 수행문의 구분을 취소하는 방향으로 그 체계가 발전적으로 변화한다.

(5) (a) 언표 행위(言表 行爲 locutionary act)

　　(b) 언표내적 행위(言表內的 行爲 illocutionary act)

　　(c) 언표달성 행위(言表達成 行爲 perlocutionary act)

언표 행위는 무엇인가를 말하는 행위(act of saying something)이고, 언표내적 행위는 무엇인가를 말하는 가운데 이뤄지는 행위(act performed in saying something)이며, 언표달성 행위는 무엇인가를 말함으로써 이뤄지는 행위(act performed by saying something)라고 정의된다.

(6) (a) (이도령) : 오늘 저녁엔 함께 영화나 보러 가자.

　　(b) (성춘향) : 난 내일 의미론 시험 쳐야 돼.

언표달성 행위란 화자가 말을 함으로써 상대방(청자)이나 다른 사람들에게 어떤 영향을 미치게 될 때 그와 같은 영향을 야기하는 행위를 일컫는 것이다. 위의 대화에서 춘향이는 이 도령의 제의를 비록 간접적이지만 거절하고 있는데, 그 결과 이 도령이 얼굴이 붉어지거나 혈압이 상승하는 등의 영향을 받았다면, 그와 같은 영향을 야기하는 행위가 바로 언표달성 행위이다.

이 도령은 자신의 발화를 통해 '제안'의 언표내적 행위를, 춘향이는 '거절'의 언표내적 행위를 수행하고 있다. 이와 같은 행위는 화자의 의도적 의미를 전하게 되는데, 언표내적 행위에 의해 표현되는 의도적 의미를 언표내적 효력(illocutionary force: IF)이라 한다.

언표내적 행위는 맥락에 따라 다양하게 실현된다.

(7) 우리 가게에는 사나운 개가 많습니다.

이 발화는 강도나 도둑에게는 경고의 행위가, 사나운 개를 사고자 하는 사람들에게는 광고의 행위가 될 수 있다.

언표내적 행위는 화행이론의 핵심적인 연구 대상이다. 하나의 언어 형식이 가질 수 있는 다양한 언표내적 행위가 어떻게 실현될 수 있는가를 밝히는 것이야말로 언어가 의사소통의 과정에서 갖는 다양한 기능을 체계화하는 것이라고 보기 때문이다. 화행이론은 모든 발화의 중심 행위로 인식되는 언표내적 행위를 체계적으로 분류하고, 그러한 언표내적 행위가 수행되는 맥락을 체계화하는 것을 핵심 과제로 삼는다.

〈3.2〉 명시적 수행발화와 비명시적 수행발화

하나의 언표내적 행위의 수행에 이용된 문장의 형식적 특성에 따라 수행발화를 두 가지로 나눌 수 있다.

(8) (a) 나는 당신에게 지금 당장 여기서 떠날 것을 <u>요구한다</u>.
    (b) 본 국회는 폐회를 <u>선언합니다</u>.

위 예와 같은 경우, '요구(요청)'와 '선언'의 언표내적 행위가 수행됨은 그 문장의 어휘 및 통사구조에 의해 표면화되어 있다. 행위의 내용이 모문(안은문장)의 서술어로 표현되어 있는 것이다. 이 때 이용되는 동사를 수행동사(performative verb)라고 하는데, 언표내적 행위가 수행동사의 형식을 통하여 표면에 노출되어 있는 발화를 명시적 수행발화(explicit performative)라 한다.

다음의 예에서는 그와 같은 수행동사가 없다. 그러나 각각 '요구'와 '선언'의 언표내적 행위가 수행됨은 분명한데, 이와 같은 경우의 발화를 비명시적 수행발화(implicit performative)라 한다.

(9) (a) 지금 당장 여기서 떠나 줘!
  (b) 본 국회는 폐회하겠습니다.

명시적 수행발화는 Austin(1962)의 전반부에서 구분하여 제시한 수행문과 단언문 중 수행문과 동일한 것이다. 그러나 바로 앞의 예에서 보듯이 수행동사가 표면화되어 있지 않은 발화를 통해서도 동일한 행위가 수행되므로, 화행이론은 특정한 유형의 발화뿐만 아니라 모든 발화가 일정한 행위를 수행한다고 보게 되었다.

〈3.3〉 직접화행과 간접화행

한 문장의 문장 의미와 그것의 발화 의미가 일치할 수도 있고 그렇지 않을 수도 있다. 달리 말하면, 문장 의미와 그것에 의해 수행된 언표내적 행위가 일치하는 경우도 있고, 그렇지 않은 경우도 있다. 앞의 경우를 직접화행(직접발화행위 direct speech act)이라 하고, 나중의 경우를 간접화행(간접발화행위 indirect speech act)이라 한다.

(10) (a) 너 지금 어디 가니?
  (b) 네가 언제 왔었니?

위 발화가 질문의 의도로 사용된 것이라면 직접화행이 된다. 그러나

(a)'아무데고 가지 말라'고 명령하거나 (b)'네가 온 적이 없다'는 내용을 강조하여 진술하는 경우라면 간접화행이 된다.

그러면 맥락에 따라 달리 만들어지고 인식되는 간접화행의 언표내적 행위가 의사소통의 과정에서 별다른 오해 없이 상대방에게 전달되는 것은 어떻게 설명할 수 있는가? 사람들은 말을 하는 과정에서 상대방의 말을 구성하고 있는 문장 그 자체의 의미뿐만 아니라, 상대방의 의도적 의미까지도 이해하고 또 반응을 보인다. 이러한 과정을 밝히는 것이 의사소통에서 갖는 언어의 기능을 고찰하는 데 필요하다.

〈3.4〉 간접화행과 추론

간접화행을 통한 의사소통의 과정에서, 상대방의 발화가 가지는 언표내적 행위를 이해하는 과정은 추론(inference)의 연속이다. 다음 예를 보자.

> (11) (a) (가) : 오늘 저녁에 내 일 좀 거들어 줘.
> (b) (나) : 넌 내가 그렇게 한가한 줄 아니?

(나)는 '거절'의 언표내적 행위를 수행하고 있는 것처럼 보이는데, 그것의 문장 의미(문자적 의미)는 '질문'이다. 이 때 '거절'은 핵심적 언표내적 행위(primary illocutionary act)가 되고, '질문'은 부차적 언표내적 행위(secondary illocutionary act)가 된다. 핵심적 언표내적 행위는 부차적 언표내적 행위로부터 유도되는데, 이와 같은 과정에 추론이 개입된다. 추론에 의하여 알게 되는 의미를 함축적 의미(implicated meaning)라고 하는데, 관용함축과 비관용함축의 두 가지로 나누기도

한다.

(12)

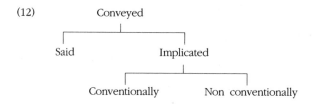

〈4〉 언표내적 행위와 적절조건

하나의 언표내적 행위가 적절히 수행되기 위해서는 일정한 조건(맥락)이 구비되어 있어야 한다. 선고공판이 열리고 있는 법정 안에서 방청객 중의 한 사람이 "사형을 선고한다."라고 아무리 큰 소리로 외쳐도 선고의 행위는 적절히 수행되지 않는다. 갓난아이에게 "야 일어나 세수해"라고 했을 때 명령의 행위가 수행될 수 없음도 마찬가지다.

화행이론에서는 하나의 언표내적 행위가 적절하게 수행되기 위해서는 일련의 조건이 갖춰져 있어야 한다고 보고, 그러한 조건을 적절조건(felicity condition)이라고 했다. 그리고 각각의 언표내적 행위의 수행에 필요한 적절조건을 체계화하는 데 힘써 왔다. 요청, 약속, 진술에 대한 적절조건을 예시하면 다음과 같다.

(13) '요청'의 적절조건

　　(가) 명제 내용적 조건 : 청자가 장래에 수행할 행위 A[4]

　　(나) 예비적 조건

---

4 A:act(행위), S:speaker(화자), H:hearer(청자)

(a) H는 A를 할 수 있고, S도 그렇게 믿고 있다.

(b) 보통의 경우 자진하여 H가 A를 할 것인가는 S와 H 둘 다에게
확실하지 않다.

(다) 성실성 조건 : S는 H가 A를 해 주기를 원한다.

(라) 본질적 조건 : H로 하여금 A를 하게 하려는 시도로 간주된다.

(14) '약속'의 적절조건

(가) 명제 내용적 조건 : 화자가 장래에 수행할 행위 A

(나) 예비적 조건

(a) S는 A를 할 수 있다.

(b) H는 S가 A를 수행하길 원한다.

(다) 성실성 조건 : S는 A를 수행하길 원한다.

(라) 본질적 조건 : S가 A를 하도록 하는 의무로 간주된다.

(15) '진술'의 적절조건

(가) 명제내용적 조건: 어떤 명제 p가 있다.

(나) 예비적 조건

(a) 화자는 명제 p가 참이라고 생각하는 증거가 있다.

(b) 청자가 명제 p를 안다는 것이 화자와 청자 모두에게 분명하지
않다.

(다) 성실성 조건: 화자는 명제 p를 참이라고 믿는다.

(라) 본질적 조건: 결과적으로 명제 p가 실제의 사건을 나타내는 것으
로 본다.

[9.3] 보충 설명 : 화행이론의 철학적 배경[5]

오스틴은 후기 비트겐슈타인과 마찬가지로 일상언어의 분석에 관심을 집중했다. 그러나 비트겐슈타인이 전통적인 철학적 난제들을 철학자들이 일상언어를 오해한 데서 생긴 것으로 간주하고, 그러한 철학적 곤혹으로부터 탈출하는 방안으로서 일상언어의 분석을 철학적 중심과제로 삼은 반면에, 오스틴은 일상언어 그 자체의 쓰임에 깊은 관심을 두고, 연구의 결과를 철학적 문제에 적용하는 것은 부차적인 것으로 여긴 차이가 있다.

오스틴은 언어에 대한 종래의 연구태도가 철학자이든 문법학자이든 언어현상을 일반화하기에 앞서, 언어 그 자체에 대한 철저하고 충분한 연구를 등한시해 온 점을 우려하고, 일상언어가 실제 어떻게 사용되고 있는가 하는 점에 대한 조직적이고도 정밀한 기술의 중요성을 강조했다.

비트겐슈타인과 오스틴은 다 같이 언어분석을 중심과제로 삼으면서도, 비트겐슈타인이 언어에 대한 명료화로서의 철학은 경험적인 문제가 아니라고 한 반면에, 오스틴은 경험적인 연구 태도를 중시했다. 예를 들어, 담화를 분석함에 있어 관심 분야의 담화를 먼저 선정하여 어휘를 찾고, 이들 어휘의 동의어를 사전에서 찾아 문제의 어휘가 쓰이는 표현과 쓰이지 못하는 표현들을 조사하기도 했다. 그는 이와 같은 구체적인 자료에 입각하여, 어떤 용어와, 자료 내에서의 다른 용어와의

---

5 이 부분은 박종갑(1988)의 일부를 간추린 것인데, 주로 이명현(1975, 1982), 김학권(1983), 김여수(1983), 박영식(역)(1987), 장석진(1987) 등을 참고한 것이다. 자세한 인용 관계는 이 논문에 기술되어 있다. 강의 소주제 [6.3]과 함께 읽어 보기 바란다.

의미적 상관관계 등을 설명하려 했으며, 다른 철학자나 문법학자들의 설명을 검토하고, 할 수 있는 말과 할 수 없는 말에 대한 검증을 했다.

사상에 대한 명료화를 목적으로 하는 철학은, 언어가 사상의 화신이므로, 일상언어든 인공언어든 언어에 대한 논리적 분석으로 이뤄진다는 일관된 철학관을 가진 비트겐슈타인과는 달리, 오스틴은 자신이 추구하는 연구가 진정한 철학인가 아닌가 하는 데 대해서는 무관심했다. 그는 일상언어의 쓰임에 대한 자기 식의 철저한 연구가 흡수될 수 있는 새로운 언어학이 새로운 과학으로 등장하기를 원했다.

1930년대의 유럽에서는 논리실증주의 학풍이 유행하고 있었다. 논리실증주의자들은 의미 있는 문장과 의미 없는 문장의 구분을 위해 검증의 원리를 내세우고, 모든 의미 있는 문장은 분석적 명제(analytic proposition)가 아니면 종합적 명제(synthetic proposition)이며, 이 중 어느 유형에도 속하지 않는 것은 모두 무의미한 문장이라고 했다. 분석적 명제는 동어 반복적인 것으로서 사실세계와의 대응관계를 고려하지 않아도 참·거짓이 논리적으로 결정되고, 종합적 명제는 세계의 외적 모습에 따라 진리치가 결정된다. 논리실증주의자들은 모든 경험과학에서의 진술은 종합적 명제로 구성되고, 논리학이나 수학과 같은 형식과학에서의 진술은 분석명제로 구성되는 데 비해, 과거의 형이상학적 철학은 이러한 검증원리에 비춰보면 의미 없는 문장의 집합에 불과하다고 보았다.

그런데 오스틴은 진리조건을 언어 이해의 핵심으로 보는 이상과 같은 견해를 비판하고, 언어 쓰임의 다양성을 구체적인 일상언어의 분석을 통해 보여 주고자 했다. 그는 우선, 일상언어에서의 몇몇 서술문은, 논리실증주의자들의 가정과는 달리, 참 또는 거짓을 진술하려는 의도로 사용된 것(단언문)이 아니고, 분명히 어떤 행위를 수행하려는 의도로 말해진 것이라 하고, 그러한 특정한 형태의 서술문을 수행문(이 행문)이라고 불렀다.

(a) I name this ship the Queen Elizabeth.

(b) I bet you six pence it will rain tomorrow.

오스틴은 앞의 두 문장은 어떤 행위(명명, 내기)를 수행하는 것이라 하고, 그러한 행위의 수행에는 적절조건(felicity condition)이 충족되어 있어야 하며, 그렇지 못할 경우 행위 수행이 올바르게 이뤄지지 않는다고 했다. 수행문은 말과 제도적 절차를 연계시키는 특정한 사회적 관습의 존재에 의해 그것에 상응하는 행위를 수행하게 된다는 것이다. Austin(1962)은 그 앞부분에서 단언문과 수행문의 구분, 적절조건 등에 대한 대체적인 윤곽을 제시하고 있다. 그리고 뒷부분에 가면 단언문과 수행문의 구분을 취소하고, 특정한 유형의 발화(수행문)뿐만 아니라 모든 발화가 일정한 행위를 수행한다고 보는 방향으로 그 체계가 발전적으로 변화한다.

오스틴은 우리의 언어가 진리조건적 측면에서만 탐구될 수 있는 것이 아니고, 다양한 기능을 가지고 있는 것임을 이러한 화행 이론의 체계로 보여주고자 했다. 서얼(J. Searle)의 화행 연구 또한 오스틴의 이론을 더욱 가다듬고 체계적으로 발전시킨 것이다. 언어학에서는 오스틴, 서얼 등의 화행이론 체계를 화용론이라는 분야 속에서 다룬다.

[10] 화용론적 전제와 함축

[10.1] 화용론적 전제[1]

〈1〉 들어가기

〈1-1〉 다음의 예는 비정상적인 쓰임이라고 생각된다. 그 이유를 상식적 관점에서(비전공자의 관점에서) 따져 보라.

(1) (a) 자기 나하고 결혼하기 싫은 줄 알고 있어. 하지만 난 자기하고 결혼할 것을 약속해.
(b) 난 너에게 아무런 관심도 없지만, 네 고향이 어딘지 알고 싶어.

〈1-2〉 다음의 두 경우 모두 비정상적인데 그 원인은 다르다.

(2) (a) 영호는 대학에 진학한 것을 후회하지 않았는데, 영호는 실제 대학

---

1 화용론적 전제에 대해서는 오주영(1991)에 상세히 다뤄져 있다.

에 진학하지 않았다.

(b) 영호는 총각이다. 그러나 영호는 남자가 아니다.

[Q1] 아예 불가능한(논리적으로 모순인) 경우는 어느 것인가?

[Q2] (a)를 그 의미 내용은 바꾸지 말고 최대한으로 자연스럽게 보이도록 고쳐 보라.

〈2〉 화용론적 전제와 적절조건

화용론적 전제는 Sellars(1954)가 처음으로 도입한 문장전제(sentence presupposition)와 화자전제(speaker presupposition)의 구분에 의해서 도입된 것이다. 그는 "S가 적절하게 발화될 수 있는 어떠한 맥락 속에서도 P가 주어져 있다면, S는 P를 전제한다."고 했다. 즉, P가 S의 화용론적 전제라면, S가 적절하게 발화되기 위해서는 어떠한 맥락 속에서도 P라는 조건이 충족되어 있어야 한다는 것이다. 화용론적 전제는 화자전제, 즉 주어진 맥락 속에서 문장이 적절하게 사용될 수 있는 조건이라는 관점에서 출발했다.

앞(7.1)에서 모문 서술어가 사실동사인 경우와 시제절이 있는 경우, 그리고 의문문인 경우에는 반드시 논리적 전제가 발생한다고 보기 힘들며, 이 외에도 논리적 전제의 발생이 명확하게 검증되지 않는 경우가 더 있을 수 있음을 언급한 바 있다. 예만 다시 옮긴다.

(3) (a) 철수는 자신이 빚쟁이임을 깨달았다/깨닫지 못했다.

〉〉 (b) 철수는 빚쟁이다.

(4) (a) 그들은 결혼식을 올리기 전에 아이를 낳았다/낳지 않았다.

〉〉 (b) 그들은 결혼식을 올렸다.

(5): (a) 상기는 어제 무엇을 먹었니/안 먹었니?[2]

　　〉〉 (b) 상기는 어제 무엇을 먹었다.

앞(7.1)에서도 언급했듯이, 이는 논리적 전제가 아니고 '화자의 믿음'에 해당한다. 그것은 화자가 (b)의 내용을 사실이라고 믿고 있을 때, 다시 말하면 그러한 조건이 충족되어 있을 때, (a)가 자연스럽게 발화될 수 있다는 뜻이다. 그렇다면 (b)는 곧 화자전제이고 또 화용론적 전제가 된다.

화용론적 전제를 화자전제, 즉 주어진 맥락 속에서 문장이 적절하게 사용될 수 있는 조건이라고 보는 관점은 자연스럽게 화행이론의 적절조건과 연결된다. 이러한 조건은 주어진 맥락에서 화자와 청자가 가지고 있는 공유가정(common belief)이고, 대화상의 특정 상황 하에서 발화의 적절성을 판별하는 기준이다.

약속의 화행과 적절조건의 예를 아래와 같이 정리해 보자. 다음 (7)의 내용은 (6)의 언표내적 행위가 적절하게 수행되기 위해 충족되어 있어야 한다. 그 중 하나라도 충족되지 않으면 화용적 모순이 된다. 예를 들어, 약속의 예비조건은 청자가 약속의 내용이 이뤄지는 것을 바라고, 또 그것이 청자에게 이익이 되며, 청자는 그러한 약속이 이루어지지 않는 것보다 약속이 이루어지는 것을 더 바란다는 조건이다. 따라서 이러한 조건이 충족되지 않은 맥락에서 약속의 언표내적 행위를 하는 것은 화용적 모순을 야기하는 것이다. 결과적으로 약속의 행위가 적절하게 수행되지 못한다.

---

2 이 의문문의 의미는 [wh-Question]이라고 가정한다.

(6) 난 너를 미국으로 데려갈 것을 약속한다.

(7) (가) (명제내용조건): 화자가 장래에 수행할 행위

　　(나) (예비조건)

　　　　(a) 상대방이 그것을 원한다.

　　　　(b) 화자는 그것을 할 수 있다.

　　(다) (성실조건) 화자 자신이 그렇게 하는 것을 원한다.

　　(라) (본질조건) 그렇게 하는 것을 화자의 의무로 받아들인다.

(6)이 적절하게 발화되기 위해서는 어떠한 맥락 속에서도 (7)과 같은 조건이 충족되어 있어야 한다. 그것은 화자는 (7)과 같은 조건이 충족되어 있다는 전제 하에서 (6)과 같은 말을 한다는 뜻이므로, 적절조건은 곧 화용론적 전제에 귀속된다. 이러한 견해는 전제를 논리적 관점보다는 주어진 맥락 속에서 문장이 적절하게 사용될 수 있는 조건이란 관점에서 바라보는 것이 더 합리적이라고 보는 이론이다.

〈3〉 화용론적 전제와 논리적 전제

하나의 문장이 다른 문장을 논리적으로 전제한다면, 그러한 전제는 취소 불가능하다는 것이 논리적(의미론적) 전제와 화용론적 전제를 구분하는 기준으로 이용될 수 있다. 논리적 전제는 취소가 논리적으로 불가능하여, 취소하면 논리적 모순이 된다. 화용론적 전제는 취소가 논리적으로 불가능한 것은 아니지만 취소하면 어색하고 부자연스러워지는 화용적 모순이 일어난다.

이러한 문제는 앞(7.1)에서 비교적 상세하게 다루었으므로, 여기서는 간략하게 언급하겠다. 모문 서술어가 사실성 동사인 경우를 하나

검토해 본다. 덕수가 밤중에 자기 집을 침범한 강도와 격투를 벌이다가 강도를 죽이는 사건이 발생하여, 검사는 유죄로 기소했고, 1, 2심에서 모두 유죄의 판결을 받은 상황이라고 보자. 이것은 검사의 판단을 법관이 인정하고 수용한 것이다. 피고인 덕수는 자신이 죄인임을 인정할 수도 있고 그렇지 않을 수도 있다. 그렇다 하더라도 1, 2심의 재판에서 유죄가 선고된 이상 피고는 자신의 생각과는 무관하게 유죄임이 인정되는 상황이다. 아래 (8)의 (a)가 이러한 상황에서 검사가 한 말이라면, (a)가 (b)를 전제하는 것 같기도 하다.

(8) (a) 피고는 자신이 죄인임을 알고 있다/모르고 있다.
〉〉 (b) 피고는 죄인이다.

만일 (a)가 (b)를 전제한다고 보면, 이 전제는 논리적인 것인가 화용론적인 것인가? 전제 취소를 포함하고 있는 진술이 논리적 모순이면 논리적 전제가 되고, 화용적 모순이면 화용론적 전제가 된다고 보므로, 다음 (9)의 비정형성(ill-formedness)이 논리적인 것인지 화용적인 것인지를 따지는 작업이 필요하다.

(9) ??? 피고는 자신이 죄인임을 알고 있다/모르고 있다. 그러나 그는 죄인이 아니다.

그런데 전제 취소가 포함된 진술의 비정형적 실상을 정확하게 파악하는 것이 쉽지 않을 수 있다. (9)의 경우도 마찬가지다. 그러면 (8)에서 (b)가 논리적 전제가 될 수 없는 상황이, 다시 말하면, (a)가 참이라 하더라도 (b)가 참이 아닌 상황이 논리적으로 가능할 수 있는지를 따져 보는 것이 한 방편일 수 있다. 만일 최종심의 선고공판에서 정당방위가 인정되어 무죄가 선고되는 반전이 이뤄진다면, 철수는 죄인이 아닌 게 된다. 그러면 (b)의 내용은 단지 화자(검사)의 판단(믿음)이 될 뿐인데, 1, 2심 재판부는 그 판단을 참이라고 인정한 것이고, 최종심 재판부는 그것을 배척한 것이다. 그러므로 (a)와 (b)의 관계는 논리적 관계가 아님을 알 수 있고, 그것에 기대어 (9)의 비정형성은 화용적 모순으로 판단할 수 있다. 결론적으로 (b)는 (a)의 화용론적 전제라고 보는 것이 합리적인 것으로 생각된다.

취소가 불가능한 경우와 어색하긴 하지만 취소가 가능한 경우의 구분이 확실히 이뤄질 수 있을지는 분명하지 않다. 그러나 이와 같이 구분하여 설명할 필요가 있는 예들이 존재하는 것은 분명하므로, 전자를 논리적 전제 또는 의미론적 전제라 하고, 후자를 화용론적 전제라 하여, 두 경우를 구분하여 기술하는 방식이 유용해 보인다.

화용론적 전제는 취소될 수 있지만 화용적 비정형성을 낳는다. 발화가 어색해지고 부자연스럽게 보이는 것이다. 이를 화행이론으로 생각하면, 적절조건이 충족되지 않으면 언표내적 행위가 적절하게 수행되지 못한다는 뜻이다. 적절조건이 충족되지 않은 상황에서의 발화행위가 어색해 보임은 쉽게 인지된다.

앞에서 약속의 화행이 수행되는 데 필요한 적절조건을 소개한 바 있다. 아래의 (10)은 약속의 수행문과 그 적절조건의 일부를 옮겨 놓은 것이다.

(10) (a) 난 너를 미국으로 데려갈 것을 약속한다.
　〉〉 (b) 상대방이 그것을 원한다.
　〉〉 (c) 화자는 그것을 할 수 있다.

(b), (c)는 (a)의 적절조건의 일부이고 화용론적 전제이다. (a)의 약속이 적절히 수행되기 위해서 충족되어 있어야 할 조건에 (b), (c)가 반드시 포함되어 있어야 한다. 즉, (a)가 적절하게 발화되기 위해서는 어떠한 맥락 속에서도 (b), (c)라는 조건이 충족되어 있어야 한다는 것이다. 만일 그러한 조건이 충족되어 있지 않으면 화용적 모순이 야기된다. 아래의 예가 그것을 보여 준다.

(11) ? (a) 너는 가기를 싫어하지만, 난 너를 미국으로 데려갈 것을 약속해.
　　 ? (b) 내게 그럴 능력이 없지만 난 너를 미국으로 데려갈 것을 약속해.

지금까지의 내용을 종합해 보면 논리적 전제는 주어진 표현이 진리치를 갖기 위한 절대적 제약인 반면에, 화용론적 전제는 상대적 제약이다. 다시 말해서, 화용론적 전제는 발화된 표현이 가능한 한 적절성을 유지할 수 있도록 해 주는 것이다. 이 두 개념을 대비하면 다음과 같다.

논리적(의미론적) 전제	화용론적 전제
(a) 진리조건에 의해 정의된다 (b) 절대적 제약이다 (c) 취소될 수 없다	(a) 화자의 믿음이나 적절조건 등에 의해 정의된다 (b) 상대적 제약이다 (c) 맥락에 따라 취소될 수 있으나 취소되지 않는 것이 자연스럽다

[10.2] 함축

〈1〉 들어가기

다음의 대화가 라디오의 토크쇼 같은 데서 있었다고 가정하고, (1), (2)의 두 가지 대화 유형 중 어느 것이 바람직한지에 대해 평가해 보라.

(1) (a) (A) : 형제가 많습니까?

   (b) (B) : 네.

   (c) (A) : 막내입니까?

   (d) (B) : 아뇨.

   (e) (A) : 그럼 몇째죠?

   (f) (B) : 여섯째입니다.

   (g) (A) : 전부 몇 형제죠?

   (h) (B) : 4남 4녀입니다.

   (i) (A) : 어릴 때 많이 싸웠겠어요.

   (j) (B) : 네.

   (k) (A) : 특히 누구하고 많이 싸웠어요?

   (l) (B) : 바로 위의 오빠하고요.

   (m) (A) : 왜요?

   (n) (B) : 저희 부모님이 아들 딸 차별이 심했어요. 그것 때문에 많이
            싸웠어요.

   (o) (A) : 좀 구체적으로 얘기해 보시죠.

   (p) (B) : 수박을 하나 사서 쪼갤 때도요, 꼭 오빠들만 많이 줘요. 그래
            서 많이 싸웠죠. 그래도 그 때가 그리워요.

(2) (a) (A) : 형제가 많습니까?

  (b) (B) : 네. 4남 4녀의 막내입니다.

  (c) (A) : 어릴 때 많이 싸웠겠어요?

  (d) (B) : 특히 바로 위의 오빠하고 많이 싸웠는데요. 그게 지금 생각
      해 보면 너무나 아름다운 추억이에요. 저희 부모님이 아들
      딸 차별이 심했어요. 수박을 하나 사서 쪼갤 때도요, 오빠들
      은 큼지막하게, 저는 아주 얇게, 그렇게 했어요. 칼로 위에서
      아래로 자를 때 오빠들 것은 칼이 내려갈수록 안 쪽으로 휘어
      져 수박이 두꺼워져요. 제 것은 바깥쪽으로 휘어져 얇아지
      죠. 그럼 오빠 것은 왜 크냐고 따지죠. 그럼 오빠가 옆에
      있다가 "가시나가 왜 이리 말이 많노?"라면서 쿡 쥐어박아요.
      지금 생각해 보면, 그래도 그 때가 행복했어요. 다시 돌아가
      고 싶어요.

〈2〉 함축의 정의와 유형

'함축하다(implicate)'라는 동사나 '함축(含蓄 implicature)'이라는 명사
는 Grice (1975(1967), 1978)에 의해 처음으로 도입된 용어이다. 그라이
스는 이를 이용하여, 문장의 내용을 암시된 것(what is implicated)과
말해진 것(what is said)으로 구분했다. 암시된 것은 전제, 함의, 그리고
좁은 의미의 함축 등의 의미를 상호 구분 없이 전부 일컫는 넓은 의미
의 함축이다. 여기서는 전제나 함의 등을 제외한 좁은 의미의 함축을
다룬다. 함축은 발화된 문장 의미의 일부분도 아니고, 전제도 함의
(entailment)도 아니며, 문장의 발화에 의하여 암시되는 내용이다.

함축은 대화함축(conversational implicature)과 관용(고정)함축(conven

-tional implicature)으로 나뉜다. 대화함축이 올바로 전달되느냐의 문제
는 담화의 일반적인 원칙과 관계된다. 의사소통의 과정에서 서로 이야기
를 주고받는다는 것은, 대화 참여자 스스로 그와 같은 과정에서 요구되는
일반적인 법칙의 준수를 묵시적으로 동의한 것과 같다. 각 참여자는
오고 가는 이야기의 목적이나 방향에 따라 어떠한 성격의 정보가 얼마만
큼 요구되는가 하는 점을 알아내어, 필요한 정보를 적절한 시점에서
제공할 수 있게끔 말을 해나가야 한다.

〈3〉 대화함축의 발생과정

〈3.1〉 대화격률과 협력원칙

그라이스는, 대화에서의 일반적인 법칙(maxim)으로, 다음과 같은
대화격률(對話格律 maxims of conversation)과 협력원칙(cooperative
principle)을 제시하고 있다.

(A) 협력원칙

대화 가담자는 대화에 참여할 때 그 대화가 이뤄지는 단계에 서 그
대화의 방향과 목적에 필요한 만큼 기여한다.

(B) 대화격률

① 정보의 양(quantity)에 대한 격률

(a) 필요한 양 만큼의 정보를 제공하라.

(b) 필요한 양 이상의 정보를 제공하지 말라.

② 정보의 질(quality)에 대한 격률

(a) 거짓이라고 믿는 것은 제공하지 말라.

(b) 적절한 증거를 댈 수 없는 것은 제공하지 말라.

③ 관계(relation)에 대한 격률

관련성 있는 정보를 전달하라.

④ 양태(manner)에 대한 격률

(a) 모호한 표현을 피하라.

(b) 중의적인 표현을 피하라.

(c) 간략하게 표현하라.

(d) 순서에 맞도록 하라.

〈3.2〉 대화함축의 이해와 추론

이러한 격률을 이용하여 대화함축의 생성과 수용의 과정을 설명할 수 있다. 그것은 화자가 의도적으로 격률을 위배하고, 청자는 화자의 그러한 위배가 오히려 격률을 준수하기 위한, 한 의도적 방안임을 알아차리는 과정이다.

철학과 대학원에서 학위를 받은 P는 S대학의 철학과 교수 공채에 응모했고, S대학의 심사위원들이 P의 지도교수 L에게 추천서를 요구하는 상황을 가정해 보자.[3] S대학의 심사위원들이 P가 S대학의 철학과 교수직을 훌륭히 수행할 능력을 보유했느냐의 여부를 지도교수 추천서를 통해 판단하고자 하는 것이므로, L은 당연히 P가 그와 같은 능력을 보유하고 있는지에 대하여 직접적으로 관련되는 내용을 추천서 안에 포함시켜야 할 것이다. 그러나 사제 간의 도리 때문에, P에게 그러한 능력이 없다고 판단하고 있으면서도, "P는 언변이 좋고 강의에도

---

3 이와 같은 추론 과정의 예는 Kempson(1977)의 것을 적절하게 변형한 것이다.

열심이 참가했으며 학생회 활동에 적극적이었습니다."라는 내용의 추천서를 써 보냈고, 심사위원들은 자신들이 알고자 하는 정보를 얻을 수 없어 실망한다. 심사위원들은 지도교수가 자신들이 얻고자 하는 정보에 대해 잘 알고 있을 것임에도 불구하고, 전혀 무관하다고 생각되는 정보만을 잔뜩 늘어놓고 있는 데 대해 분노마저 느낀다.

그러나 한편으론 지도교수가 추천서를 안 쓸 수도 있었는데 써 보내왔으므로, 대화에서의 격률을 지키려는 의도가 있다고 보면, 지도교수가 전하고자 하는 정보는 추천서에 기록된 내용 그 자체가 아니고, 그것으로부터 심사위원들이 추리해 낼 수 있을 만한 내용일 것이라는 생각도 가능하다. 만일 P가 철학교수로서 적임자라고 생각하면 지도교수가 그 내용을 추천서에 담지 않을 이유가 없고, 또 지도교수가 그와 같은 판단을 할 수 없을 정도로 제자의 능력을 모르고 있다고 볼 수도 없을 것이다. 그러므로 S대학의 심사위원들이 그 추천서가 "P는 귀 대학의 철학 교수직을 수행할 능력이 없다"는 내용을 전하기 위한 것임을 알아차리는 과정을 상정할 수 있다. 심사위원들은 처음에는 추천서가 정보의 양이나 관계에 대한 격률을 위배하고 있다고 보았으나, 그와 같은 위배가 충분한 의사소통을 위해 필요한 격률을 지키기 위한 하나의 방편임을 알게 된다면, 격률을 위배함으로써 격률을 준수하는 결과가 된다.

다음은 미국 교수 사회의 추천서 작성 관행을 비판한 어떤 책의 내용 중 일부를 정리한 것인데,[4] 교수들이 사제 관계라는 인간적 도리

---

4 이 내용은 〈일부러 애매하게 쓴 추천서의 어휘들〉(Almus Publication 간행)이란 책의 일부인데, 〈교수신문〉, 제186호(2000년 9월 11일), 제10면에서 재인용한 것이다.

와 진실을 밝히고자 하는 학자적 양심 사이에서 고민과 줄타기를 하고 있음을 잘 보여 준다.

추천서에 쓰여진 말	숨겨진 의미
성실하고 부지런하며 꾸준하다.	독창적이지는 않지만 노력은 한다.
수줍고 차분하며 고민을 혼자서 해결한다.	이 사람의 사회관계는 구제 불능이다.
조건 없이, 열정적으로, 추호의 의심도 없이 추천한다.	이 사람을 고용하라.
그 분야의 어떠한 학과에도 기꺼이, 강력하게 추천한다.	이 사람을 고용하지 마라.
근거가 탄탄하다.	부르죠아적 증거의 관념에 절망적으로 빠져 있다.
이 학생은 언제나 열정적으로 토론하기를 좋아한다.	이 학생은 정말 밉살스럽다.
건실하고 유능하며, 참고 자료를 열심히 찾는, 좋은 공부 습관을 지녔다.	흥미로운 무언가를 생산할 가망성이 없는, 지루하고 둔한 학생이다.
이 사람은 빼어난 학자이다(강의에 대한 언급 없이).	이 사람의 강의는 한심하다.
이 사람은 빼어난 선생이다(연구에 대한 언급 없이).	이 사람은 한심한 학자이다.
기존의 학설을 깨뜨린 사람으로, 총명하고 일급이며, 그 분야에서 근본적인 공헌을 하고 있다.	이 학자는 그 분야에서 대가이다.
장래가 매우 촉망되며, 중요한 이슈에 대해 작업하고 있다.	학자로서 이 사람은 아직 멀었다.
중도적이며 변증법적인 학문을 한다.	이 사람은 학문의 깊이가 없다.
처음에 이 학생은 영문학을 전공하겠다고 확신하지 못했으나, 최근 두세 달 사이 학문이 급성장했다.	이 학생은 학점이 나쁘다.
주체적인 사유의 소유자이다.	이 학생은 거만하고 지도 교수의 충고를 잘 따르지 않을 것이다(문맥에 따라

	서는 독창적이라는 의미도 가능함).
분명한 사람이다.	이 사람은 어떠한 문제도 일으키지 않을 얌전한 학자이다.
좀 더 지도 받는다면 학업이 성장할 것이다.	나는 이 학생이 책 한 권은커녕 논문이나 제대로 쓰는 날을 보게 될지 의심이 간다.
재치 있다.	이 학생은 똑똑하기는 하지만 피상적이다(인문학 분야라면 '맵시 있다'는 말로 해석 가능하다).
이 학생이 들어서면 교실 안이 온통 환해진다. 우리는 수업 후에 계속해서 오랫동안 토의하곤 했다.	나는 이 학생과 영락없이 사랑에 빠졌다.

〈3.3〉 대화함축의 실제

대화격률에 대하여 화자가 취하는 태도에 따라 두 가지로 나누어 볼 수 있다. 하나는 대화격률을 준수하는 경우이고, 다른 하나는 위배하는 경우이다. 아래의 (3)은 전자의, (4)는 후자의 예다.[5]

(3) A : I am out of petrol.

B : There is a garage round the corner.

(4) A : Let's get the kids something.

B : O.K., but I object to C-A-N-D-Y.

(3)에서 B의 발화는 A가 거기에서 휘발유를 구할 수 있을지도 모른

---

5 이하 (3)~(6)의 자료 및 그것과 관계된 설명은 박종갑·오주영(1995:292-94)에서 옮긴 것이다.

다는 것을 암시한다. 그런데 만약 그 주유소가 문을 닫았거나 휘발유가 다 팔린 사실을 알고 있었다면, 그는 분명히 협력원칙을 충실히 이행하지 않은 셈이 된다. 따라서 이 대화가 서로에게 이해된다면 B의 말은 주유소가 문이 열려 있다거나 팔 휘발유가 있음을 함축한다. 그러나 (4)에서는 B가 candy를 철자로 말함으로써 양태의 격률을 고의로 어기고 있다. 그럼으로써 아이들 앞에서 candy를 바로 언급하지 않는 것이 좋다고 생각한다는 함축이 발생한다.

(5) (a) 돈 좀 빌려 주세요.

  (b) 저... 부탁드릴 말씀이 있는데요. 저희 어머니가 어제 병원에 입원 했거든요. 그런데 저... 돈이 없어서...

(6) 아내 : 여보! 진해에 벚꽃이 한창이래.

  남편 : 그래서?

  아내 : 옆 집 영희네는 식목일 날 식구들끼리 다녀왔대요.

  남편 : 그래서?

  아내 : 그래서라뇨? 우린 이번 일요일이 어때요?

  남편 : 영희 어머니는 남편을 잘 만났군. 당신도 그런 남편을 구하지 그랬어?

그리고 위의 (5)에서 (a)와 같이 간단하게 해도 될 말을 (b)와 같이 양의 격률을 어기면서까지 굳이 길게 늘여 말하는 것은 '돈 빌려달라는 말을 꺼내기가 힘들거나, 미안하다'는 공손함을 전달한다. 그리고 (6)에서도 남편이 관계의 격률을 어기면서 엉뚱한 대답으로 시종일관하는 것은 '강한 거부감'을 전달한다고 볼 수 있다.

지금까지 살펴 본 바로 알 수 있듯이, 대화격률이 우리의 의사소통과

정에서 가지는 역할을 고려해 볼 때, 문자적 의미만으로는 우리의 의사
소통을 완전히 설명할 수 없다는 점이다. 가령 언어사용의 과정에서
문자적 의미에만 의존한다면, 의사소통에 많은 장애가 발생할 것이다.
결과적으로 자연언어의 사용에 대하여 완전히 고정된 의미나 규칙에
만 의존하는 설명은 결코 완전할 수 없으며, 더욱이 우리의 의사소통은
언어의 문자적 의미나 사용에 의하여 추진되는 의미전달기능을 훨씬
능가하여 이뤄짐을 알 수 있다.[6]

〈4〉 관용함축

관용함축은 발화의 문장에 포함되어 있는 단어의 관용적인 의미에
의해 전달되는 함축을 가리킨다.[7]

---

[6] 초등학교나 중고교 시절, 학교에서 집으로 돌아와 현관문을 열고 들어서면서
처음 내뱉는 말이 '엄마'일 것이다. 일요일 아침 한껏 멋을 내고 외출 차림으로
방문을 열고 나오면서 말하는 경우도 마찬가지다. 보통 (a)나 (b)처럼 말한다.
그래도 엄마는 다 알아들으신다. 굳이 더 상세히 말할 필요도 없고, 또 그렇게
한다면 얼마나 힘들겠는가?

(가) (a) 엄마!
　　 (b) 엄마! 나 배 고파
　　 (c) 엄마! 나 배 고파. 밥 좀 차려 줘.
(나) 응, 그래, 배고프지. 바로 밥 차려 줄게.

(가) (a) 엄마!
　　 (b) 엄마! 나 오늘 친구들하고 놀러 가거든.
　　 (c) 엄마! 나 오늘 친구들하고 놀러가거든. 그런데 차비가 없어.
　　 (d) 엄마! 나 오늘 친구들하고 놀러가거든. 그런데 차비가 없어. 돈 좀
　　　　줘.
(나) 벌써 용돈 떨어졌니? 좀 아껴써!
[7] 관용함축에 대해서는 윤재원(1989:128-29)를 요약·정리하여 이용했다.

(7) (a) 그는 한국인이다. 그러나 그는 약삭빠르지 않다.

　　(b) 그는 한국인이다. 그러므로 그는 약삭빠르지 않다.

(8) (a) 그가 약삭빠르지 않은 것은 의외의 일이다.

　　(b) 그가 약삭빠르지 않은 것은 당연한 일이다.

위 (7)이 각각 함축하는 (8)의 내용은 대화에서의 협동원칙과는 무관하다. '그러나, 그러므로' 등과 같은 낱말의 관용적인 의미에 바탕을 두고 있기 때문이다.

관용함축도 함축이라는 점에서, 문장의 진리조건적 의미와는 무관하다. (7)의 두 문장의 선행문과 후행문을 각각 P와 Q로 하여 명제논리로 나타낸다면, 둘 다 동일하게 'P ∩ Q'로 되므로, 함축적 의미는 반영되지 않는다.

[10.3] 보충 설명 : 대화함축의 판단 기준

Grice(1975)는 대화함축은 다음과 같은 몇 가지 특징을 갖추고 있다고 하고, 이와 같은 특징을 갖추지 않은 것은 대화함축이 될 수 없다고 보았다.

(1) (a) 취소 가능성(Cancelability)

　　(b) 분리 불가능성(Non-detachability)

　　(c) 논리적 계측 가능성(Caculability))

　　(d) 비관용성(Unconventionality)

　　(e) 불확정성(Indeterminacy)

첫째, 대화함축은 대화에서의 격률에 의해 추리되는 것일 뿐이므로, 특정한 언어적 맥락이 뒤따를 경우, 문제의 함축이 일어나지 않을 수도 있다. 즉, 취소될 수 있다. 다음에서 (2)는 ⑵를 함축하지만, (3)에서는 그것이 불가능해진다.

> (2) 나는 영순이가 범인이 아니라고 믿고 싶었다.
>
> ⇒ ⑵ 나는 영순이가 범인인지 아닌지 확실히 알고 있지 않다.
>
> (3) 나는 영순이가 범인이 아니라고 믿고 싶었고, 그러한 의지는 곧 확실한 증거에 의해 뒷받침되었다.

둘째, 대화함축의 발생은 순수하게 맥락적 특성에 의해 좌우되는 것이므로, 동일한 맥락이 유지되는 한도 안에서, 의미에 별다른 차이가 없는 다른 표현이 쓰였다고 하여 문제의 함축이 발생하지 않으면, 그것은 대화함축이 아니다. 즉, 함축과 맥락은 불가분의 관계에 있다. 아래에서 (4)의 함축 ⑷는 (5)에서도 일어난다.

> (4) 폴란드의 노동자들은 목숨을 건 투쟁에서 결국 실패하고 말았다.
>
> ⇒ ⑷ 폴란드의 노동자들은 끈질기게 투쟁해 왔다.
>
> (5) (a) 폴란드의 노동자들은 철저한 투쟁을 했으나 성공하지 못했다.
>
> (b) 폴란드의 노동자들은 외로운 투쟁을 계속했으나 그들의 목적을 달성할 수 없었다.

셋째, 대화함축은 그 발생 여부를 체계적인 작업(추론)에 의해 예측할 수 있고, 또 대화에서의 격률을 이용하여 계획적으로 그 발생을 의도할 수 있는 것이어야 한다. 대화함축은 그 발생과 해석이 논리적으로 계측될 수 있는 것이어야지, 으레 그렇다거나 또는 너무 일방적이어서 그러한 과정을 이해하기가 불가능한 것이어서는 안 된다는 것이다.

넷째, 대화함축은 관용적인 것이어서는 안 된다. 예를 들면, 발화에 이용된 어떤 낱말의 의미에 의해서 으레 암시되는 내용은 대화함축이라고 할 수 없다. 다음에서 (6)은 (6)'을 암시하지만, 낱말 '양반'이 갖는 의미적 특징에 의한 것이므로 대화함축에 해당되지 않는다.

(6) 저 사람은 참 양반이다.

(6)' 저 사람은 대인관계가 원만하다.

다섯째, 대화함축은 불확정적인 것이다. 대화함축은 순수하게 맥락에 의해, 또는 대화에서의 격률에 의해 암시되고 추론되는 것이므로, 동시에 두 가지 이상의 함축이 가능하다. 다음의 (7)은 (7)'의 두 가지 내용을 함축하고 있는 것으로 보는 것이 자연스럽다. 그래서 화자의 원래의 의도는 불확정적인 것으로 남을 수 있다.[8]

(7) 우리 팀은 우승의 마지막 관문에서 탈락하고 말았다.

(7)' (a) 우리 팀은 우승을 위해 노력했다.

　　　(b) 우리는 모두 우리 팀의 우승을 기대하고 있었다.

---

8 Sadock(1978)을 비롯한 몇몇 학자들은 이상과 같은 속성들이 대화함축임을 확인할 수 있는 절대적 기준이 될 수 없음을 지적하기도 했다.

[11] 의문문의 형식과 기능

중의성은 언어의 본질적 특성의 하나이다. 인간의 미묘하고도 복잡한 심리세계, 우주의 삼라만상은 무한하다 할 것인데, 그것을 언어로 표현하고자 한다면, 언어와 표현 대상은 일 대 다의 관계를 맺을 수밖에 없다. 그러한 일 대 다의 관계에서 중의성이 발생한다. 중의성은 어휘적 중의성, 구조적 중의성, 작용역 중의성, 화용론적 중의성 등, 중의성을 다룬 기존의 논저에서 여러 가지로 유형화된 바 있다. 여기서 다루고자 하는 중의성은 화용론적 중의성이다. 화용론적 중의성의 대표적인 예는 간접화행에서 발생하는 중의성이다.

    (1) 지금 몇 시니?
      (a) 직접화행 → [질문]의 의미
      (b) 간접화행 → [명령]의 의미

예문 (1)의 문장 유형은 의문문(interrogative sentence)이다. 이것이 직접화행에서의 쓰임이라면 그 의미는 순수의문으로서의 질문[1]이다. 그리고 간접화행에서의 쓰임이라면, 직접화행에서의 의미와는 다른 화용론적 의미를 표현하게 된다. 앞의 예문만 하더라도 어머니가 밤늦게까지 자지 않고 있는 어린 아이에게 하는 것과 같은 담화상황이라면 '빨리 자라'는 명령의 의미가 된다. 질문은 상대방에게 응답의 의무를 부과하는 것이므로, 화자는 질문의 형식을 통해 현재의 사태에 대해 상대방의 주의를 환기시킴으로써, 명령의 의도적 의미를 강하게 표현하는 것이다. 간접화행에서의 의문문의 이러한 의미기능은 '수사적 표현력'이라 일컬을 수 있는 것이다.

의문문의 수사적 표현력은 담화상황에 따라, 요청에 따른 공손함이나 정중함 같은 온건함, 명령이나 위협에 따른 강한 압박, 그리고 놀라움 등을 나타내는 데도 쓰인다. 질문은 상대방에게 응답의 의무를 부과하는 것이므로, 화자는 질문을 통해 상대방에게 선택권을 주는 방식을 취함으로써 자신의 의도적 의미를 온건하게 드러낼 수도 있고, 응답할 내용이 없는 상황임에도 응답을 요구하여 강하게 압박하는 형식을 통해 상대방을 곤경에 빠뜨려 자신의 의도적 의미를 강하게 인식시킬 수도 있으며, 기타 다른 방법으로 놀라움 같은 다양한 심리상태를 표현할 수도 있다. 여기서는 의문문이 갖는 이러한 다양한 수사적 표현력으로서의 화용론적 의미를 '주의환기'라는 개념으로 포괄하여 지칭하고자 한다. 따라서 여기서 다루고자 하는 국어 의문문의 중의성은 ①질문의 의미로 쓰인 경우와 ②주의환기의 의미로 쓰인 경우 두 가지가 된다.

언어를 통한 의사소통의 과정에서, 화자는 명확하게, 능률적이고

---

1 여기서는 '질문'을 의문문이 직접화행에서 가지는 의미로 한정하여 사용하는데, '상대방에게 응답의 의무를 직접적으로 부과하는' 이른바 직접질문의 의미와 같은 것이다.

효과적으로, 그리고 합리적이며 신속하게 의사를 전하려고 하고, 청자
는 명확하고 충분한 정보를 얻으려는 욕구를 가진다. 언어의 형식적
여러 특성은 이와 같은 욕구에 의해 형성되는 것으로 볼 수 있다. 슬로
빈(D. I. Slobin)은 언어의 형식(form)이 의사소통의 과정에서 여러
가지 욕구를 충족시키기 위해서는 다음과 같은 네 가지 제약을 지켜야
한다고 했다.[2]

(2)

① 명확성(Be clear).

② 시간상의 분석처리가능성(Be humanly processible in ongoing time).

③ 신속성과 용이성(Be quick and easy).

④ 표현성(Be expressive).

명확성의 제약은 표면구조와 의미는 그 형식이나 조직의 면에서
서로 너무 동떨어진 것이어서는 안 된다는 것이다. 문장 유형에 따라
그것에 직접적으로 대응되는 의미를 내세울 수 있는데, 용어의 혼란이
없지는 않지만, '서술문-서술', '명령문-명령', '청유문-청유', '의문문-질
문' 등이 그 예이다. 문장의 유형과 의미 사이에 일정한 직접적인 대응
관계가 형성되어 있다는 것은 명확성의 조건에 부합하는 것이라 할
수 있다. 예를 들어 의문문의 경우 그것이 질문의 의미로 쓰인 경우라
면 의미 전달의 명확성이 분명해진다. 의문문 형식이라는 표면구조와
그것이 표현하는 의미가 직접적인 대응관계에 있기 때문이다. 언어에

---

2 Slobin(1979) 제7장 및 8장 참고. 박경자외 2인역(1985)에서는 이 네 가지 조건을
'명확성, 시간상의 분석 처리 가능성, 신속성과 용이성, 표현성'으로 번역하였다.

따라 약간의 차이가 있지만, 대체적으로 '서술, 명령, 청유, 질문' 등의 의미에 고유한 언어형식(문장 유형)이 존재한다는 것은 그것들이 인간의 언어적 삶에서 가장 원초적인 화행(speech act)이 된다는 것이고, 그러한 화행을 명확하게 하고자 하는 욕구가 반영된 것으로 볼 수 있다. 표현성의 제약은 언어는 논리적인 명제나 추론적인 정보를 충분히 전달할 수 있는 '의미적인 표현력(semantically expressive)'뿐만 아니라, 상대방의 관심을 끌거나 상대방을 놀라게 하고, 또 전달 내용을 인상 깊게 심어 주는 등의 '수사적인 표현력(rhetorically expressive)'도 갖추어야 한다는 것이다. 화용론적 중의성은 대개 이러한 표현성의 제약을 지키고자 하는, 구체적으로는 수사적인 표현력을 증대하고자 하는 욕구에서 발생한다.

중의성의 발생은 언어형식이 갖추어야 할 제약들이 서로 상충되는 결과를 가져온다. 앞에서 언급한 간접화행과 관련된 중의성은 수사적 표현력은 증대시키지만, 중의성에서 오는 의미해석상의 혼란에 의해 그만큼 명확성이 감소되는 결과를 낳는다. 다음에서 보듯이, 의문문이 질문의 의미로 쓰인 경우와 명령의 의미로 쓰인 경우는 표면구조와 그 의미 사이의 대응관계에 상당한 차이가 있다. 간접화행에서의 의문문 사용은 표현력의 증대라는 효과를 가져왔지만, 의문문 형식의 문장이 명령의 의미를 표현하게 됨으로써, 표면구조와 의미 사이에 괴리가 발생하고 의미해석상의 명확성이 감소되는 결과를 가져온 것이다. 이러한 점은 다음과 같이 정리된다.

(3)

표면구조	의미	긍정적 효과	부정적 효과
의문문	질문	명확성 충족	
	주의 환기[3]	표현성 충족	명확성 감소

중의성에 의해 발생되는 이러한 상충적 결과는 언중들에게 그것을 극복하고자 하는 시도의 동기가 될 수 있다. 표면구조와 의미 사이의 괴리를 극복하기 위해 그러한 화용론적 의미와 언어형식 사이에 직접적인 대응관계가 형성되도록 언어구조에 일정한 조작을 가하게 되고, 이러한 조작에 의해 형성된 언어형식은 중의적 해석이 차단되어 화용론적 의미로만 해석된다. 이것은 곧 화용론적 의미가 언어구조적으로 반영되어 중의성을 해소함으로써, 수사적 표현력을 유지한 채로, 감소된 명확성을 회복하는 것이다. 그렇게 되면 서로 상충되는 두 가지 제약을 어느 정도 함께 충족하는 결과를 얻을 수 있다. 이는 명확성과 표현성 사이에 일정한 균형을 이루고자 하는 언중들의 욕구가 반영되는 것이다.[4] 여기서는 이상과 같은 관점에서, 간접화행에서 발생하는 국어 의문문의 중의성을 해소하는 방법 몇 가지와, 이러한 중의성의

---

3 앞에서 언급했듯이, 의문문의 수사적 표현력으로서의 다양한 화용론적 의미를 포괄하여 주의환기라고 일컫는다.
4 Slobin(1979:188)은 언어형식이 갖추어야 할 제약들은 서로 상충되는 결과를 낳을 수도 있다고 했다. 어떤 조건은 언어형식의 단순화(simplification)를 유발하기도 하고, 또 어떤 조건은 정교화(elaboration)를 가져오기도 하는데, 언어 변화는 이러한 상충되는 두 가지 방향 사이에서 균형을 유지하려는 시도의 결과라고 하였다.

발생과 해소가 심리언어학에서 말하는 언어의 조건들과 어떠한 상관
관계가 있는지에 대해 고찰하고자 하는 것이다.

[11.1] 형태적 조작과 기능

〈1〉 들어가기

(1) (가) : 김 실장, 나한테 언제 보고할 건가?

　　(나) : 어제 말씀 드렸잖습니까?

[Q] 위 발화에서 쓰인 두 문장은 형태적 특성으로 보아 의문문이다. 두
문장 중에서 질문의 의도로 쓰였다고 보기 힘든 것은?

〈2〉 융합

화용론적 중의성 해소 방법의 하나로 '융합(fusion)'을 들 수 있다.
융합의 언어학적 정의에 대해서는 학자에 따라 차이가 있다.[5] 여기서
는 기원적으로는 여러 형태가 배열되는 문법적 구성이었지만 언어의
통시적 변화에 따라 이들이 하나의 덩어리로 굳어져 더 이상 공시적
분석이 불가능해지는 현상이라고 본 이승재(1992)의 정의를 원용한다.

(2) (a)작년 이맘때쯤엔 비가 많이 왔지. + (b)그랬지 않니?

---

5 융합의 정의에 대한 것은 이지양(1998)의 제2장에서 자세히 다루고 있다.

위 발화는 서술문과 의문문을 연이어 말하는 상황이라고 보자. 화자는 서술문으로 특정한 내용의 진술을 하고 난 다음 그것에 대해 묻는 형식을 취하고 있다. 후행 의문문은 직접화행이라면 순수의문이 되어 자신이 진술한 내용의 진위 여부를 확인해 달라는 질문의 의미가 되고, 간접화행이라면 수사의문이 되어 자신이 제시한 화제 속으로 상대방을 끌어들이려는 주의환기의 의미가 되므로, 중의성이 발생한다. 질문의 형식을 취함으로써 상대방에게 응답의 의무를 부과하는 형식이 되고 그러한 과정에서 상대방으로 하여금 자신이 진술한 내용에 대해 주의를 기울이게 하는 수사적인 표현력을 얻는 것이다.

   (3) ① 직접화행 → 순수의문 : [(확인)질문]의 의미
      ② 간접화행 → 수사의문 : [주의환기]의 의미

간접화행이 이뤄지면 수사적 표현력의 증대가 이뤄져 표현성의 제약을 충족하게 되지만, 문장의 표면구조와 의미 사이에 괴리가 발생하여 의미해석상의 혼란이 발생하고 명확성을 제약을 위배하게 되는 상충적 결과를 낳는다. 앞에서 언어형식이 갖추어야 할 제약들에 의해 발생되는 이러한 상충적 결과는 언중들에게 그것을 극복하고자 하는 시도의 동기가 될 수 있음을 언급한 바 있다. 이것은 곧 발생된 중의성을 발전적으로 해소하는 것인데, 수사적 표현력을 유지한 채로, 감소된 명확성을 회복하는 것과 같다. 국어 의문문에는 이러한 관점에서 이해할 수 있는 경우가 있다. 이른바 융합형 의문문이라고 부를 수 있는 것인데, 의문문이 아닌 문장 뒤에 의문문이 부가되어 쓰이다가 융합이 이뤄져 전체 문장이 하나의 의문문과 같은 통사적 특성을 보이는 구문이다.

(4) 우린 그때 이미 알고 있었잖니? (- 알고 있었지[6] + 않니?)

(4)는 서술문 형식의 문장과 의문문 형식의 문장으로 이뤄진 것인데, 하나의 문장과 같은 통사적 특성을 보인다는 점에서 통사론적 구성의 융합에 해당된다.

(5) (a) 우린 … 알고 있었잖습니까? (알고 있었지 + 않습니까?)

　　(b) * [우린 … 알고 있었지요않습니까?]

(6) (a) 작년엔 참 추웠잖아? (- 추웠지 + 않아?)

　　(b) * [작년엔 참 추웠잖았어? (- 추웠지 + 않았어?)]

우선, 위 (5a)에서 보듯이, 상대존대법이 후행 의문문 형식에서만 실현된다. 그렇지 않은 (5b)와 같은 구성은 불가능하다. 또 (6a)에서처럼 융합형 의문문은 시상 관련 선어말어미도 선행문에서만 실현되면 된다는 점에서 융합의 상태임을 알 수 있다. 그리고 융합형 의문문의 선행문은 서술문 형식이며, 종결어미가 반드시 '-지'이어야 한다. 그리고 후행 의문문은 선행문의 긍/부정 형식과 무관하게 항상 부정형으로 실현되어야 한다.[7] 그렇지 않은 다음의 (7b, c)와 같은 경우는 융합이 일어날 수 없다.

---

6 이 경우의 '-지'가 서술법 어미임은 그 앞에 시제 형태소가 올 수 있다는 점에서 확인된다.

7 서술문 형식과 의문문 형식이 융합되어 독특한 담화적 기능을 수행하고 있는 경우는 강우원(2012)에서 다루고 있는 경남 방언의 '있다아이가'류에서도 확인할 수 있다.

(7) (a) 방금 줬잖니?(- 주었지 + 않니?)

　　(b) * [방금 주었다 + 않니?]

　　(c) * [방금 주었지 + 그렇니?]

　융합형 의문문은 의문문 형식이지만 그 의미는 질문이 아니다. 이는 다음의 예에서 보듯이, 서술문과 비교해 보아도 개념적 의미의 전달에는 차이가 없다는 데서 확인된다. 아래 (8)의 질문에 대한 응답은 (9)처럼 두 가지 모두 가능하다. 상대방의 질문에 대한 응답으로서 쓰이고 있다는 점에서도 질문의 의미가 아님을 알 수 있다. 따라서 상대방에게 응답의 의무를 부과하는 기능이 없다.

(8) (Q): 이번엔 누가 일등을 했니?

(9) (a) (A1): 철수가 일등 했잖니/했잖아?

　　(b) (A2): 철수가 일등 했다/했어.

　융합형 의문문은 실질적으로는 질문의 기능을 수행하지 못한다. 그리고 화자는 상대방이 문제의 정보를 모른다고 생각하는 것도 아니다. 융합형 의문문은 어떤 내용을 진술하고 그 내용에 대해 상대방의 주의를 환기시키고, 또 그러한 과정에서 대화를 자연스럽게 자신이 원하는 화제 속으로 이끌고자 하는 의도를 표현하는 것이다.

　융합형 의문문이 질문의 의미로 쓰이지 않는다는 것은 중의성이 해소되었다는 뜻이다. 융합이라는 형식적 조작의 방법을 통해 주의환기라는 화용론적 의미와 직접적으로 대응되게 되어, 질문의 의미를 가질 수 없으므로 중의성이 해소된 것이다. 이렇게 되면 간접화행이 일종의 직접화행으로 바뀐 것과 같다. 이러한 내용을 (4)의 예문을 다시 이용하여 나타내면 다음과 같다.

(10) 우린 그때 이미 알고 있었잖니? = [수사의문] : [주의환기]의 기능

융합형 의문문은 그 언어형식적 특성(의문문 형식)에 의해, 간접적으로나마 상대방의 응답을 유도하게 되기도 한다. 다음에서 보듯이, 화자 (가)의 발화에 (나)가 응답과 유사한 발화를 하는 자연스러운 담화상황을 가정할 수 있다. 이 유형의 의문문이 질문의 기능을 상실하였음에도 불구하고 주의환기라는 수사적 표현력을 가질 수 있는 것은 바로 이러한 형식적 특성 때문이다. 이러한 점은 융합이 이뤄진 뒤에도 수사적 표현력이 유지된다고 볼 수 있는 근거가 된다.

(11) (a) (가): 이제 방학이 며칠밖에 안 남았잖아?
    (b) (나): 그렇군요. 시간이 참 빨리 지나가는군요.
    (c) (가): 그런데 너 방학 숙제 아직 안했잖아?
    (d) (나): 네. 내일부터 열심히 할게요.

지금까지 보았듯이, 융합형 의문문은 의문문 형식이면서 질문의 역할을 수행할 수 없고, 의문문이라는 형식적 특성에 의해 주의 환기라는 수사적 표현력을 가진다. 주의 환기라는 화용론적 의미가 융합형 의문문이라는 형식으로 언어구조화되면서 양자 사이에 직접적인 대응관계가 형성되어, 수사의문이라는 한 가지 의미기능만 가지게 됨으로써 중의성이 해소된 것이다. 결과적으로, 의문문 형식을 유지함으로써 수사적 표현력을 유지하고, 융합이란 변형을 통하여 중의성을 해소함으로써 그것의 의도적 의미를 분명히 전달하게 되고 감소된 명확성이

회복된다,

〈3〉 탈락

의문문이 주의환기와 같은 수사적 표현력을 가지게 되는 과정에서 발생하는 중의성을 해소하는 방법 중에 탈락이 있다.

(12) (가): 어제 할머니가 돌아가셨어.
(13) (나): (네가) 할머니가 돌아 가셨다고 했니?

위 발화 중 (12)는 서술문으로서, 화자가 새로운 정보를 진술한 것이고, (13)은 상대방이 보인 반응이다. (13)은 완형동사구를 내포한 간접인용구조의 의문문 형식인데, 불확실한 정보의 진위 여부를 확인하는 질문일 수도 있고 주의환기의 의미일 수도 있어, 다음과 같은 중의성이 발생한다.

(14) (네가) 할머니가 돌아 가셨다고 했니?
   ① 직접화행 → [순수의문] : [(확인)질문]의 의미
   ② 간접화행 → [수사의문] : [주의환기]의 기능

이러한 중의성은 앞의 경우와 마찬가지로 수사적 표현력이 증대되어 표현성의 제약을 충족하게 된다. 그렇지만 의문문이 질문이 아닌 주의환기의 의미로 쓰이게 되면, 문장의 표면구조와 의미 사이에 괴리가 생겨 명확성의 제약에 위배되는 상충적 결과가 발생한다.

여기서도 마찬가지로, 중의성의 발생에 의해 비롯된 이러한 상충적

결과는 언중들에게 중의성을 해소하여 그것을 극복하고자 하는 동기가 된다. 앞의 예문과 같은, 완형동사구를 내포한 간접인용구조의 의문문이 상위문이 탈락되고 인용조사 '-고'로 종결된 형식으로 쓰이는 경우가 있다. 다음의 (15b)가 그 예인데, 이는 (16)과 같은 간접인용구문의 복합문에서, 상위문 '너가 … 했니'가 탈락되고, 내포문 어미 '-고'로 문장이 종결된 것으로 볼 수 있다(장석진, 1985:145).[8] 여기서는 이를 탈락형 의문문이라고 일컫는다.

> (15) (a) (갑): 우린 모내기를 다 끝냈어.
> (b) (을): 모내기를 다 끝냈다고?
> (16) (네가) 모내기를 다 끝냈다고 했니?

이와 같은 탈락형 의문문에서 '-고'에 선행하는 부분은 상대방이 직전에 한 발화 내용의 전부 또는 일부를 인용한 것으로 보는 것이 보통이다. 탈락형 의문문은 탈락되기 전과는 달리, 주의환기로 대표되는 화용론적 의미로만 쓰인다. 그것이 순수한 질문의 의미가 아님은 쉽게 이해된다. 결과적으로 탈락형 의문문은 문제의 화용론적 의미에 직접적으로 대응하게 된다. 탈락형 의문문이 주의환기의 의미로만 쓰인다는 것은 중의성이 해소되었다는 뜻이다. 탈락이라는 형식적 조작의 방법을 통해 화용론적 의미와 직접적으로 대응되게 되어 중의성이 해소된 것이다. 이렇게 되면 간접화행이 일종의 직접화행으로 바뀐 것과 같다.

결과적으로 의문문이 질문의 의미뿐만 아니라 주의환기와 같은 화

---

8 권재일(1985:41)에서는 이와 같은 통사구조를 어미가 문장 뒤에 결합된, 단순한 강조구문으로 본다.

용론적 의미까지 표현하는 데서 오는, 표면구조와 의미 사이의 괴리와 그것에 따른 의미해석상의 혼란은 극복된다. 그것은 곧 증대된 표현성을 유지한 채로, 감소된 명확성을 다시 회복한다는 뜻이다. 그리고 이와 같은 탈락의 방법은 보다 신속하고 쉽게 정보를 교환하려는 신속성과 용이성 제약과 관련된 욕구를 반영한 결과로도 볼 수 있다. 탈락형 의문문의 형식적 특성은 신속하고 쉬운 의사소통이라는 기능적 특성이 표면구조에서의 탈락이라는 형식적 특성으로 언어구조화된다는 관점에서도 접근할 수 있다는 뜻이다.[9]

탈락형 의문문은 또 하나의 특별한 기능적 특성과 대응관계를 유지하고 있다. '-고'의 선행부분이 대화의 상대가 아닌 제3자로부터 얻은 정보를 인용한 것일 수 있다.

(17) (a) (어제 철수가 그러던데) 영이가 순호를 좋아한다고?

(b) (철수가 그러던데) 영이 집에 도둑이 들었다고?

위의 예는 다른 데서 얻은 정보의 내용에 대해서 상대방의 주의를 환기하여 화제로 삼고자 하는 의도에서 쓰인 경우이다. 이 때는 대화 상대방의 발화내용을 인용하는 것이 아니기 때문에, 그 내용이 제3자로부터 입수한 것이라는 점을 나타내기 위하여, 반드시 '-고'가 실현되어야 하고, 상대방에게 새로운 정보를 전달하는 것과 같으므로 의문사 의문문의 형식을 취해서는 안 된다. 따라서 탈락 전의 구조(의미논리구조)는 대략 다음과 같이 상정할 수 있다.

---

9 이는 앞에서의 세번째 제약조건과 관련된 것인데, 그 결과는 명확해야 한다는 첫번째 조건과 상충될 수도 있다.

(18) (a) 철수가 영이가 순호를 좋아한다던데 알고 있니?

(b) 철수가 영이 집에 도둑이 들었다던데 알고 있니?

탈락되기 전의 구조인 (18)의 발화 의도는 상대방에게 문제의 내용에 대한 진위 여부를 확인하고자 하는 질문일 수도 있고, 주의환기와 같은 화용론적 의미일 수도 있다. 만일 이들 문장이 화용론적 의도로 발화된 것이라면, 이 경우도 마찬가지로 이를 통해 수사적 표현력이 증대되어 표현성이 증대되지만, 의문문이 화용론적 의미로 쓰이게 됨으로써, 문장의 표면구조와 의미 사이에 괴리가 형성되어 의미해석상의 혼란이 야기되고 명확성이 감소하는 상충적 결과가 발생한다. 그러나 탈락이 이뤄진 (17)과 같은 구조는 질문의 의도로 발화될 가능성은 희박해 보인다. 화자 스스로 자신이 가진 정보를 불확실한 것으로 보지 않고 있기 때문이다.

만일 탈락형 의문문인 (17)이 질문의 의도로 발화되기는 힘들고 화용론적인 의미로 쓰이는 것이 자연스럽다면, 탈락의 방식을 통해 문제의 화용론적 의미와 의문문 형식의 문장 사이에 직접적인 대응관계가 형성된 것임을 알 수 있다. 이렇게 되면 이 경우도, 바로 앞의 경우와 마찬가지로, 의문문이 질문의 의미뿐만 아니라 주의환기 같은 화용론적 의미를 표현하는 데서 오는, 표면구조와 의미 사이의 괴리와 그것에 따른 의미해석상의 혼란은 극복된다. 그것은 곧 증대된 표현성을 유지한 채로, 감소된 명확성을 다시 회복한다는 뜻이다. 주의환기 같은 화용론적 의미가 탈락형 의문문이라는 형식으로 언어구조화되면서 양자 사이에 직접적인 대응관계가 형성된 것이다.

지금까지 융합형 의문문과 탈락형 의문문 두 가지의 언어구조적 특성과 언어기능적 효과를 고찰했는데, 이를 요약하면 다음 표와 같이 정리할 수 있다.

(19)

표면구조	의미		긍정적 효과	부정적 효과
(일반) 의문문	질문	중의성 발생	표현성 충족	명확성 감소
	주의 환기			
융합형 의문문	주의 환기	중의성 차단	명확성 회복	
탈락형 의문문			표현성 유지	

[11.2] 의미적 조작과 기능

〈1〉 들어가기

(1) (가) : 난 너한테 매년 선물을 줬잖아.

　　(나) : (a) 네가 어디서 나한테 선물을 줬니?

　　　　　(b) 네가 어디 나한테 선물을 줬니?

[Q] (나)의 (b) 발화에서 '어디'가 의문사 [WHERE]의 의미로 해석될 수 있을까?

〈2〉 선택제약적 일탈

다음에서 다룰 의문문의 경우도 앞에서 다룬 두 유형과 동일하게
중의성의 해소 방법이라는 관점에서 그 언어구조적 특성을 고찰할 수
있다. 우선 다음 (2)와 같은 발화를 보면 (b)의 의문문은 중의적이다.

(2) (a) (가): 네가 영희를 괴롭혔지?
    (b) (나): 내가 '어디서' 영희를 괴롭혔니?

위의 (b)는 '자신이 영희를 괴롭혔다'고 하는 상대방의 판단에 대한
반응인데, 상대방에게 내가 영희를 괴롭힌 장소를 말해 보라는 식의
질문으로 해석될 수도 있고, 내가 영희를 괴롭히지 않았다는 진술에
상대방의 주의를 환기하여 그 내용을 강조하고자 하는 수사적 의도의
발화로 해석될 수도 있다. 이는 다음과 같이 정리된다.

(3) 내가 어디서 영희를 괴롭혔니?
    ① 직접화행 → [순수의문] : [질문]의 의미
    ② 간접화행 → [수사의문] : [주의환기] 기능

간접화행으로 쓰인 경우는 질문의 형식을 통하여 자신의 진술 내용
을 강조할 수 있게 됨으로써 표현성이 증대된다. 그러나 의문문으로
진술의 의미를 표현하는 것은 표면구조와 의미 사이의 괴리로 인해
명확성이 감소하는 부정적인 특성도 아울러 갖는다.
그런데 이러한 의문문과 매우 유사한 형식이지만 질문으로 해석될
수 없고 수사적 의도의 진술로만 해석되는 의문문 형식의 문장이 있다.

동일한 문장에 의문사만 '어디'로 바꿔 보자.

(4) 내가 '어디' 영희를 괴롭혔니?

위 (4)의 의문문이 영희를 괴롭힌 장소를 묻는 질문의 의미로 해석될
수 있는가? 우선 다음과 같은 자료를 보자.

(5) (a) 철수가 영희를 {어디서/ *어디} 괴롭혔니?
    (b) 철수와 영이가 {어디서/ *어디} 놀고 있었니?

의문사 '어디'의 의미자질은 [+공간]으로 분석되고 있다. 그런데 (5a)
에서 '어디서'가 쓰이면 '영희를 괴롭힌 장소'를 묻는 질문이 되는데,
'어디'는 서술어 '괴롭히다'와는 어떠한 의미로도 호응되지 않는다. 즉,
서술어와 의문사 사이에 선택제약이 지켜지지 않고 있는 것이다. (5b)
에서도 '어디'는 마찬가지 이유로 불가능하다. 이들 서술어와 의미적으
로 호응되려면 [+장소]의 의미자질을 가진 의문사여야 한다. 따라서
이와 같은 점을 고려하면, 위의 (4)는 질문의 의미로는 해석이 불가능
함을 알 수 있다.[10] 서술어와 의미상으로 호응이 불가능한 의문사를
사용하는 방식을 통하여 그것이 질문의 의미가 아니고 주의환기와 같
은 화용론적 의미임을 드러냄으로써 중의적 해석을 차단하고 있다.
이러한 방식은 서술어의 의미자질과 호응할 수 없는 의문사를 사용하
여 선택제약을 위배함으로써, 문제의 화용론적 의미와 의문문 형식

---

10 이러한 경우에도 서술어가 '때리다'가 되어 '어디'가 어떤 대상(때린 부위)을 가리키
   는 상황이 되면 순수의문으로도 해석되어 중의성이 해소되지 않는다.

사이에 직접적인 대응관계가 형성되게 하는 것이다.

여기서도 의문문 형식의 문장을 사용함으로써 자신의 진술 내용을 강조하는 수사적 표현력을 증대시키고, 그 결과로 생긴 언어형식과 의미구조 사이의 괴리를 의문사와 서술어 사이의 선택제약 위배라는 방식을 통하여 극복하고 있음을 알 수 있다. 이렇게 함으로써 의문문이 질문의 의미뿐만 아니라 주의환기와 같은 화용론적 의미를 표현하는 데서 오는, 표면구조와 의미 사이의 괴리와 그것에 따른 의미해석상의 혼란은 극복된다. 그것은 의문문 형식의 문장을 사용함으로써 표현성의 증대를 유지한 한 채로, 감소된 명확성을 다시 회복한다는 뜻이다.

〈3〉 정보구조적 일탈

의문문이 순수의문과 수사의문 두 가지로 중의성을 가지는 경우는 다양하게 실현된다. 다음의 예도 '철수가 온 시점이 언제냐'는 질문으로 해석될 수도 있고, '철수가 오지 않았다'는 진술에 상대방의 주의를 환기하여 그 내용을 강조하고자 하는 수사적 의도의 발화로 해석될 수도 있어 중의적이다.

    (6) 철수가 언제 왔니?
        ① 직접화행 → [순수의문] : [질문]의 의미
        ② 간접화행 → [수사의문] : [주의환기]의 기능

여기서도 간접화행으로 쓰인 경우는 질문의 형식을 통하여 자신의 진술 내용을 강조할 수 있게 됨으로써 표현성이 증대되지만, 표면구조와 의미 사이의 괴리로 인해 명확성이 감소하는 부정적인 특성을 아울러 갖는다.

그런데 의문사 뒤에 보조사 (는)이 통합된 의문문은 질문으로 해석
될 수 없고 수사적 의도의 진술로만 해석된다. 다음의 (7)은 질문으로
해석될 수 없다.

(7) 철수가 언제〈는〉 왔니?

의문사 뒤에 보조사 (는)이 통합된 의문문은 예외 없이 질문으로의
의미해석이 차단된다. 다음의 담화를 엄마와 아들 사이의 대화라고
보면, (8b)의 의문문은 아들이 자신도 놀지 않았다는 내용의 진술을
강조하기 위해 사용한 것인데, (는)이 통합되어 있는 까닭으로 질문으
로의 의미해석이 불가능하다.

(8) (a) (가) : 누나는 어제 하루 종일 일했어.
    (b) (나) : 그럼 누구는 놀았어요? (→ 누구도 놀지 않았다. → 나도
    놀지 않았다).

이러한 점은 의문문에서 의문사는 초점 성분이며 신정보인데, 보조
사 (는)은 구정보 표지라는 점에서 설명할 수 있다. 신정보인 의문사
뒤에 구정보 표지인 (는)이 통합됨으로써 정보구조적 제약을 위배하게
되고, 질문과 같은 순수의문이 아님을 드러내게 되는 것이다. 당연히
이러한 유형의 의문문은 중의적 해석이 차단된다.

여기서도 지금까지 고찰한 경우와 마찬가지로, 의문문 형식의 문장
을 사용함으로써 자신의 진술 내용을 강조하는 수사적 표현력을 증대
시키고, 그 결과로 생긴 언어형식과 의미구조 사이의 괴리를 정보구조

적 일탈의 방식으로 극복하고 있음을 알 수 있다. 이렇게 함으로써 의문문이 질문의 의미뿐만 아니라 주의환기와 같은 화용론적 의미를 표현하는 데서 오는, 표면구조와 의미 사이의 괴리와 그것에 따른 의미 해석상의 혼란은 극복된다. 그것은 의문문 형식의 문장을 사용함으로써 표현성의 증대를 유지한 한 채로, 감소된 명확성을 다시 회복한다는 뜻이다. 이러한 내용을 정리하면 다음과 같다.

(9)

표면구조	의미		긍정적 효과	부정적 효과
(일반) 의문문	질문	중의성 발생	표현성 충족	명확성 감소
	주의환기			
선택제약 일탈 의문문	주의환기	중의성 차단	명확성 회복	
정보구조 일탈 의문문			표현성 유지	

[12] 직시와 직시소

〈1〉 들어가기

〈1-1〉 다음 (1)의 세 문장[1]에서, 진리치를 따지는 방법과 관련하여 아래 물음에 답해 보라.

(1) (a) 기름은 물 위에 뜬다.
   (b) 이곳에는 지금 비가 오고 있다.
   (c) 나는 지금 한국의 대통령이다.

[Q1] '어디서(where)', '언제(when)' 한 말인가와 같은 담화상황을 알아야 참/거짓을 따질 수 있는 것은?

[Q2] '누가(who)', '언제(when)' 한 말인가와 같은 담화상황을 알아야 참/거짓을 따질 수 있는 것은?

[Q3] 그러한 담화상황을 몰라도 참/거짓을 따질 수 있는 것은?

---

1 이 문장들은 심재기외 2인(1984 : 139)의 것을 조금 수정하여 이용하였다.

〈1-2〉 오늘이 2022년 3월 1일인데, 어떤 사람이 오늘의 날짜를 모르고 있는 상태에서 이틀 후의 제주지역 일기예보를 듣고 있는 상황이라고 하자.

(2) (a) 모레는 비가 오겠습니다.
    (b) 2022년 3월 3일에는 비가 오겠습니다.

[Q1] 알고자 하는 날의 일기상황을 알아듣는 데 어느 방식이 쉽고 편하겠는가?
[Q2] 하루가 지난 다음 날에도 그 전에 녹음된 내용을 그대로 사용할 수 있는 것은 어느 것인가?

〈2〉 국어의 직시소(1)

화자의 시·공간적 입장이 기준점(point of reference)이 되어 사물을 직접 가리키는 기능을 직시(直示 deixis[2])라고 하고, 그러한 직시를 수행하는 데 쓰이는 낱말이나 그러한 문법적 자질이 들어있는 낱말을 직시소(直示素)[3]라고 한다(조성식(편), 1990). 'I - here - now'로 요약되는 직시의 기준점에서 I는 화자를, here는 화자가 위치하고 있는 장소를, 그리고 now는 화자가 말을 하고 있는 현재의 시간(발화시)을 가리킨다.

---

2 deixis는 직시라는 기능을 가리키기도 하고, 그러한 기능을 수행하는 언어형식인 직시소를 가리키기도 한다.
3 직시소 대신 '가리킴 말, 직시어, 직시표현, 화시소' 등의 용어가 쓰이기도 한다. 형태소 단위인 경우도 있다.

(3) (영수가 부산에서 서울로 이동하고 있음)

    (a) 영수가 서울로 오고 있다.(화자가 서울에 있는 경우)

    (b) 영수가 서울로 가고 있다.(화자가 부산에 있는 경우)

위 예에서처럼 영수가 부산에서 서울로 이동하고 있는 사실을, 화자의 위치에 따라, '오다'로 표현할 수도 있고 '가다'로 표현할 수도 있다. 화자의 현재 위치를 기준점으로 삼고 있기 때문이다. 그것은 곧 (a)는 화자가 서울에 있는 상황에서, (b)는 화자가 부산에 있는 상황에서 이뤄진 발화라고 말하는 것과 같다. 그러므로 '오다'는 어떤 사물이 화자의 현재 위치 쪽으로 이동하고 있는 담화상황임을, '가다'는 화자의 현재위치로부터 멀어지고 있는 담화상황임을 바로 알려 주는데, 이러한 기능이 직시이고, '오다, 가다'와 같은 낱말은 직시소가 된다. 다시 말하면, 화자의 시·공간적 입장이 기준점이 되기 때문에, 해당 직시소는 화자의 현재 위치 등과 같은 담화상황을 그대로 보여 준다. 이런 점을 중시하여 직시소 대신 화시소(話示素)라는 용어를 쓰기도 한다(장석진, 1985).

(4) (a) '김상호'가 소설가이다.

    (b) '의자에 앉아 있는 사람'이 소설가이다.

    (c) 김상호는 '자기'가 유명한 소설가인 줄 안다.

앞(제2장)에서 언어의 지시적 기능에 대해 언급한 바 있다. 위 예의 '김상호', '의자에 앉아 있는 사람', '자기' 등도 당연히 지시적 기능을 수행한다.

(a)의 '김상호'는 고유명사로서 한정적 표현이고 단칭적 지시표현이

다. 고유명사는 지시대상을 직접 가리킨다. 특정한 사람을 가리키기 위해 그 사람의 이름을 이용하는 것은 분명히 직접적이다. 그러나 이러한 경우는 직시소라고 보지 않는다. 이 방식은 화자의 시·공간적 입장과 같은 기준점이 있는 것이 아니다. 그러므로 담화상황이 드러나지 않는다.

(b)의 '의자에 앉아 있는 사람'은 한정적 명사구로서 마찬가지로 한정적 표현이고 단칭적 지시표현이다. 이 표현은 앞의 경우와 비교해 보면, 청자가 의자에 앉아 있는 사람이 누군지 확인하는 추가적인 지적 절차를 거쳐야 하므로 지시가 우회적이고 간접적으로 이뤄지는 것과 같다. 화자의 위치를 기준점으로 삼고 있는 표현이 아니므로 직시소가 될 수 없음이 분명하다. (c)의 '자기'는 그것이 선행사 '김상호'를 지시한다면 조응적 지시가 된다. 이 경우도 특정한 기준점이 있지 않고 담화상황이 드러나지도 않는다.

직시소의 개념을 분명히 이해하기 위해 또 다른 예를 들어 본다. 아래에서 (5)의 '이것'과 '모레'는 직시소이나 (6)의 '소나무에 걸려 있는 것'과 '2022년 3월 3일'은 직시소가 아니다.

　(5) (a) '이것'이 산신령이 찾은 도끼다.
　　　(b) 나무꾼이 도끼를 다시 연못에 던질 날은 '모레'다.
　(6) (a) '소나무에 걸려 있는 것'이 산신령이 찾은 도끼다.
　　　(b) 나무꾼이 도끼를 다시 연못에 던질 날은 '2022년 3월 3일'이다.

직시소를 통해 해당 발화의 담화상황을 알 수 있다. (5)의 (a)에서, '이것'은 지시대상이 화자(기준점) 가까이에 위치하고 있다는 점을, '모레'는 해당 사건이 화자가 그런 말을 한 이틀 후에 일어난다는 점 —

사건시가 발화시(기준점) 이틀 후라는 점 ― 을 바로 알 수 있게 해 준다. 달리 말하면, 담화현장에서 화자가 청자에게, 특정한 시공간적 위치를 기준점으로 잡고 지시대상의 시공간적 위치를 표현하는 것은 그것의 시공간적 좌표를 나타내는 것과 같으므로, 지시대상을 직접 가리키는 것이 된다. (6)의 '소나무에 걸려 있는 것'과 '2022년 3월 3일'을 통해 이뤄지는 지시는 이러한 직시의 기제(機制 mechanism)와 전혀 관계가 없다.

직시의 기제는 단순하지 않으며 체계적이고 복잡하기도 하다. 국어의 직시소 체계에서 활발하게 쓰이는 지시관형사 '이, 그, 저'를 예로 들어 본다.

> (7) (a) 내가 갖고 있는 {★이/그/저}것은 만년필이다.
>
> (b) 당신이 서 있는 {이/★그/저}곳으로 달려가겠다.
>
> (c): 정문 앞에 서 있는 {이/그/★저} 아이는 누구니?⁴

위 예를 분석해 보면 지시관형사 '이, 그, 저'의 직시적 용법은 다음과 같이 정리할 수 있다.

> (8) '이, 그, 저'의 직시적 용법 : 규칙 (i)
>
> ① 지시대상이 화자 가까이에 있을 때 - 이
>
> ② 지시대상이 청자 가까이에 있을 때 - 그
>
> ③ 지시대상이 화·청자 모두로부터 떨어져 있을 때 - 저

---

4 화자와 청자 모두 강의실 안에서 정문 쪽을 바라보고 있는 상황이라고 가정함.

그런데 지시 관형사 '이, 그, 저'의 직시적 용법은 그렇게 단순하지 않다. 다음 예를 보자.

(9) (a) 영이는 오늘 왜 학교에 안 왔니 ?

　　(b) {이/★그/저} 애는 아파서 집에서 쉰대요.

위 예는 영이가 결석을 한 데 대하여 교실에서 선생님과 학생들이 주고받은 대화이다. 선생님과 학생들은 교실에 있고 영이는 집에 있으므로, 지시대상(영이)이 화·청자 모두로부터 떨어져 있는 경우이다. 그런데 '저 애'라고 하지 않고 '그 애'라고 해야 하니, 앞의 규칙 (i)로는 설명할 수 없다. 아래 (10)의 예도 규칙 (i)로는 설명이 되지 않는다.

(10) (a) 옛날에 네가 살던 {이/★그/저} 동네 참 좋았지.

　　(b) 옛날에 내가 차고 다니던 시계 기억나? {이/★그/저}건 우리 어머니 유품이었는데, 실수로 잃어버렸어.[5]

　　(c) 어제 네가 보던 {이/★그/저} 책 나도 좀 보자.[6]

　　(d) 옛날에 네가 들고 다니던 {이/★그/저} 가방 어쨌니?

　　(e) 조금 전에 헤어진 {이/★그/저} 친구는 무슨 과야?

　　(f) 옛날에 우리 학교 교실 복도 끝에 붙어 있던 {이/★그/저} 사진은 누구였지?

　　(g) 망우당 공원에 있던 {이/★그/저} 동상은 누구지?[7]

---

5 화자가 지금은 그 시계를 갖고 있지 않다고 가정함.
6 해당 책은 집에 두고 와서 담화현장에는 없다고 가정함.
7 화·청자가 강의실에서 며칠 전에 함께 놀러갔다 온 망우당 공원에 대해 이야기하고 있는 중이라고 가정함.

(h) 외로운 병실에서 기타를 쳐 주던 {이 때 이 사람/★그 때 그 사람/저 때 저 사람}

그런데 문장의 명제내용이 비슷한 아래의 (11)은 규칙 (i)로 설명이 가능하다.

(11) (a) 내가 살고 있는 {★이/그/저} 동네 참 조용하지.[8]

(b) 지금 내가 차고 있는 {★이/그/저} 시계는 우리 어머니 유품이야.

(c) 네가 읽고 있는 {이/★그/저} 책은 빌린 거야?

(d) 네가 들고 다니는 {이/★그/저} 가방 참 좋네.

(e) 이 쪽으로 걸어오고 있는 {이/그/★저} 친구가 영수니?

(f) 복도 끝에 붙어 있는 {이/그/★저} 사진은 누구지?[9]

(g) 저기 {이/그/★저} 동상은 누구지?

(h) 때는 바야흐로 1960년대, {이/그/★저} 때는 가난했지만 소박한 이웃과 함께 살 수 있었다.[10]

두 가지 예를 견주어 보면, 문제의 지시대상이, (10)에서는 담화현장에 존재하지 않고, (11)에서는 존재하는 차이가 있음을 알 수 있다. (11)의 끝 세 가지 경우처럼 지시대상이 사진이나 동상 또는 영상으로 존재해도 실물의 존재와 동일한 효과를 갖는다. 이러한 점을 고려하면

---

8 현재 화·청자가 화자의 동네에 와 있다고 가정함.
9 화·청자가 나란히 서서 저 멀리 복도 끝에 붙어 있는 사진을 보면서 하는 말이라고 가정함.
10 강당에 모여 무대 위 스크린에 비춰지는 기록 영화의 한 장면을 보면서 한 말이라고 가정함.

지시 관형사 '이, 그, 저'의 직시적 용법은 다음과 같이 고쳐 정리할
수 있다.[11]

(12) '이, 그, 저'의 직시적 용법 : 규칙 (ⅰ)(수정)
  - 지시대상이 발화 현장에 있을 때
  ① 지시대상이 화자 가까이에 있을 때 - 이
  ② 지시대상이 청자 가까이에 있을 때 - 그
  ③ 지시대상이 화·청자 모두로부터 떨어져 있을 때 - 저

(13) '이, 그, 저'의 직시적 용법 : 규칙 (ⅱ)
  - 지시대상이 발화 현장에 없을 때 - 그

〈3〉 국어의 직시소(2)

일반적으로, '오다'는 화자의 현재 위치로 접근하는 방향으로 이동할
때, '가다'는 화자의 현재 위치에서 멀어지는 방향으로 이동할 때 쓰인
다고 하는데, 다음의 (14)는 그러한 규칙에 부합한다.

(14) (a) 지금 나 있는 쪽으로 {★오너라/가거라}.
  (b) 지금 너 있는 쪽으로 {올께/★갈께}.

---

11 영어는 here:there에서 보듯이 이원적 체계인데 비해, 우리말은 삼원적 체계이다.
영어의 경우 here는 화자와 가까운 곳을, there는 멀리 떨어져 있는 곳을 가리킨다고
한다.

위의 사실을 염두에 두고, 다음 두 문장[12]으로부터 알 수 있는 정보의 차이를 따져 보자.

(15) (a) 좀 있다가 도서관으로 오너라.

(b) 좀 있다가 도서관으로 가거라.

(14)에서 '오다'는 화자 쪽으로 접근하는 것이고, '가다'는 화자로부터 이탈하는 것임을 확인하였다. 그런데 (15)에서는, 화자가 말을 하는 시점을 기준으로 삼으면, 현재의 위치에서 도서관으로 이동하는 것은 화자로부터 이탈하는 것이므로, '가다'만 쓰여야 하나, 둘 다 자연스럽게 쓰인다. 이러한 예가 쓰이는 상황을 곰곰이 따져 보면, 나중에 청자가 도서관으로 갔을 때, (a)에서는 화자가 도서관에 먼저 와있을 것으로 가정하는 담화상황이고, (b)에서는 그렇지 않은 것임을 알수 있다. (15)는 기준시점이 현재의 발화시에서 미래의 사건시로 이동된 것이다.

〈4〉 국어의 직시소(3)

직시에는 인칭직시, 시간직시, 장소직시, 사회직시 등의 유형이 있다.
인칭직시는 인칭대명사에 의해 이뤄진다. 화자(김지혜)와 청자(박상유)가 서로 마주 보며 대화하는 형식의 다음 예를 비교해 보자.

(16) (a) 내가 보니까 네가 우리학교에서 최고야.

---

12 두 문장 모두 화·청자가 교문 앞에서 헤어지며 하는 말이라고 가정함.

(b) 내가 보니까 박상유 네가 우리학교에서 최고야.

(c) ○○○○년 ○○월 ○○일 현재 ○○고등학교 3학년 4반 31번
학생이, 같은 학교 같은 반 25번 학생이 두 사람이 재학 중인 학교
에서 최고라고 말한다.

서로 마주 보고 대화를 나누고 있는 상황이므로, (a)의 인칭대명사
'내'와 '네'는 그 지시대상을 직접 가리키게 된다. '내'는 말하고 있는
화자이고, '네'는 대화의 상대방인 청자이다. 그러므로 (a)는 (b)의 의미
가 된다. 만일 직시소를 쓰지 않고 화자와 청자를 특정하려면 (c)처럼
말하여야 한다.

시간직시는 대부분 시제 또는 시간을 나타내는 표현과 관련된다.

(17) (a) 광주는 어제 비가 많이 왔다.

(b) 전주는 지금 비가 많이 온다.

(c) 대전은 내일 비가 많이 오겠다.

위 (17)의 예에서 표현된 시간의 관념은 모두 발화시를 기준점으로
한 것이다. (a)는 사건시가 발화시 이전임을(과거시제), (b)는 사건시와
발화시가 같은 시간대임을(현재시제), 그리고 (c)는 사건시가 발화시
이후임을(미래시제) 나타내는데, 그것은 시제 형태소 또는 시간부사에
의해 직접적으로 표현된다. 다시 말하면, '「-았-」, 「-(으)ㄴ-」, 「-겠-」'
등과, '어제, 오늘, 내일' 등은 시제 또는 시간을 가리키는 직시소이다.

화자가 항상 발화시를 기준점으로 삼는 것은 아니다. 아래의 예를
보자.

(18) (a) 어제 상현이 집에 가보니, 상현이가 작년에 공부를 참 잘했더라(잘
하였더라).

(b) 어제 상현이 집에 가보니, 상현이가 공부를 참 잘하더라.[13]

(c) 어제 상현이 집에 가보니, 상현이가 앞으로 공부를 참 잘하겠더라.

(a)는 사건시가 작년이고, (b)는 사건시가 어제이다. 모두 발화시
이전이므로, 발화시를 기준점으로 삼을 경우, (a), (b)는 모두 과거시제
로 표현되어야 하는데, 실제로는 그렇지 않으며, 그렇게 되어서도 안
된다.

기준점을 화자가 문제의 사건(상현이가 공부를 참 잘하 -)을 인식하
게 된 시점(어제 : 인식시)으로 옮겨 보자. 그러면 사건시와 인식시의
순서가 (a)에서는 〈사건시 → 인식시〉이고, (b)에서는 〈사건시 = 인식
시〉이며, (c)에서는 〈인식시 → 사건시〉이다. 기준점이 인식시이므로
(a)는 과거시제, (b)는 현재시제, 그리고 (c)는 미래시제가 되고, 회상
법 또는 회상시제의 「-더-」가 더해지면, 각각 '회상과거, 회상현재, 회
상미래'[14] 시제가 된다. 이렇게 분석하면 형태와 기능 사이의 체계적인
대응관계를 밝힐 수가 있다. 이 때의 '회상'은 결과적으로 기준시점을
발화시 이전의 인식시로 이동한다는 뜻이 된다. 회상과거는 '인식시로
돌아가서 본 과거'이고, 회상현재는 '인식시로 돌아가서 본 현재'이며,
회상미래는 '인식시로 돌아가서 본 미래'라는 뜻이 된다.

다음은 시간직시의 직시소 예이다(윤평현, 2008:350).

---

13 /하-ʃ-더-라/와 같이 분석하면, /하-였-더-라/, /하-겠-더-라/ 등과 체계적으로
대응된다.

14 보통은 '과거회상, 현재회상, 미래회상' 등의 용어를 쓰나, 이처럼 쓰는 게 합리적인
것으로 보인다.

(19) (a) 지금, 방금, 아까, 요즈음, 요사이, 오늘, 어제, 내일, 모레 …

　　(b) 하루 전, 나흘 후, 이번 주, 지난 주, 다음 주, 이번 달, 다음 달,

　　　올해, 작년, 금년, 내년, 내주 금요일, 지난 달 셋째 주 …

　　(c) 이때/그때, 이제/그제/저제, 이번/저번, 이 다음/그 다음/저 다음

　　　…

　　(d) -는-, -었-, -었었-, -겠-, -더-

장소직시는 지시대상의 공간적 위치와 관련된 것인데, 앞(⟨2⟩ 국어의 직시소(1))에서 몇 가지 예를 들어 다룬 바 있다. 다음은 장소직시 직시소의 예이다(윤평현, 2008:356).

(20) (a) 여기/거기/저기, 이곳/그곳/저곳

　　(b) 이리/그리/저리, 이쪽/그쪽/저쪽

　　(c) 오른쪽, 왼쪽, 앞, 뒤, 전, 후 …

　　(d) 오다, 올라오다, 내려오다, 돌아오다, 뛰어오다, 데려오다, 가져오

　　　다 …// 가다, 올라가다, 내려가다, 돌아가다, 뛰어가다, 데려가다,

　　　가져가다 …

사회직시는 지시대상의 사회적 위계관계를 가리키는 것으로, 대부분 존대법과 관련된다.

(21) 아버지께서 방금 오셨습니다.

위 예에서는 상대존대와 주체존대가 실현되어 있다. 「-습니다」는 화자와 청자(상대)의 사회적 위계관계(상대존대법의 아주높임)를, 「-

께서」와 「-시-」는 화자와 주체의 사회적 위계관계(주체존대법의 높임)를 직접 가리키는데, 화자를 기준점으로 하여 설정된 관계이다. 이러한 직시소가 실현되어 있으면, 해당 담화상황(화자를 기준점으로 한 담화 참여자의 사회적 위계관계)을 바로 알 수 있다. 돌려 말하면, 사회적 위계관계가 화자보다 청자가 아주 높고 화자보다 주체가 높은 담화상황에서 이 발화가 이뤄졌다는 것이다.

(22) (a) 할아버지! 아버지께서 방금 오셨습니다.
   (b) 할아버지! 아버지가 방금 왔습니다.

담화 참여자의 사회적 위계관계를 따질 대 화자가 기준점이 되는 것이 일반적이다. 그런데 청자가 기준점이 되는 경우가 있다. 위 예는 모두 손자(화자)가 할아버지(청자)에게 한 말이라고 보자. 화자를 기준점으로 삼으면, 아버지(주체)가 아들보다 손위이므로 주체존대가 실현되어 (a)처럼 말해야 한다. 그런데 청자를 기준점으로 삼아 청자가 주체보다 손위이면, 주체존대의 높임을 쓰면 안 된다는 규범이 있다. 이러한 규범을 압존법(壓尊法)이라 하는데, 이를 지키면 (b)처럼 말해야 한다.[15]

---

15 압존법은의 '압존'은 '(주체)존대의 실현을 억제한다'는 뜻인데, 일상의 대화에서 지키기가 쉽지 않다. 가족이나 직장에서는 지키지 않아도 표준화법에 위배되지 않는 것으로 본다.

참고 문헌

갈　미(2016). 한국어와 중국어 '맛' 관련 어휘의 어휘장과 다의구조 대조 연구.
　　　석사논문. 영남대학교 대학원.

강소영(2009). 여성다움을 나타내는 어휘의 의미구조. 『한국어 의미학』 30. 한국어
　　　의미학회.

강신항(1978). 안동방언의 서술법과 의문법. 『언어학』 3. 한국언어학회.

강연임(2006). 광고 문구에 나타난 '화용적 대립어' 연구. 『한국어 의미학』 20.
　　　한국어의미학회.

강우원(2012). 경남방언의 대화 시작말 '있다아이가'류에 대하여. 『우리말연구』
　　　30. 우리말학회.

강헌규(1994). 금기어와 그 본래의 지시어에 대한 고찰. 『남천 박갑수선생 화갑기념
　　　논문집』. 태학사.

고광주(2007). 어휘의미망과 사전의 뜻풀이. 『한국어 의미학』 24. 한국어의미학회.

고석주 외(역)(2000). 『정보구조와 문장 형식』. 월인.

고영근(1976). 특수조사의 의미 분석: 까지, 마저, 조차를 중심으로. 『문법연구』
　　　제3집. 서울: 문법연구회.

_____(2003). 문장의 의미 -뜻의 세계를 찾아서-. 『한국어 의미학』.1

곽재용(1988). 국어의 중의성 연구. 석사학위논문. 영남대학교 대학원.

_____(1994). 유해류 역학서의 '신체'부 어휘 연구. 박사학위논문. 경남대학교
　　　대학원.

곽홍란(2010). 동화 · 동요를 활용한 한국어 말하기 교수 · 학습법 연구: 다문화가정
　　　어머니와 유아를 중심으로. 박사논문. 영남대학교 대학원.

구일민(2007). 양화사 '다'의 의미와 과장법 기제로서의 화용론적 해석 가능성.
　　　『한국어 의미학』 23. 한국어의미학회.

구종남(1992). 국어 부정문 연구. 박사학위논문. 전북대학교 대학원.

구현정(1977). 『대화의 기법』 한국문화사.

권경원(1988). 『전제와 함의 연구』. 서울: 한신문화사.

권영문(1999). 도상적 근접성의 의미 양상. 『언어과학연구』 16. 언어과학회.

권재일(1983). 현대국어의 강조법 연구. 『대구어문논총』 1. 대구어문학회.

권재일(1985). 『국어의 복합문 구성 연구』. 집문당.

김광해(1981). 국어의 의문사에 대한 연구. 『국어학』 12. 국어학회.

_____(1990). 어휘소간의 의미 관계에 대한 재검토. 『국어학』 20. 국어학회.

김기찬(1986). 전제의 화용론적 연구. 박사학위논문. 효성여자대학교 대학원.

김동섭(2001). 『언어를 통해 본 문화 이야기』. 도서출판 만남.

김동식(1980). 국어의 부정법의 연구. 『국어연구』 42. 국어연구회.

김미숙(1997). 언어와 인식의 상관관계 연구. 석사학위논문. 경성대 교육대학원

김방한(1998). 『소쉬르 : 현대언어학의 원류』. 민음사.

김봉주(역)(1986). 『의미의 의미』. 한신문화사

김상민(2021). 한국어 지시사의 대립 체계 - 시간지시사를 중심으로 -. 『한국어 의미학』 72. 한국어의미학회.

김성도(2021). 『일반언어학강의 읽기』. 세창미디어.

김세중(1984). 한국어 수행문 연구. 석사학위논문. 서울대학교 대학원.

김세환(2014). 경북 방언의 사동사와 사동 접미사의 변화. 『방언학』 20. 한국방언학회.

김수남(2008). 상품 이름에 대한 국어학적 연구. 석사논문. 영남대학교 대학원.

김수진·차재은·오재혁(2011). 발화 요소와 발화 유형. 『한국어 의미학』 36. 한국어의미학회.

김수태(2005). 『마침법 씨끝의 융합과 한계』. 도서출판 박이정.

김순옥(2020). 세대 간 요청 화행 비교 연구 -20대와 70~80대를 중심으로-. 『한국어 의미학』 70. 한국어의미학회.

김억조(2008). '길다/짧다'의 의미 확장에 관한 연구. 『한국어 의미학』 27. 한국어의미학회.

김여수(1983). 비트겐슈타인의 이해를 위한 소묘. 분석철학연구회 편. 『비트겐슈타인의 이해』. 서광사.

김영금(2012). 여성결혼이민자 한국어 교재에 나타난 어휘 분석 연구: 한국어능력시험 어휘와의 상관성을 중심으로. 석사논문. 영남대학교 대학원.

김영선(1994). 중세국어 맞선말 연구. 박사학위논문. 동아대학교 대학원.

김옥주(1998). 국어 다의어의 의미확장 양상 연구: 고유어 명사를 중심으로. 석사학위논문. 영남대학교 교육 대학원

김용옥(1989). 『길과 얻음』. 통나무.

김유정·권현주·박준범(2020). 토의담화에 나타난 언어사용의 양상: 젠더와 언어의 관점을 중심으로. 『리터러시연구』 11-6. 한국리터러시학회.

김윤신(2006). 사동·피동 동형동사의 논항교체 양상과 의미해석. 『한국어 의미학』 21. 한국어의미학회.

김응모(1989). 『국어 평행이동 자동사 낱말밭』. 한신문화사.

김인택(2009). 신체언어와 문화의 상관성. 『우리말연구』 24. 우리말학회.

김정남(2007). 의미 투명성과 관련한 국어의 제 현상에 대하여. 『한국어 의미학』 22. 한국어의미학회.

김정대(1984). 화용양상에서 통사양상으로: 주제어와 주어문제. 『새결 박태권선생 회갑기념논총』. 제일문화사.

김종태(1978). Illocutionary force에 관하여. 『언어연구』 4-2. 부산대학교 어학연구소.

김종택(1969). 국어의 의미 집단에 대한 연구. 『국어교육연구』 1. 경북대학교 사범대학.

_____(1982). 『국어 화용론』. 형설출판사.

김준기(2010). 의미범위와 의미정보의 상관성에 대하여-. 『한국어 의미학』 32. 한국어의미학회.

김진우(1985). 『언어: 그 이론과 응용』. 탑출판사.

김진웅(2014). 화시와 맥락 그리고 합성성의 원리에 관하여. 『한국어 의미학』 45. 한국어의미학회.

김진해(2013). 어휘관계의 체계성을 다시 생각한다. 『한국어 의미학』.

김차균(1980). 국어의 수동과 사역의 의미. 『한글』 168. 한글학회.

김천학·안혜정(2021). 관형사 '한'과 지시어 '이, 그, 저'의 쓰임을 통한 화·청자와 지시대상 사이의 관계. 『한국어학』 93. 한국어학회.

김태자(1989). 맥락 분석과 의미 탐색. 『한글』 219. 한글학회.

김태자(1989). 『발화분석의 화행의미론적 연구』. 탑출판사.

김학근(1983). 비트겐슈타인의 의미론. 분석철학연구회 편.『비트겐슈타인의 이해』. 서광사.

김한샘(2003). 자연언어처리를 위한 관용표현 연구.『한국어 의미학』 13. 한국어의미학회.

김현권(역)(1988).『일반언어학의 제 문제: 공시언어학과 통시언어학의 만남』. 한불문화출판.

_____(역)(2012).『일반언어학강의』. 지만지.

김형민(2003). 한국 대학생의 칭찬 화행 수행 및 응대 상황에 대한 연구.『한국어 의미학』 12. 한국어의미학회.

김혜령 · 정유남 · 황림화(2011). 평행 이동 동사의 낱말밭.『한국어 의미학』 35. 한국어의미학회.

김혜숙(2000).『현대 국어의 사회적 모습과 쓰임』. 도서출판 월인.

남경완(2005). 의미 관계로서의 다의 파생 관계에 대한 고찰.『한국어 의미학』 17. 한국어의미학회.

_____(2012). 국어 의미론 학술 용어의 사용 양상 - 「한국어 의미학」 논문을 중심으로 -.『한국어 의미학』 37. 한국어의미학회.

_____(2014). 국어 동사 다의성 연구의 흐름과 쟁점.『한국어 의미학』 46. 한국어의미학회.

_____(2019). 구조주의적 관점에서의 어휘 의미관계 고찰 - 계열적 의미관계를 중심으로.『한국어 의미학』 66. 한국어의미학회.

남기심(1973). 국어 완형보문법 연구.『한국학연구총서』 1. 계명대 출판부.

_____(1982). 금기어와 언어의 변화.『언어와 언어학』 8. 한국외국어대학교 언어연구소.

남기심 · 이정민 · 이홍배(1985).『언어학 개론』.개정판. 탑출판사.

남기심 · 고영근(1993).『표준국어문법론』. 개정판. 탑출판사.

남길임(2017). 한국어 부정 구문 연구를 위한 말뭉치언어학적 접근.『한국어 의미학』 56. 한국어의미학회.

남성우(1985).『국어 의미론』. 永言문화사.

_____(1986).『15세기 국어의 동의어 연구』. 탑출판사.

_____(역)(1979).『의미론의 원리』. 탑출판사(Ullmann, S.(1959)).

_____(역)(1987). 『의미론: 의미과학 입문』. 탑출판사(Ullmann, S.(1962)).

니우성저(2019). 학습 환경에 따른 고급단계 중국인 한국어 학습자의 미각과 후각 어휘에 대한 듣기 상취도 고찰. 석사논문. 영남대학교 대학원.

도원영(2012). 다의어의 단의 간 역학 관계에 관한 시고. 『한국어 의미학』 37. 한국어의미학회.

도재학(2013). 양립불가능 관계와 어휘 관계의 상관성에 대한 일고찰. 『한국어 의미학』 42. 한국어의미학회.

동소함(2013). 한·중 기본색채어의 문화상징적인 의미 분석: '푸르다, 붉다, 누르다, 희다, 검다'와 '靑(綠, 藍), 紅, 黃, 白, 黑' 등을 중심으로. 석사논문. 영남대학교 대학원.

류응달(역)(1993). 『의미론 입문』. 한신문화사.

모리모토 가츠히코(2009). 한·일 양국어의 지시어에 관한 대조 연구 - 기능과 용법을 중심으로 -. 『한국어 의미학』 30. 한국어의미학회.

문금현(2002). 광고문에 나오는 간접표현의 의미 분석. 『한국어 의미학』 10. 한국어 의미학회.

_____(2010). 대중가요에 나오는 반의어의 의미 양상. 『한국어 의미학』 33. 한국어 의미학회.

민경모(2012). Deixis의 개념 정립에 대한 일고찰. 『한국어 의미학』 37. 한국어의미학회.

민현식(1990). 시간어와 공간어의 상관성(1): 품사 하위분류의 새로운 가능성과 관련하여. 『국어학』 20. 국어학회.

박경자·임병빈·강명자(역)(1985). 『심리언어학』. 한신문화사.

박근우(1984). 담화의 정보구조. 『새결 박태권선생 회갑기념논총』. 제일문화사.

박기선(2012). 한국어 간접의문문 형식의 사용 양상 연구 -말뭉치 분석을 통한 '-냐고'의 통합 양상을 중심으로-. 『한국어 의미학』 39. 한국어의미학회.

박미은(2017). 요청화행 'V-어 주십사 하-' 구문의 기능과 특징. 『한국어 의미학』 57. 한국어의미학회.

박선영·홍기선(2007). 공간 차원 형용사의 대립 관계 연구: '깊다/얕다'를 중심으로. 『한국어 의미학』 23. 한국어의미학회.

박선자·김문기(2009). 대학에서의 국어의미론 교육의 현황과 전망. 『한국어 의미학』 29. 한국어의미학회.

박수진(2010). 평가양태적 요소의 언어구조화에 대한 연구. 석사논문. 영남대학교 대학원.

박승윤(1990). 『기능 문법론』. 한신문화사.

박영배(1982). 전제와 함축. 『언어학』 5. 한국언어학회.

박영수(1981). 『비표현 수행력 연구』. 형설출판사.

박영순(1992). 국어 요청문의 의미에 대하여. 『주시경학보』 9. 주시경연구소.

박영식(역)(1987). 『비트겐슈타인의 철학: 『논고』와 『탐구』에 대한 이해와 해설』. 서광사(Pitcher, G.(1964)).

박영태(1994). 고유명사와 한정기술어의 의미에 관한 철학적 논의. 『언어와 언어교육』 동아대학교 어학연구소.

박용수(1993). 『우리말 갈래 큰 사전』. 서울대학교 출판부.

박유경(2020). 장형 부정의문문의 편향적 의미에 대하여. 『한국어 의미학』 67. 한국어의미학회.

박재연(2014). 한국어 환유 표현의 체계적 분류 방법. 『한국어 의미학』 45. 한국어의미학회.

박종갑(1984). 국어 사동문의 의미특성. 『어문학』 44·45(합권). 한국어문학회.

_____(1987). 국어 의문문의 의미기능 연구. 박사논문. 영남대학교 대학원.

_____(1988). 언어의 철학적 연구와 언어학적 연구. 『용연어문논집』 4. 경성대학교 국어국문학과.

_____(1991). 국어 부가 의문문의 언어학적 의의. 『들메 서재극박사 화갑기념 논문집』. 계명대학교 출판부.

_____(1992). 낱말밭의 관점에서 본 의미변화의 유형. 『영남어문학』 21. 영남어문학회.

_____(1996). 언어의 도상성과 그 의미적 대응물에 대하여: 국어 사동문을 중심으로. 『영남어문학』 30. 영남어문학회.

_____(1999). 영남방언의 통사·의미적 특성과 그 분포 양상: 의문법 어미의 실현에 따른 제약을 중심으로. 『어문학』 68. 한국어문학회.

_____(2000). 접속문 어미 '-고'의 의미 기능 연구(3): 문장의 선형 구조와 관련된 도상성을 중심으로. 『국어학』. 국어학회.

_____(2001a). 국어 부정문의 중의성에 대하여(1). 『한민족어문학』 38. 한민족어문학회.

_____(2001b). 국어 부정문의 중의성에 대하여(2):중의적 의미 해석과 관련된 인식적 편향성을 중심으로. 『어문학』 74. 한국어문학회.

_____(2012). 국어 의문문의 화용론적 중의성 해소 방법에 대한 연구. 『우리말연구』 31. 우리말학회.

_____(2013). 국어 사동문의 지시체와 심리영상 및 도상성. 『민족문화논총』 54. 영남대학교 민족문화연구소.

박종갑 · 레뚜언선(2009). 한국어와 베트남어의 한자어 어휘 대조 연구. 『민족문화논총』 43. 영남대학교 민족문화연구소.

박종갑 · 오주영(1995). 『언어학 개론』. 수정판. 경성대학교 출판부.

박종갑 · 최동주 · 이혁화 · 김세환 · 서희정(2016). 『국어학 입문』. 영남대학교 출판부.

박준범(2019). 대학생 쓰기 담화에 나타난 젠더양상 연구. 『리터러시연구』 10-1. 한국리터러시학회.

박진호(2016). 단의(monosemy)와 다의(polysemy): 문법화와 유형론의 관점에서. 『국어의미론의 심화』. 윤평현 선생 정년퇴임 기념논총 간행위원회.

박철우(2011). 화시의 기능과 체계에 대한 고찰. 『한국어 의미학』 36. 한국어의미학회.

_____(2014). '대조' 의미의 언어학적 성격 —정보구조와 관련하여. 『한국어 의미학』 45. 한국어의미학회.

박철주(2007). 추론의 시상과 함축의 연관성에 대하여. 『한국어 의미학』 24. 한국어의미학회.

박현주(2011). '겠'과 반어법의 화용적 상관관계에 대한 연구. 석사논문. 영남대학교 대학원.

박혜진(2021). 모호한 언어 표현에 대한 국어교육 방향 탐색. 『한국어 의미학』 73. 한국어의미학회.

배승호(1993). 현대국어 동의어 연구. 석사학위논문. 영남대학교 대학원.

배태영(1973). 부가 의문문에 관한 소고. 『영어영문학』 47. 영어영문학회.

배해수(1979). 바이스게르버의 언어공동체 이론에 대하여. 『한글』 166. 한글학회(배해수(1982)에 재수록).

배현숙(1994). 전경절과 배경절. 『한국어학』 1. 한국어학연구회(고려대).

백은정(2011). 한국어 모어화자와 한국어 학습자의 담화표지 사용양상 대조 연구. 석사논문. 영남대학교 대학원.

범금희(1998). 국어 연결어미의 동일주어제약과 동일화제제약 연구. 석사학위논문. 영남대학교 대학원.

_____(2014). 한국인 대학생과 중국인 유학생의 '돼지' 단어 의미연상. 『인문연구』 71. 영남대학교 인문과학연구소.

_____(2017). 단어연상검사에 기반한 '개, 금붕어, 고래'의 인지모형 구축과 개념적 존재가치. 『어문학』 137. 한국어문학회.

사혜분(2010). 한국어와 중국어의 시각과 청각 관련 다의어 대조 연구. 석사논문. 영남대학교 대학원.

서 양(2009). 한국어와 중국어의 안면부 관련 다의어 대조 연구. 석사논문. 영남대학교 대학원.

_____(2012). 한중 양극적 맞섬말의 다의 대조 연구: 척도 형용사를 중심으로. 박사논문. 영남대학교 대학원.

서정목(1987). 『국어 의문문 연구』. 탑출판사.

서희정(2002). 일본어 모어학습자를 위한 한국어 거절표현 교육 연구. 『이중언어학』 20. 이중언어학회.

성광수(1981). 『국어 조사에 대한 연구』. 형설출판사.

성인출(2018). 字句별 풀이와 문법적 설명의 論語. 중문출판사.

소신락(2012). 한·중·일 삼국의 경제용어 교류 양상과 생성 유형. 석사논문. 영남대학교 대학원.

손나나(2010). 한국어와 중국어의 착용 관련 어휘 대조 연구. 석사논문. 영남대학교 대학원.

손남익(2006). 국어 반의어의 존재 양상. 『한국어 의미학』 19. 한국어의미학회.

손영정(2019). 언어의 심층과 '발화의 기본 관점'에 대한 연구. 『한국어 의미학』 63. 한국어의미학회.

송석중(1974). 동의성. 『국어학』 2. 국어학회.

_____(1977). 「부정의 양상」의 부정적 양상. 『국어학』 5. 국어학회.

_____(1982). 한국말의 부정의 범위. 『한글』 173 · 174(어우름). 한글학회.

신명선(2009). 국어 어휘의 담화 구성 양상에 관한 연구. 『한국어 의미학』 28. 한국어의미학회.

신서인(2019). 한국어 의미역 말뭉치 구축을 위한 의미역 표지 연구. 『한국어 의미학』 66. 한국어의미학회.

신종진(2021). 의미 변화 이론의 수용 그리고 새 관점. 『한국어 의미학』 73. 한국어의미학회.

신지연(1989). 간투사의 화용론적 특성. 『주시경학보』 3. 주시경연구소.

신현숙(1991). 『한국어 현상-의미 분석』. 상명여대 출판부.

신희삼(2010). 시어의 언어적 분석의 효용성에 관하여. 『한국어 의미학』 32. 한국어의미학회.

_____(2018). 의미 강화 측면에서 바라본 어휘 변화의 양상-. 『한국어 의미학』 60. 한국어의미학회.

심재기(1982). 『국어 어휘론』. 집문당.

심재기 · 이기용 · 이정민(1984). 『의미론 서설』. 집문당.

심지연(2009). 국어 관용어 의미에 나타나는 은환유성에 대한 연구. 『한국어 의미학』 28. 한국어의미학회.

안주호(2014). 응답표지 기능의 {됐에}류에 대한 연구. 『한국어 의미학』 46. 한국어의미학회.

양동희(1977). Pragmantax of modality in Korean. 『언어』 2-1. 한국언어학회.

양명희(2007). 국어사전의 유의어에 대하여. 『한국어 의미학』 22. 한국어의미학회.

양인석(1976). 한국어 양상의 화용론(I): 제안문과 명령문. 『언어』 1-1. 한국언어학회.

양주동(1942). 『조선고가연구』. 박문서관.

양태식(1984). 『국어 구조 의미론』. 서광학술자료사.

염선모(1987). 『국어 의미론』. 형설출판사.

오원교(역)(1975). 『일반 언어학 강의』. 형설출판사(Saussure, F. de(1916)).

오주영(1991). 언화의 화용론적 연구. 박사학위논문. 경북대학교 대학원.

오해리(2020). 한국어 학습에서의 허휘학습전략과 어휘지식 및 그 상관관계 연구: 중국대학 한국어전공 학습자를 중심으로. 박사논문. 영남대학교 대학원.

왕　비(2012). 중국인 한국어 학습자의 한자어 이해능력이 한국어 읽기에 미치는 영향. 석사논문. 영남대학교 대학원.

왕　예(2010). 한국어와 중국어의 의문문에 대한 화행이론적 대조 연구. 석사논문. 영남대학교 대학원.

왕립향(2013). 한국어와 중국어의 '화' 관련 감정표현의 환유적 양상 대조 연구: 신체부위별 표현을 중심으로. 석사논문. 영남대학교 대학원.

우형식(2001). 『한국어 분류사의 범주화 기능 연구』. 박이정.

위　연(2016). 한·중 12지신 동물 속담의 상징 의미 대조 연구. 석사논문. 영남대학교 대학원.

위호정(1994). 텍스트의 변이양상에 대한 고찰. 『남천 박갑수선생 화갑기념 논문집』. 태학사.

유　진(2009). 한국어와 중국어의 구부 및 두부 관련 관용표현 대조 연구. 석사논문. 영남대학교 대학원.

_____(2012). 한중 신체 관련 관용 표현 대조 연구. 박사논문. 영남대학교 대학원.

유경민(2005). 지시어 '저'의 제한적 기능에 대한 통시적 고찰. 『한국어 의미학』 16. 한국어의미학회.

유도도(2018). 한국어 병렬형식류의 구성요소 배열순서에 대한 연구. 박사논문. 영남대학교 대학원.

유창돈(1964). 『이조어사전』. 연세대학교 출판부.

유희정(2020). 동물 부위 은유의 특징과 작용 원리. 『한국어 의미학』 68. 한국어의미학회.

윤석민(2011). 텍스트언어학과 화용론. 『한국어 의미학』 34. 한국어의미학회.

윤재원(1989). 『국어 보조조사의 담화분석적 연구』. 형설출판사.

윤평현(2008). 『국어의미론』. 도서출판 역락.

윤효인(2017). TV 드라마 '치즈인더트랩'에 나타난 한국어 공손전략. 석사논문. 영남대학교 대학원.

이　빙(2010). 상황맥락적인 분석을 통한 한국어 이동동사 '가다/오다'의 사용 양상 연구: 중국어권 한국어 학습자를 중심으로. 석사논문. 영남대학교 대학원.

이　영(2012). 한국어와 중국어의 '암컷'과 '수컷' 관련 속담 대조 연구. 석사논문. 영남대학교 대학원.

이건원(역)(1987). 『언화행위』. 한신문화사.

이광호(1990). 15, 6세기어 「양ᄌ」, 「즛」, 「얼굴」의 유의구조분석. 『어문학』 51. 한국어문학회.

이기동(역)(1981). 『문법 이해론』. 범한서적주식회사.

_____(편역)(1983). 『언어와 인지』 한신문화사.

이기동·임상순·김종도(역)(1988). 『언어와 심리』. 탑출판사.

이기용(1979). 두 가지 부정문의 동의성 여부에 대하여. 『국어학』 8. 국어학회.

이동혁(2007). 의미 범주 체계의 구축과 사전에서의 활용. 『한국어 의미학』 24. 한국어의미학회.

이명현(1977(1975)). 언어와 철학. 이정민 외 2인편(1977(1975)). 『언어과학이란 무엇인가』. 문학과 지성사.

_____(1982). 『이성과 언어』. 문학과 지성사.

이민우(2010). 다중적 의미 사용에 대한 연구. 『한국어 의미학』 32. 한국어의미학회.

_____(2019). 문맥주의적 관점에서의 의미관계. 『한국어 의미학』 66. 한국어의미학회.

이병선(1984). 머리(首·長)의 명칭과 그 쓰임. 『새결 박태권선생 회갑기념논총』. 부산: 제일문화사.

이봉재(1990). 과학방법론과 합리성의 문제. 과학사상연구회편. 『과학과 철학』.제1집. 통나무.

이사교(2014). 한국어 반의어의 불균형성에 대한 연구. 『한국어 의미학』 46. 한국어의미학회.

이성구(1983). 국어 의문의 유형에 관한 연구. 석사학위논문. 서울대 대학원.

이성범(1999). 『언어와 의미: 현대 의미론의 이해』. 태학사.

이성연(2005). 시사만화의 텍스트성 연구. 『한민족어문학』. 46. 한민족어문학회.

이수련(2001). 『한국어와 인지』. 박이정.

이숙의(2019). 전화 상담대화 분석을 통한 종결표현의 화용적 분석. 『한국어 의미학』 64. 한국어의미학회.

이승명(1984). 전제의 의미론적 양상. 『새결 박태권선생 회갑기념논총』. 부산: 제일문화사.

_____(1991). 전제의 통사론적 양상. 『국어의 이해와 인식(갈음 김석득교수 회갑기

념논문집)』. 한국문화사.

_____(엮음)(1998). 『의미론 연구의 새 방향』. 박이정

이승재(1992). 융합형의 형태분석과 형태의 화석. 『주시경학보』 10. 주시경학회.

이양준(2011). 자동사 파생 과정에서 의미 변화 연구 - 한국어와 러시아어 비교 -. 『한국어 의미학』 34. 한국어의미학회.

이유미(2002). 談話에 나타나는 重義의 類型과 特徵. 『한국어 의미학』 10. 한국어의미학회.

_____(2011). 의사소통과 화용론 -화용론과 의사소통론의 연구 범주를 통한 고찰. 『한국어 의미학』 34. 한국어의미학회.

_____(2012). 의사소통 해석 과정에 나타나는 복의(複義) 연구. 『한국어 의미학』 39. 한국어의미학회.

이윤서(2020). 한국어 학습자의 담화표지 사용 양상과 교육 방안 -모어 화자의 발표와 비교하여-. 『한국어 의미학』 67. 한국어의미학회.

이은섭(2019). 의미의 대립 관계와 단어 형성에 대하여. 『한국어 의미학』 66. 한국어의미학회.

이을환(1962). 국어 의미변화고. 『국어학』 1. 국어학회.

이익섭(1986). 『국어학 개설』. 학연사.

이익환(1984). 『현대 의미론』. 민음사.

_____(1985). 『의미론 개론』. 한신문화사.

이익환 · 권경원(역)(1992). 『화용론』. 한신문화사(Levinson, S. C(1983)).

이정민(1975). 의미론에 있어서의 「전제」의 문제. 『언어와 언어학』 3. 한국외국어대학교 언어연구소.

_____(1986). 『언어이론과 현대과학 사상』. 서울대 출판부.

_____(역)(1977). 언어 의미의 기능과 사회. 이정민 외 2인(편). 『언어과학이란 무엇인가?』. 문학과 지성사(Leech, G.(1975)).

이정복(1998). 국어 경어법 사용의 전략적 특성. 박사논문. 서울대학교 대학원.

이정애(2010). 국어 항진명제에 대한 의미 연구. 『한국어 의미학』 33. 한국어의미학회.

이정화(2009). 한국어 직시적 이동사건의 의미에 대한 말뭉치 연구. 『한국어 의미학』 29. 한국어의미학회.

_____(2017). 한국어 학습자의 요청화행 실현 양상: 학습 환경과 숙달도를 중심으로. 박사논문. 영남대학교 대학원.

이준희(2000). 『간접화행』 도서출판 역락.

이지양(1998). 『국어의 융합 현상』. 태학사.

이찬규(1993). 국어 동사문의 의미구조. 박사논문. 중앙대학교 대학원.

_____(2002). 單語 聯想에 관한 調査 연구(Ⅱ). 『한국어 의미학』 11. 한국어의미학회.

_____(2004). 발화의미 분석의 시스템적 접근. 『한국어 의미학』 15. 한국어의미학회.

이찬규 · 이유미(2011). 한.미 이중발화 인식 양상 비교연구. 『한국어 의미학』 35. 한국어의미학회.

이철우(2013). 텔레비전 광고 언어의 문체에 대한 화용론적 해석. 『한민족어문학』 64. 한민족어문학회.

_____(2015). 한국 텔레비전 광고 언어에 대한 연구. 박사논문. 영남대학교 대학원.

_____(2018). 보조용언 '버리다'에 대한 인지의미론적 해석. 『인문연구』 84. 영남대학교 인문과학연구소.

이현규(1978). 국어 물음법의 변천. 『한글』 162. 한글학회.

이현희(1982). 국어 의문법에 대한 통시적 연구. 『국어연구』 52. 국어연구회.

이혜용(2011). 의사소통적 특성을 고려한 정표화행의 유형 분류. 『한국어 의미학』 34. 한국어의미학회.

이홍매(2019). 한국어 범위 표현 연구. 『한국어 의미학』 64. 한국어의미학회.

이화배(2013). 한국어 교재 및 TOPIK에 실린 관용표현의 투명성 정도와 편찬 실태 연구. 석사논문. 영남대학교 대학원.

이효상(1993). 담화 · 화용론적 언어분석과 국어연구의 새 방향. 『주시경학보』 11. 주시경연구소.

임규홍(1998). 국어 '말이야'의 의미와 담화적 기능. 『담화와 인지』 5-2. 담화 · 인지언어학회.

임동훈(2011). 담화 화시와 사회적 화시. 『한국어 의미학』 36. 한국어의미학회.

임지룡(1993a). 『국어 의미론』. 탑출판사.

_____(2006). 『말하는 몸: 감정표현의 인지언어학적 탐색』. 한국문화사.

_____(2009). 다의어의 판정과 의미 확장의 분류 기준.『한국어 의미학』28. 한국어
　　　의미학회.

_____(2018). '의미' 연구의 흐름과 전망.『한국어 의미학』59. 한국어의미학회.

임지룡 · 윤희수(역)(1989).『어휘 의미론』. 경북대 출판부.

임채훈(2006). 문장 의미와 사건.『한국어 의미학』21. 한국어의미학회.

_____(2009). 반의관계와 문장의미 형성 - 형용사, 동사 반의관계 어휘의 공기관계
　　　를 중심으로.『한국어 의미학』30. 한국어의미학회.

_____(2011). 유의 어휘관계와 문장의미 구성.『한국어 의미학』34. 한국어의미학
　　　회.

임태성(2017). 신체화에 따른 '솟다'의 의미 확장 연구.『한국어 의미학』56. 한국어의
　　　미학회.

_____(2020). 경로 동사를 통한 가상이동 인식에 대한 연구.『한국어 의미학』
　　　68. 한국어의미학회.

임혜원(2019). 한국어 화자의 도상적 손짓 연구.『한국어 의미학』65. 한국어의미학
　　　회.

임홍빈(1973). 부정의 양상.『서울대 교양과정부 논문집』5. 서울대학교.

_____(1975). 수행적 이율배반에 대하여.『문법연구』2. 문법연구회.

_____(1978). 부정법 논의와 국어의 현실.『국어학』6. 국어학회.

임환재(역)(1984).『언어학사』. 경문사.

장 정(2012). 한국어와 중국어의 손 및 발 관련 관용표현 대조 연구. 석사논문.
　　　영남대학교 대학원.

장경희(1980). 지시어 '이, 그, 저'의 분석.『어학연구』16-2.

_____(1985).『현대국어의 양태범주 연구』. 탑출판사.

_____(2004). 국어 지시 표현의 유형과 성능.『한국어 의미학』15. 한국어의미학회.

장병기 · 김현권(역)(1998).『소쉬르의 현대적 이해를 위하여』. 박이정.

장석진(1985).『화용론 연구』. 탑출판사.

_____(1987).『오스틴』. 서울대학교 출판부.

장영천(역)(1988).『구조 의미론과 낱말밭 이론』. 집현사.

장초혜(2017). 한 · 중 '슬픔' 및 '기쁨'과 관련된 감정표현 대조 연구: 신체부위별
　　　표현을 중심으로. 석사논문. 영남대학교 대학원.

전수태(1997). 『국어 반의어의 의미구조』. 박이정.

전영철(2012). 총칭성과 양화. 『한국어 의미학』 39. 한국어의미학회.

전재호(1987). 『국어 어휘사 연구』. 경북대학교 출판부.

전재호 · 이장희(1992). '과ᄀᄅ다' 관련 어휘의 변천. 『국어학』 22. 국어학회.

전후민(2014). 한국어의 대조초점 함의 구문에 대한 연구. 『한국어 의미학』 44. 한국어의미학회.

정병철(2007). 경험적 상관성에 기반한 동사의 의미 확장. 『한국어 의미학』 22. 한국어의미학회.

정성미(2008). 신체어 감정 관용 표현의 서술어 의미 연구 ―긴장과 분노 감정 표현을 중심으로―. 『한국어 의미학』 27. 한국어의미학회.

정수아(2011). 담화 표지어를 활용한 읽기 전략이 한국어 읽기 능력에 미치는 영향. 석사논문. 영남대학교 대학원.

정수진(2005). 미각어의 의미 확장 양상. 『한국어 의미학』 18. 한국어의미학회.

정순자(1993). 의사소통상황에서의 전제의 기능 연구. 『우리말교육』 2. 부산교육대학교 국어교육학과.

정시호(1984). 계열적 어장이론 연구: 형성 배경과 전개. 박사학위논문. 서울대학교 대학원.

정연주(2017). 형용사의 장형 부정 선호 현상의 동기. 『한국어 의미학』 57. 한국어의미학회.

정유남(2013). 한국어 발화 양태 동사의 의미 연구. 『한국어 의미학』 40. 한국어의미학회.

정인수(1985). 국어 반의어 연구. 석사학위논문. 영남대학교 대학원.

_____(1994). 국어 형용사의 의미자질 연구. 박사학위논문. 영남대학교 대학원.

정인숙(2008). 비유법을 통한 국어 신어의 의미 확장 연구. 석사논문. 영남대학교 대학원.

정인승(1956). 『표준고등말본』. 신구문화사.

정정덕(1989). 시어의 애매성 연구: 언어학적 측면에서 접근. 『어학론지』 제3호. 창원대학교.

정종수(2010). 기능 활성화의 환유로 생성된 별명 연구. 『한국어 의미학』 31. 한국어의미학회.

정희원(1991). 한국어의 간접화행과 존대표현. 『화용론논집』 1. 서울대 화용론 연구회.

정희자(1999). 『담화와 문법』. 한신문화사.

조경순(2013). 발화동사 구문에 대한 연구 - 보고, 명령, 청구, 비하, 질책 행위를 중심으로 -. 『한국어 의미학』 42. 한국어의미학회.

_____(2016). 한국어 화용론의 전개와 방향. 『한국어 의미학』 54. 한국어의미학회.

조규설(1984). 번역박통사에 나타난 담화성. 『목천 유창균박사 환갑기념논총』. 계명대 출판부.

조명환(1985). 『언어심리학: 언어와 사고의 인지심리학』. 대우학술총서 인문사회과 학 17. 민음사.

조성식(편)(1990). 『영어학 사전』. 신아사.

조준학(1980). 화용론과 공손의 규칙. 『어학연구』 16-1. 서울대 어학연구소.

조항범(1984). 국어 유의어의 통시적 고찰. 『국어연구』 58. 서울대 국어연구회.

_____(2005). 地名의 語形 廣大와 의미 변화에 대하여. 『한국어 의미학』 17. 한국어의미학회.

_____(역)(1990). 『의미분석론』. 탑출판사.

주경희(2000). '좀'과 '조금'. 『국어학』 36. 국어학회.

진 소(2005). 한국어 반대어 연구: 부정접두사 반의어를 중심으로. 석사논문. 영남대학교 대학원.

차오리핑(2016). 한·중 방향적 대립어의 다의구조 연구: '가다/오다"와 '去/來'를 중심으로. 석사논문. 영남대학교 대학원.

채 완(1977). 현대국어 특수조사의 연구. 『국어연구』 39. 서울대 국어연구회.

채상려(2012). 중의성의 구조와 인지적 양상: 한국어와 중국어 자료를 중심으로. 박사논문. 영남대학교 대학원.

채영희(1993). 우리말 시킴 표현 연구. 박사학위논문. 부산대학교 대학원.

천시권·김종택(1977). 『국어 의미론』. 증보판. 형설출판사.

최 윤(2017). 국어의 모순성 어휘·구문의 분류 및 분석(2). 『한국어 의미학』 57. 한국어의미학회.

최규수(1999). 『한국어 주제어와 임자말 연구』. 부산대 출판부.

최규일(1984). 한국어 화용론의 기술과 의미해석. 『새결 박태권선생 회갑기념논총』.

부산: 제일문화사.

최동주(2020). 시간에 관한 비유 연구: '앞/뒤' 관련 표현을 중심으로. 『언어학』. 88. 한국언어학회.

최명옥(1976). 현대국어의 의문법 연구. 『학술원 논문집(인문 사회과학)』. 대한민국 학술원.

_____(1982). 친족명칭의 의미분석과 변이, 그리고 변화에 대하여. 『긍포 조규설교수 화갑기념 국어학논총』. 형설출판사.

최재호 외(역)(2004). 『화용론 백과사전』. 한국문화사.

최현배(1955(1937)). 『우리말본』. 깁고 고친판. 서울: 정음사.

최호철(2006). 전통 및 구조 언어학에서 본 의미의 본질. 『한국어 의미학』 21. 한국어의미학회.

_____(2011). 국어 발화의 의미에 대하여. 『한국어 의미학』 36. 한국어의미학회.

탄투이밀린(2012). 한국어와 베트남어의 안면부 관련 속담 대조 연구. 석사논문. 영남대학교 대학원.

학흔민(2014). 중국인 한국어 학습자를 위한 한·중 감사화행 연구: '도움을 받는 상황'을 중심으로. 석사논문. 영남대학교 대학원.

한성일(2002). 유머 텍스트의 원리와 언어학적 분석. 박사논문. 경원대학교 대학원.

_____(2008). 언어전략으로서의 중의성 연구. 『한국어 의미학』 27. 한국어의미학회.

허　발(1979). 『낱말밭의 이론』. 고려대학교 출판부.

허　웅(1983). 『국어학: 우리말의 어제·오늘』. 서울: 샘문화사.

허광일·이석주·박양구(역)(1980). 『의미론』. 한신문화사

허상희(2007). '괜찮다'의 화용적 기능과 특징. 『우리말연구』 20. 우리말학회.

홍사만(1983). 『국어 특수조사론』. 학문사.

_____(1985). 신체어의 다의구조 분석: 『손』의 의미를 중심으로. 『소당 천시권박사 화갑기념 국어학 논총』. 형설출판사.

_____(1985). 『국어 어휘 의미 연구』. 학문사.

_____(1986). 신체어의 다의구조 분석. 『국어학 신연구 若泉 김민수교수화갑기념 논문집』. 탑출판사.

황병순(1980). 의문문의 특수성에 대하여. 『영남어문학』 7. 영남어문학회.

황신자(2014): 한국어와 일본어의 안면부 관련 관용어 대조 연구. 석사논문. 영남대학
교 대학원.

Asher, R. E.(eds.)(1994): *The Encyclopedia of Language and Linguistics*. vol.2.
Oxford: Pergamon Press.

Austin, J. L.(1962). *How to do Things with Words*. Oxford: Oxford U. Press.

Carnap, R.(1942). *Introduction to Semantics*. Cambridge: Havard U. Press.

Clark, H. H., & Clark, E. V.(1977). *Psychology and Language: An introduction
to psycholinguistics*. New York: Harcourt Brace Jovanovich, Inc.(이기
동 · 임상순 · 김종도(역)(1988)).

Cole, P.(eds.)(1978). *Syntax and Semantics 9: Pragmatics*. New York: Academic
Press.

Cole, P. & J. L. Morgan(eds.)(1975). *Syntax and Semantics 3: Pragmatics*. New
York: Academic Press.

Cruse, D. A(1986). *Lexical Semantics*. Cambridge: Cambridge U. Press.

Frege, G.(1974(1892)). "On Sense and Reference." F. Zabeeh, E. Klemke & A.
Jacobson(eds.). In *Readings in Semantics*. Urbana: U. of Illinois Press.

Gazdar, G.(1979). *Pragmatics : Implicature, Presupposition and Logical Form*.
New York: Academic Press.

Givón, T.(1979). *On Understanding Grammar*. New York: Academic Press(이기
동(역)(1981)).

Gordon, D. and G. Lakoff.(1975). "Conversational Postulates." P. Cole & J.
Morgan(eds.). *Syntax and Semantics 3: Pragmatics*. New York:
Academic Press.

Grice, H. P(1975(1967)). "Logic and Conversation." In *Syntax and Semantics,3:
Speech Acts*.

Grice, H. P(1978). "Further notes on logic and conversation". In *Syntax and
Semantics,9: Pragmatics*.

Haiman, J(1980). The Iconicity of Grammar: Isomorphism and Motivation.
Language, 56-3.

Haiman, J(1983). Iconic and Economic Motivation. Language, 59-4.

Haiman, J(ed.)(1985). *Iconicity in Syntax*. Amsterdam: John Benjamins.

Haiman, J.(1985a). *Natural Syntax*. Cambridge: Cambridge U. Press.

Haiman, J.(1985b). *Iconicity in Syntax*. Amsterdam: John Benjamins.

Katz, J.(1972). *Semantic Theory*. New York: Harper and Row.

Kempson, R. M.(1977). *Semantic Theory*. Cambridge: Cambridge U. Press(허광
일 · 이석주 · 박양구(역)(1980)).

Leech, G. N.(1981(1974)). *Semantics*. the Second Edition. Penguin Books.

Leech, G.N.(1975). "Semantics and Society". In *Semantics*. Penguin Books(이정민
(역)(1977)).

Levinson, S. C.(1983). *Pragmatics*. London: Cambridge U. Press(이익환 · 권경원
(역)(1992)).

Lyons, J.(1977). *Semantics*. Vols. I & II. Cambridge: Cambridge U. Press.

Nida, E. A.(1975). *Componential Analysis of Meaning*. The Hague: Mouton(조항
범(역)(1990)).

Ogden, C. K. & I. A. Richards(1949(1923)). *The Meaning of Meaning*. London:
Routledge & Kegan Paul)(김봉주(역)(1986)).

Pitcher, G.(1964). *The philosophy of Wittgenstein*. Englewood Cliffs, N.J.:
Prentice-Hall,Inc.(박영식(역)(1987)).

Ross, J. R.(1975). "Where to Do Things with Words." P. Cole and J. Morgan(eds.).
Syntax and Semantics 3: Pragmatics. New York: Academic Press.

Russel, B.(1905). "On Denoting." In I. Copi & J. Gould(eds.)(1967). *Contemporary
Readings in Logical Theory*. New York: The Macmillan.

Russel, B.(1971). "Descriptions(1919)." J. Rosenberg & C. Travis (eds.). *Readings
in the Philosophy of Language*. New Jersey: Prentice-Hall.

Sadock, J. M.(1970). "Whimperatives," J. M. Sadock & A. L. Vanek(eds.). *Studies
Presented to Robert B. Lees by His Students*. Edmonton, Ill: Linguistic
Research.

Sadock, J. M.(1974). *Toward a Linguistic Theory of Speech Acts*. New York:
Cambridge U. Press.

Sadock, J. M.(1978). "On Testing for Conversational Implicature," P. Cole(ed.).

Syntax and Semantics 9: Pragmatics. New York: Academic Press.

Saussure, F. de(1916). *Cours de Linguistique Generale.* Paris: Payot(오원교 (역)(1975))

Searle, J. R.(1969). *Speech Acts.* Cambridge: Cambridge U. Press(이건원 (역)(1987)).

Searle, J. R.(1975). "Indirect Speech Acts". In *Syntax and Semantics*, 3: Speech Acts. New York: Academic Press.

Sellars, W.(1954). "Presupposing," *Philosophical Review*, 63.

Shibatani, M(1973). "Lexical versus Periphrastic Causatives in Korean." *Journal of Linguistics.*

Slobin, D. I.(1979). *Psycholinguistics.* second edition. Glenview,Illinois: Scott, Foresman and Company(박경자 · 임병빈 · 강명자(역)(1985)).

Song, S. C(1973). Some Negative Remarks on Negation in Korean, *Language Research*, xi,1.

Stockwell, R. P(1977). *Foundations of Syntactic Theory.* PRENTICE-HALL, INC.

Strawson, P.(1971(1964)). "Identifying Reference and Truth Values." D. Steinberg & L. Jakobovits(eds.). *Semantics.* Cambridge: Cambridge U. Press.

Strawson, P.(1974(1950)). "On Referring." F. E. Zabeeh, E. Klemke & A. Jacobson(eds.). *Readings in Semantics.* Urbana: U. of Illinois Press.

Tarski, A.(1956(1933)). "The Concept of Truth in the Language of the Deductive Sciences." In *Logic, Semantics, and Metamathematics.* London: Oxford U. Press.

Ullmann, S(1962). *An Introduction to the Science of Meaning.* Oxford: Basil Blackwell(남성우(역)(1987)).

Ullmann, S.(1957(1951)). *The Principles of Semantics: A Linguistic Approach to Meaning.* second edition, Oxford: Basil Blackwell(남성우(역)(1979)).

Wilson . D.(1975). *Presupposition and Non-Truth Conditional Semantics.* New York: Academic Press.

찾아보기